Lutz Zündorf

Zur Aktualität von Immanuel Wallerstein

Für Julian

Aktuelle und klassische Sozial- und Kulturwissenschaftler

Herausgegeben von
Stephan Moebius

Die von Stephan Moebius herausgegebene Reihe zu Kultur- und SozialwissenschaftlerInnen der Gegenwart ist für all jene verfasst, die sich über gegenwärtig diskutierte und herausragende Autorinnen und Autoren auf den Gebieten der Kultur- und Sozialwissenschaften kompetent informieren möchten. Die einzelnen Bände dienen der Einführung und besseren Orientierung in das aktuelle, sich rasch wandelnde und immer unübersichtlicher werdende Feld der Kultur- und Sozialwissenschaften. Verständlich geschrieben, übersichtlich gestaltet – für Leserinnen und Leser, die auf dem neusten Stand bleiben möchten.

Lutz Zündorf

Zur Aktualität von Immanuel Wallerstein

Einleitung in sein Werk

VS VERLAG

Bibliografische Information der Deutschen Nationalbibliothek
Die Deutsche Nationalbibliothek verzeichnet diese Publikation in der
Deutschen Nationalbibliografie; detaillierte bibliografische Daten sind im Internet über
<http://dnb.d-nb.de> abrufbar.

1. Auflage 2010

Alle Rechte vorbehalten
© VS Verlag für Sozialwissenschaften | Springer Fachmedien Wiesbaden GmbH 2010

Lektorat: Frank Engelhardt

VS Verlag für Sozialwissenschaften ist eine Marke von Springer Fachmedien.
Springer Fachmedien ist Teil der Fachverlagsgruppe Springer Science+Business Media.
www.vs-verlag.de

Das Werk einschließlich aller seiner Teile ist urheberrechtlich geschützt. Jede Verwertung außerhalb der engen Grenzen des Urheberrechtsgesetzes ist ohne Zustimmung des Verlags unzulässig und strafbar. Das gilt insbesondere für Vervielfältigungen, Übersetzungen, Mikroverfilmungen und die Einspeicherung und Verarbeitung in elektronischen Systemen.

Die Wiedergabe von Gebrauchsnamen, Handelsnamen, Warenbezeichnungen usw. in diesem Werk berechtigt auch ohne besondere Kennzeichnung nicht zu der Annahme, dass solche Namen im Sinne der Warenzeichen- und Markenschutz-Gesetzgebung als frei zu betrachten wären und daher von jedermann benutzt werden dürften.

Umschlaggestaltung: KünkelLopka Medienentwicklung, Heidelberg
Umschlagbild: © 2009 Yale University Sociology Department
Gedruckt auf säurefreiem und chlorfrei gebleichtem Papier
Printed in Germany

ISBN 978-3-531-16427-4

Inhalt

Einleitung 7

1 Biographie und Werkgeschichte 15

2 Das Forschungsprogramm: Die Welt als System 25
   2.1 Wissenschaftstheoretische Prämissen 25
   2.2 Analytischer Bezugsrahmen 29
   2.3 Methodologische Regeln 38

3 Das Hauptwerk: Das moderne Weltsystem 43
   3.1 Das Moderne Weltsystem I: Die Anfänge kapitalistischer
       Landwirtschaft und die europäische Weltökonomie
       im 16. Jahrhundert 46
   3.2 Das moderne Weltsystem II: Merkantilismus und Konsolidierung
       der europäischen Weltwirtschaft im 17. Jahrhundert 58
   3.3 Das moderne Weltsystem III: Die große Expansion – Die
       Konsolidierung der Weltwirtschaft im langen 18. Jahrhundert 73
   3.4 Ausblick auf die Entwicklung des kapitalistischen Weltsystems
       nach 1840 88

4 Kritik und Aktualität der Weltsystemanalyse 101
   4.1 Zur Kritik der Weltsystemanalyse 101
   4.2 Aktualität und Aktualisierung der Weltsystemanalyse:
       Empirische Analysen aktueller Problemlagen 109
       4.2.1 Der Niedergang der USA als Hegemonialmacht 109
       4.2.2 Der Aufstieg Chinas von der Außenarena ins Zentrum
             der Weltwirtschaft 121
       4.2.3 Zur Analyse systemischer Krisen 140
       4.2.4 Utopistik oder Die Zukunft des Weltsystems 153

5 Fazit 157

Anhänge 161
   Bibliographie 161
   Verzeichnis der Abbildungen und Tabellen 168
   Personenregister 169
   Sachregister 170

Einleitung

Das Werk des amerikanischen Soziologen Immanuel Wallerstein zählt zu den ambitioniertesten Versuchen, die moderne Welt in ihren sozialen Strukturen und soziologischen Bewegungsgesetzen zu beschreiben und zu erklären. Unter *„Welt"* wird eine Konfiguration vieler verschiedenartiger Gesellschaften mit unterschiedlichen Sozialstrukturen, Wirtschaftsweisen und Formen politischer Organisation verstanden. Bei den *Gesellschaften* der Welt handelt es sich um überwiegend unvollständige Systeme, die nicht selbstgenügsam und selbstbestimmt nebeneinander existieren, sondern auf vielfältige Weise aufeinander bezogen und miteinander verknüpft sind. Somit stellt die Welt ein komplexes, multigesellschaftliches Interaktionssystem dar.

Wallerstein betrachtet die *Welt als System*, als einen aus Gesellschaften, Ökonomien und Staaten zusammengesetzten Struktur- und Funktionszusammenhang eigener Art. Das Ganze ist mehr als die Summe seiner Teile; die Eigenschaften des Weltsystems können nicht aus den Eigenschaften seiner Komponenten abgeleitet werden, vielmehr entwickelt das Weltsystem eigene Gesetzmäßigkeiten, die die Beziehungen zwischen den einzelnen Gesellschaften, Ökonomien und Staaten und deren Entwicklungsmöglichkeiten beeinflussen.

Wallersteins Hauptthema ist das *moderne Weltsystem*, „das sich wahrhaftig von allen früheren unterscheidet. Es ist eine kapitalistische Weltwirtschaft, die im langen 16. Jahrhundert in Europa und auf dem amerikanischen Kontinent entstand. Sobald dieses Wirtschaftssystem in der Lage war, sich zu stabilisieren, folgte es seiner inneren Logik und seinen strukturellen Bedürfnissen, um sich geographisch auszubreiten. Dafür entwickelte es das notwendige militärische und technologische Potential und war deshalb in der Lage, sich einen Teil der Welt nach dem anderen einzuverleiben, bis es zu einem Zeitpunkt im 19. Jahrhundert die ganze Welt umfasste" (Wallerstein 2007: 58 f.).

Eine der zentralen Thesen Wallersteins (2004a: 518) besagt, „dass vor der Neuzeit Weltwirtschaften außerordentlich instabile Strukturen waren, die entweder zur Umgestaltung in Reiche oder zur Desintegration tendierten. Es ist die Besonderheit des modernen Weltsystems, dass eine Weltwirtschaft 500 Jahre überdauert hat und nie in ein Weltreich verwandelt worden ist – eine Besonderheit, die das Geheimnis seiner Stärke ist." Ein Geheimnis seiner Stärke und seiner langen Dauer ist die Dezentralisierung der politischen Macht in Form des *kompetitiven Staatensystems*, das sich nach dem Zerfall des Römischen Reiches in einem Jahrhunderte langen Prozess in Europa ausdifferenziert hat und mit Beginn der Neuzeit wirksam wurde. Seitdem hat sich immer dann, wenn ein allzu ambitionierter Staat eine hegemoniale oder imperiale Position anstrebte, eine Koalition gegnerischer Staaten gebildet, um dies zu verhindern und ein annäherndes Machtgleichgewicht wieder herzustellen.

Eine zweite Besonderheit des modernen Weltsystems ist seine Prägung durch den *Kapitalismus*. Für Wallerstein (1979: 36, 43) sind Kapitalismus und Weltwirtschaft „zwei Seiten ein und derselben Medaille. Das eine ist nicht Ursache des anderen. Wir definieren dasselbe unteilbare Phänomen lediglich nach anderen Merkmalen. [...] Wesensmerkmal einer kapitalistischen Weltwirtschaft [ist]: Produktion zum Zwecke des Absatzes auf einem Markt mit dem Ziel, den größtmöglichen Profit zu realisieren. In einem solchen System wird die Produktion ständig ausgeweitet, solange die Produktion profitabel ist, und die Menschen ersinnen ständig neue Möglichkeiten, Dinge zu produzieren, die die Gewinnspannen erweitern können." Den ersten Teil der Definition kann man so interpretieren, dass „Weltwirtschaft" die strukturellen Aspekte dieses „unteilbaren Phänomens" verkörpert und „Kapitalismus" seine prozessurale Dynamik ausmacht. Im zweiten Teil der Definition werden drei Komponenten angesprochen, die man als Bewegungskräfte des Kapitalismus verstehen kann: Profitmaximierung als Ziel, Innovation und Expansion der Produktion als Mittel der Gewinnerzielung.

Eine dritte Besonderheit des modernen kapitalistischen Weltsystems ist seine *strukturelle Ungleichheit*, die sich fortlaufend reproduziert. Sie manifestiert sich sowohl in der vertikalen Differenzierung der Gesellschaften in *Zentren* und *Peripherien*, als auch in ihren wechselseitigen Beziehungen, die ökonomisch als *„ungleicher Tausch"* bezeichnet werden. Dabei ist die Disparität der Austauschverhältnisse nicht nur eine Folge unterschiedlicher ökonomischer Entwicklung (in der sich die Zentren auf wissens- und kapitalintensive Fertigprodukte und die Peripherien auf die Produktion agrarischer und mineralischer Rohstoffe spezialisiert haben, beziehungsweise von den Zentren dazu gezwungen wurden), sondern auch eine Folge unterschiedlich starker Staatsapparate. Starke Staaten setzen gegenüber schwächeren Staaten Tauschregime durch, die ihren heimischen Unternehmen zu Gewinnen verhelfen, die über denen liegen, die auf einem freien Markt zu erzielen wären. Während liberale Ökonomen in der Tradition von Adam Smith Arbeitsteilung als Quelle allgemeinen Wohlstands betrachten, ist sie für Wallerstein Ausgangspunkt sozialer Ungleichheit: „In der Weltwirtschaft geht ‚Komplementarität' mit Ungleichheit einher. Das Weltsystem kann also begriffen werden als eine gemäß der Verteilung der Produktionsaufgaben differenzierte Einheit, die man sich in eingeschränkter Analogie als ein System der ‚Schichtung' denken könnte" (Hopkins/Wallerstein 1979: 172).

In Wallersteins Verständnis ist das moderne Weltsystem ein *historisches* System „Alles unterliegt steter Veränderung. Nichts hat sich wirklich verändert" – mit diesen „stimmenden Klischees" leitet Wallerstein (2004a: 1) sein *opus magnum* über „*Das Moderne Weltsystem*" ein. Es verweist auf die Absicht, Prozessanalyse mit Strukturanalyse zu verbinden, die Beschreibung langzeitlichen, historischen Wandels mit einer Analyse der beständigen Reproduktion der Grundstruktur des Systems zu verknüpfen. Dahinter steckt die Annahme, dass die Grundstrukturen eines Systems, solange es besteht, zwar in der Zeit variieren, sich aber nicht prinzipiell verändern. Das System verändert sein Gesicht, aber nicht die Regeln, nach denen es funktioniert. Die zentrale These kann ungefähr so formuliert werden: In der fünfhundertjährigen Geschichte des modernen Weltsystems kam es zu zahllosen, oftmals tief greifenden Veränderungen, doch keine dieser wirtschaftlichen, politischen und kulturellen Veränderungen hat seine asymmetrische Grundstruktur jemals aufgehoben. Das moderne Weltsystem hat sich von Europa aus immer stärker in der Welt ausgedehnt und immer neue Regionen in die internationale Arbeitsteilung und in die korrespondierenden Handelsnetze eingegliedert; es hat den Aufstieg und Niedergang von Hegemonialmächten und dramatische Verschiebungen im Gefüge von Zentren und Peripherien durchlebt; es hat zahllose Konjunkturen und Krisen, weltweite Kriege und tief greifende Umbrüche der internationalen Ordnung erfahren und dabei regelmäßig seine asymmetrische Grundstruktur reproduziert.

Bei der Suche nach den Prinzipien und Mechanismen, die das moderne Weltsystem reproduzieren und verändern, bevorzugt Wallerstein ähnlich wie Max Weber einen Analysepfad zwischen historischer Erzählung auf der einen und systematischer Theoriebildung auf der anderen Seite. Während Weber im Spannungsfeld zwischen ideographischen und nomothetischen Verfahren seine idealtypische Methode entwickelt hat, bevorzugt Wallerstein die Formulierung von Regeln, die die Funktionsweise und die Wandlungstendenzen des modernen Weltsystems beschreiben. Die grundlegende Regel lautet: „Insgesamt wirkt das System ‚räumlich' als allgegenwärtige Trennung in [...] ‚Zentren' und ‚Peripherien', verbunden und reproduziert durch Prozesse der Kapitalakkumulation und des ungleichen Tauschs; ‚zeitlich' funktioniert es im wesentlichen zyklisch dergestalt, dass sein ‚Wachstum' [...] bislang in ‚Wellen' verlief und weiterhin verläuft [...]" (Hopkins/Wallerstein 1979: 152).

Wallersteins (2001: 9, 18) Ambitionen sind nicht auf die Etablierung einer Theorie gerichtet, weder im Sinne „eines Gebäudes von miteinander verbundenen Ideen, das zusammenhängend, streng und klar ist, und aus dem man Erklärungen für empirische Realität ableiten kann", noch als vorläufiges Ende eines Prozesses von Generalisierungen. Er hat sich dagegen verwahrt, seine Arbeit als „Weltsystem*theorie*" zu bezeichnen, sich darüber ausgelassen, „wie man vermeidet, eine Theorie zu werden" und darauf bestanden, Weltsystem*analyse* zu betreiben. Nach seinen eigenen Worten besteht sein Wissenschaftsstil darin, Weltsystemanalyse „um gelehrte Diskussionen über Themen der Empirie herum aufzubauen."

Die Aktualität Wallersteins lässt sich in drei Punkten zusammenfassen. Zunächst einmal kann man ihm fast schon die *Daueraktualität eines Klassikers* zuschreiben, insofern sein Werk ein großes, noch unausgeschöpftes Anregungspotential für weitere Theoriebildung und empirische Forschung enthält und seine Fragestellungen über seine (teilweise überholten) Antworten hinaus aktuell bleiben. Wenn man Käsler (1976: 16) folgt, machen „nicht so sehr einzelne, noch so wichtige ‚Ergebnisse' [...] einen Soziologen zum Klassiker, sondern die Einführung neuer Sehweisen, durch die neue Perspektiven und damit auch neue Begriffe und Methoden geschaffen werden." Zweifellos hat Wallerstein mit seiner schon in den 1970er Jahren aufgestellten Maxime, nicht einzelne Gesellschaften oder Staaten, sondern die arbeitsteilige „Welt" als die relevante „Arena" sozialen Handelns seit der Neuzeit zu definieren, zu einem grundlegenden Perspektivenwechsel beigetragen (Hopkins/Wallerstein 1979: 152). Zwar sind Wallersteins Grundbegriffe überwiegend vorgefundenen Theorie- und Forschungslinien entlehnt, doch stellen sie in ihrem wechselseitigen Verweisungssystem etwas Neues dar und ermöglichen vertiefte Einblicke in die Dynamik globaler Vergesellschaftungen. In ähnlicher Weise sind auch Wallersteins methodologische Innovationen in einer Kombination verschiedener, etablierter Methoden zu sehen, vor allem im Wechsel und wechselseitigen Bezug von vergleichender Komponenten- und systemischer Gesamtanalyse (z. B. bei der Analyse des Kampfes mehrerer Staaten um die Hegemonie im Weltsystem, bei der die Potenziale der konkurrierenden Staaten miteinander verglichen und gleichzeitig mit den seinerzeitigen Restriktionen des Weltsystems in Beziehung gesetzt werden).

Zweitens kann Wallerstein als *Analytiker der Globalisierung avant la lettre* gelesen werden. Was seit den 1970er Jahren als Globalisierung bezeichnet wird, ist aus Wallersteins Sicht nichts weiter als eine neue Phase, ein neuer Schub in der Entwicklung eines seit 500 Jahren bestehenden Weltsystems, das sich in langzeitlichen Rhythmen von Expansion und Konsolidierung, im zyklischen Aufstieg und Niedergang von Hegemonialmächten samt den von ihnen durchgesetzten Weltordnungen fortlaufend verändert und verschiebt, doch seine asymmetrischen Grundstrukturen fortlaufend reproduziert. Aus der Weltsystemperspektive stellt sich die Frage, ob Globalisierung als ein säkularer Trend zu verstehen ist, als eine scheinbar unaufhaltsame Entwicklung in Richtung zunehmender Erweiterung, Vertiefung und Beschleunigung weltweiter Beziehungen (Held u. a. 1999) oder vielleicht besser als Phase eines langzeitlichen zyklischen Prozesses, als eine sehr lange Welle, die nach einer Phase forcierter Globalisierung wahrscheinlich in eine Phase der *De*globalisierung übergehen wird, aus der heraus es dann später womöglich wieder zu einer *Re*globalisierung kommt. Ein derartiger Verlauf wäre in der Geschichte des modernen Weltsystems nichts Neues. Zum Beispiel endete die Globalisierung der *Pax Britannica* in einer von den beiden Weltkriegen und der dazwischen liegenden Weltwirtschaftskrise von 1929 geprägten Phase der

Einleitung

Deglobalisierung, aus der heraus es in der *Pax Americana* nach dem Zweiten Weltkrieg zu einer Reglobalisierung der Weltwirtschaft kam, die erst in den 1970er Jahren wieder das Niveau der Vorkriegszeit erreichte. Vor dem Hintergrund dieser historischen Erfahrungen stellt sich die Frage, ob es infolge der gegenwärtigen Weltwirtschaftskrise erneut zu einer Deglobalisierung mit vergleichbar desaströsen Begleiterscheinungen kommen könnte und wie diese zu verhindern wäre.

Damit kommen wir zum dritten Aspekt der Aktualität Wallersteins: seinem Konzept zur *Analyse systemischer Krisen*. Als Soziologe und Historiker der langen Dauer sucht Wallerstein die Ursachen schwerer Krisen in der Komplexität und in der Widersprüchlichkeit des Weltsystems, in Widersprüchen zwischen der Vielheit der Staaten und der Einheit der Weltwirtschaft, in Widersprüchen zwischen Zentrum und Peripherie, zwischen Arbeit und Kapital, zwischen Angebot und Nachfrage, in Widersprüchen, die sich mit der Zeit wechselseitig hoch schaukeln, irgendwann nicht mehr ausgleichen lassen, das System aus dem Gleichgewicht bringen und in eine Krise stürzen. Eine entscheidende Frage ist dann, ob sich das System in der Krise erneuert und zu einem neuen Gleichgewicht zurückfindet, oder ob sich die strukturellen Widersprüche derart verstärkt haben, dass ein (wie auch immer definiertes) Gleichgewicht nicht mehr möglich ist und das System ins Chaos abgleitet. Man kann somit unterscheiden zwischen Krisen *im* System und Krisen *des* Systems. Zu den ersteren zählen die aus der Dynamik des kapitalistischen Wirtschaftsprozesses mehr oder weniger regelmäßig hervorgehenden Konjunkturkrisen (Kondratieff-Zyklen) und die aus der Dynamik des kompetitiven Staatensystems entstehenden Auseinandersetzungen um die Hegemonie im Weltsystem (Hegemonialzyklen). Von diesen zyklisch wiederkehrenden Krisen, die zu einer Erneuerung des Wirtschafts- beziehungsweise des Staatensystems führen, sind die historisch einmaligen, sich lange hinziehenden, existenziellen Krisen zu unterscheiden, in denen das Weltsystem zunehmend außer Kontrolle gerät und auf seinen Kollaps zusteuert.

In der gegenwärtigen Wirtschafts- und Finanzkrise scheinen sich alle drei Arten von Krisen zu bündeln: (a) eine „normale" Konjunktur- und Spekulationskrise, die möglicherweise bereits in wenigen Jahren wieder überwunden sein wird; (b) eine Krise der US-Hegemonie und ihres globalen Ordnungsmodells, aus der sich vermutlich eine Schwerpunktverschiebung der Weltwirtschaft nach Asien ergibt; sowie (c) eine wahrhaft systemische Krise, die mit den Problemlösungspotenzialen des kapitalistischen Weltsystems nur noch schwer zu bewältigen ist und aufgrund ihrer kaum noch ausgleichbaren strukturellen Widersprüche zum Ende des Kapitalismus wie wir ihn kennen, führen könnte. Aus Wallersteins Sicht haben wir die „Zeit der Zyklen", die Möglichkeit der zyklischen Erneuerung hinter uns gelassen und befinden uns in der „Zeit des Übergangs" in ein anderes oder mehrere andere Systeme.

Ausgangspunkt der folgenden Auseinandersetzung mit dem Werk von Immanuel Wallerstein ist eine kurze werkgeschichtliche Biographie, deren Hauptaugenmerk auf den Theorie- und Forschungslinien liegt, die das Denken des Autors am stärksten beeinflusst haben. Dabei sollte deutlich werden, dass Wallerstein seine Weltsystemperspektive aus der kritischen Rezeption unterschiedlicher sozialwissenschaftlicher Ansätze gewonnen hat. Er ist niemandes Meisterschüler sondern Schüler vieler Meisterdenker; er ist kein legitimer Fortsetzer einer tradierten Hauptströmung sozialwissenschaftlichen Denkens – vielmehr will er die Sozialwissenschaft „kaputtdenken" *(unthinking social science),* um sie zu erneuern. Obwohl er dezidiert Systemanalyse betreibt, ist er kaum einer Theorierichtung weniger verpflichtet, als der modernen Systemtheorie eines Talcott Parsons oder Niklas Luhmann.

Im zweiten Kapitel wird das Werk Wallersteins als Forschungsprogramm im Sinne von Lakatos (1974: 129 ff.) als Komplex von wissenschaftstheoretischen Prämissen, Erkenntnis leitenden Begriffen und methodologischen Regeln interpretiert. Die Vergewisserung über die teils ausgesprochenen, teils unausgesprochenen Hintergrundannahmen, die Erläuterung des Verweisungssystems der Begriffe und der methodologischen Regeln sollen die Erschließung des komplexen Werks erleichtern.

Den größten Raum nimmt das dritte Kapitel ein, in dem Wallersteins fast 1.500 Seiten umfassendes, dreibändiges Hauptwerk über *„Das moderne Weltsystem"* in einer notwendigerweise stark komprimierten, aber durch viele sorgfältig ausgewählte Zitate um größtmögliche Authentizität bemühten Darstellung präsentiert wird. Da die Triologie sich auf langen Strecken eher wie eine historiographische Abhandlung als eine soziologische Analyse liest, wurde Wert darauf gelegt, Wallerstein selbst vor allem dort zu Wort kommen zu lassen, wo er die Hauptlinien der historischen Entwicklung und die Grundzüge seiner Argumentation zusammenfasst oder verdichtet. In den analytischen und explikativen Passagen seines teilweise überbordenden Werks wird auch der Bezug zu seinem allgemeinen begrifflich-theoretischen Rahmen wenn nicht explizit hergestellt, dann doch erkennbar und das Forschungsprogramm in seiner Gänze vorstellbar. Da Wallerstein mit seiner auf (mindestens) vier Bände angelegten Darstellung des modernen Weltsystem bisher nur bis ins Mitte des 19. Jahrhunderts gekommen ist – nur in einer Reihe kleinerer Publikationen ist er bis zur Gegenwart vorgedrungen – wird im letzten Teil dieses Kapitels ein Ausblick auf neuere Entwicklungen bis zu Gegenwart versucht. Dabei handelt es sich keinesfalls um den – anmaßenden – Versuch einer Fortschreibung, sondern nur um eine unvollständige Skizze einiger bis in die Gegenwart reichender Trends und Zyklen. Sie soll unter Bezugnahme auf die erwähnten kleineren Publikationen Wallersteins die Aktualität und Aktualisierung seines Weltsystemansatzes verdeutlichen.

Einleitung

Dies wird im vierten Kapitel fortgesetzt, in dem nach einer eher grundsätzlichen als detailorientierten Kritik der Weltsystemanalyse – angesprochen werden ihre eurozentrische Perspektive, ihr ökonomischer Reduktionismus, ihr theoretischer Eklektizismus und einige begriffliche Mängel – die Aktualität von Wallersteins Weltsystemanalyse am Beispiel von vier Problemlagen erläutert werden: dem hegemonialen Niedergang der Vereinigten Staaten, dem (ungefähr gleichzeitig einsetzenden) Aufstieg Chinas von der Außenarena ins Zentrum der Weltwirtschaft, der gegenwärtigen Weltwirtschaftskrise und der damit zusammenhängenden Frage nach der Zukunft des kapitalistischen Weltsystems. In Abweichung von Wallersteins Abstinenz gegenüber quantitativen Daten werden hier einige Zeitreihen präsentiert, um diese Wandlungsprozesse empirisch ein wenig zu erhärten und als Hypothesen zumindest ansatzweise zu überprüfen. Es geht dabei also nicht nur um den Nachweis der Aktualität von Wallersteins Werk, sondern auch um eine – notwendigerweise sehr kursorische – Aktualisierung seines Forschungsprogramms. Im abschließenden fünften Kapitel wird eine kurze zusammenfassende, kritisch-abwägende Würdigung des Gesamtwerkes gegeben.

1 Biographie und Werkgeschichte

Immanuel Maurice Wallerstein wurde am 28. September 1930 in New York geboren. Er studierte an der Columbia University, erlangte 1959 seinen Ph. D. und lehrte dort bis 1971 als Professor für Soziologie. Anschließend wechselte er zur ebenfalls hoch renommierten McGill University nach Montréal (Kanada) und kehrte 1976 nach New York zurück, wo er an der zur State University of New York gehörenden Binghamton University bis zu seiner Emeritierung 1999 lehrte. 1976 wurde er Direktor des von ihm mitbegründeten Fernand Braudel Center for the Study of Economies, Historical Systems and Civilizations, das sich zu der führenden Produktionsstätte der Weltsystemanalyse entwickelte und unter anderem die vierteljährlich erscheinende Zeitschrift *Review* herausgibt. Wallerstein lehrte als Gastprofessor an vielen Universitäten in allen Teilen der Welt und erhielt zahlreiche Ehrentitel. Von 1993 bis 1995 leitete er die internationale Gulbenkian Commission on the Restructuring of the Social Sciences. Von 1994 bis 1998 war er Präsident der International Sociological Association. Seit 2000 ist er Senior Research Scholar an der Yale University.

Die Grundzüge der Werkgeschichte lassen sich, vereinfacht und verkürzt, in vier miteinander verwobenen Tendenzen zusammenfassen:

- von der afrikanischen Peripherie ins europäische Zentrum
- kritische Auseinandersetzung mit der Modernisierungs- und der Dependenztheorie
- vom Funktionalismus zum Marxismus
- Rezeption des sozial- und wirtschaftshistorischen Werks von Fernand Braudel und der Methodologie der von ihm stark beeinflussten Annales-Schule.

Von der afrikanischen Peripherie ins europäische Zentrum

Nach eigener Aussage betrachtete sich Wallerstein seit seiner Studienzeit als politischer Soziologe. Im Unterschied zu vielen Zeitgenossen sah er die wichtigste Konfliktlinie der Nachkriegszeit nicht im 1947 ausbrechenden Kalten Krieg zwischen den Vereinigten Staaten und der Sowjetunion, sondern in den Auseinandersetzungen zwischen den Industrie- und Entwicklungsländern, in der Divergenz zwischen Zentrum und Peripherie. Wallersteins Forschungsinteresse galt zunächst dem sozialen Wandel in der „Dritten Welt", insbesondere den Unabhängigkeitsbewegungen in Afrika. 1959 erschien seine Dissertation über „*The Road to Independence: Ghana and the Ivory Coast*", in der er die antikolonialen und nationalistischen Unabhängigkeitsbewegungen der beiden Länder miteinander verglich. Den Bezugsrahmen seiner Analysen bildete die seinerzeit herrschende Modernisierungstheorie; das Datenmaterial entstammte Interviews mit Mitgliedern der Führungsschicht, das er quantitativ, in zahlreichen Tabellen aufbereitete und analysierte. Mit weiteren Büchern über die Politik der Unabhängigkeitsbewegungen profilierte er sich in den 1960er Jahren zu einem der führenden Afrikanisten der USA mit einer dezidierten Kritik des Kolonialismus und einem einfühlenden Verständnis für die Entwicklungsprobleme der gerade erst unabhängig gewordenen Staaten Afrikas und ihrer politischen Führer.

Bereits in seinem 1967 erschienenen Buch über „*Africa: The Politics of Unity*" wird deutlich, dass die Probleme der afrikanischen Unabhängigkeit und des Strebens nach Einheit nur in einem größeren, weit über Afrika hinausgreifenden, das Gefüge der unterentwickelten und der entwickelten Welt umfassenden Rahmen adäquat zu verstehen, zu erklären und zu lösen sind. Im Schlusskapitel des Buches wird die Geschichte des Weltsystems in Grundzügen dargestellt und das Weltsystem als die relevante Einheit für das Studium der Entwicklungsprobleme Afrikas bezeichnet. Mit der Hinwendung zur Weltsystemanalyse rücken dann die Zentren der Weltwirtschaft in den Mittelpunkt des Interesses, da dort die weltwirtschaftlich relevanten Entscheidungen getroffen werden, und von dort die langfristig bestimmenden Entwicklungstrends ausgehen.

Modernisierungs- und Dependenztheorie

Die Modernisierungstheorie, in deren Rahmen Wallerstein seine wissenschaftliche Arbeit begann, hat ihre Ursprünge in der im 18. und 19. Jahrhundert verbreiteten Idee des Fortschritts. Die Geschichte der Menschheit wird als eine von Rationalisierung, Differenzierung und Individualisierung getriebene Entwicklung gesehen, als ein evolutionärer Pfad, der über verschiedene Stadien von einfachen oder „niedrigen" zu komplexen oder „höheren" Formen der Vergesellschaftung führt. Das Erkenntnisinteresse der Modernisierungstheorien ist primär darauf gerichtet, durch international vergleichende Analysen universell gültige Bedingungen wirtschaftlicher Entwicklung und optimale Entwicklungspfade zu identifizieren. Untersuchungseinheiten sind einzelne Länder, Staaten oder Nationen, die Vergleichskriterien entstammen dem englisch-amerikanischen Weg in die Moderne. Kriterien gesellschaftlicher Entwicklung sind Bevölkerungswachstum, Urbanisierung, Alphabetisierung, soziale Mobilisierung usw.; Indikatoren wirtschaftlicher Entwicklung sind Wachstum des Volkseinkommens, Kapitalbildung, technische Entwicklung, Steigerung des Konsum usw.; im Bereich der Politik geht es um Staaten- und Nationenbildung, Demokratisierung, Eliten usw. In vergleichenden Analysen wird nach den Faktoren und Konstellationen gesucht, die die wirtschaftliche, politische und gesellschaftliche Entwicklung begünstigt oder gehemmt haben, und diese werden überwiegend in den internen Verhältnissen der einzelnen Gesellschaften gesucht.

Wallersteins Kritik der entwicklungstheoretischen Perspektive bezieht sich auf die Wahl der explikativen Faktoren, der Untersuchungseinheit, der Untersuchungsmethode und auf die praktischen Implikationen dieser Theorie. Während die Modernisierungstheorie die Ursachen für unterschiedliche Entwicklungsniveaus in den Sozialstrukturen und Institutionensystemen der einzelnen Gesellschaften sieht und deren Gewicht und Bedeutung durch vergleichende Untersuchungen herauszuarbeiten versucht, führt Wallerstein Entwicklungsunterschiede nicht auf Merkmale der einzelnen Gesellschaften zurück, sondern auf die Eigenschaften des Weltsystems und auf die Art ihrer Einbindung in den Weltmarkt und das internationale Staatensystem. Demzufolge bevorzugt Wallerstein gegenüber dem Vergleich mehr oder weniger geschlossener Nationalstaaten oder Volkswirtschaften einen systemischen Ansatz, in dem diese als interagierende und interdependente Komponenten eines umfassenden und einheitlichen Struktur- und Funktionszusammenhangs namens „Weltsystem" betrachtet werden.

Wallerstein wendet sich auch gegen die praktisch-politischen Konsequenzen der Modernisierungstheorie, die darauf hinauslaufen, die Führungsgruppen der unterentwickelten Länder dazu zu bewegen, von den höher entwickelten Ländern zu lernen (den „richtigen" Weg zu erkennen), sich von ihnen helfen lassen („Entwicklungshilfe" anzunehmen), mit ihnen (als Juniorpartner) zu kooperieren („wirtschaftliche Zusammenarbeit") und die von den internationalen Organisationen wie Weltbank und Internationaler Währungsfonds vorgeschlagenen Strukturanpassungsprogramme durchzuführen. Probleme der Unterentwicklung ließen sich nur lösen, wenn die Strukturen des Weltsystems insgesamt verändert würden, was wenig aussichtsreich erscheint, solange das Weltsystem kapitalistisch geprägt ist.

Als Gegenentwurf zur „bürgerlichen" Modernisierungstheorie, die maßgeblich von amerikanischen Wissenschaftlern formuliert und propagiert wurde, entstand in den 1960er Jahren die *Dependenztheorie*, deren führende Vertreter Lateinamerikaner waren. Die Kernthese dieser aus der klassischen Imperialismustheorie und außenhandelstheoretischen Überlegungen hervorgegangenen Theoriebewegung besagt nach Menzel (1992: 106 f.), „dass in Lateinamerika die Jahrhunderte während und auf den Beginn der spanischen Kolonialisierung zurückgehende Einbindung in das kapitalistische Weltsystem nicht nur einen permanenten Ressourcenabfluss, sei es durch Plünderung oder ungleiche Handelsbeziehungen, bewirkt hat, der sich nach der Unabhängigkeit nahtlos fortsetzte, auch wenn die Akteure sich von Spanien über England auf die USA verlagert hatten, sondern auch, dass diese Beziehungen eine strukturelle Transformation im Innern dieser Gesellschaften herbeigeführt haben, die das System externer Ausbeutung und Abhängigkeit nach innen verlängert. Eine Lösung des Problems der Unterentwicklung sei deshalb nur in einer radikalen Transformation des Internationalen Systems wie der innergesellschaftlichen Strukturen zu finden."

Von der These ausgehend, dass der Weltmarkt zu ungunsten der weniger entwickelten Länder funktioniert, haben einige Vertreter der Dependenztheorie die Abkopplung vom Weltmarkt, eine autozentrierte Entwicklung oder eine Strategie der Importsubstitution (Reduzierung des Imports von Konsumgütern durch Forcierung einer binnenmarktorientierten Industrialisierung) gefordert. Wallerstein stand auch diesen Überlegungen skeptisch gegenüber und hielt ein Ausscheren aus den Zwängen des Weltmarktes angesichts der bestehenden Abhängigkeits- und Machtverhältnisse für unrealistisch. Wenn man davon ausgeht, dass die asymmetrischen Austauschbedingungen zwischen Industrie- und Entwicklungsländern durch die unterschiedliche Stärke ihrer Staatsapparate bedingt seien, würde eine (möglichst kollektive) Strategie der Stärkung der Staatsapparate der Entwicklungsländer größeren Erfolg versprechen.

Während sich die modernisierungstheoretischen Ansätze und Argumente in Wallersteins weiterem Werk fast ganz verflüchtigt haben, sind Residuen der Dependenztheorie noch deutlich erkennbar. Am wichtigsten sind wohl die Erweiterung der Untersuchungseinheit vom Nationalstaat zum Weltmarkt, damit verbunden der Übergang von international vergleichenden zu weltsystemischen Methoden, sowie die Betrachtung von Entwicklung und Nichtentwicklung als Folge ungleicher Macht- und Austauschbeziehungen zwischen Zentren und Peripherien.

Die wirtschaftspolitischen Ableitungen der Modernisierungs- wie auch die der Dependenztheorie sind heute weitgehend erledigt. Sie werden vor allem durch den Erfolg südostasiatischer Länder schlagend widerlegt – einerseits durch den Nachweis, dass es je nach den internen und externen Bedingungen eines Landes sehr unterschiedliche Wege für den wirtschaftlichen Aufstieg eines Landes gibt und anderseits durch die nachgewiesene Überlegenheit von weltmarktorientierten Entwicklungsstrategien gegenüber solchen der Abschließung und der Autozentrierung. Dabei schließt aber eine grundsätzliche Weltmarktorientierung (vorübergehende) protektionistische Maßnahmen nicht aus. Im Gegenteil, wie Michael Mann (2003: 96) feststellt, haben seit der Neuzeit alle aufstrebenden Länder (mit der Ausnahme Großbritanniens) ihre in den Kinderschuhen stehende Industrie vor ausländischem Wettbewerb geschützt, Exporte subventioniert und Importe mit Zöllen belegt und interventionistische Staatsapparate aufgebaut. „Das gilt für den Aufstieg der USA und Deutschlands im 19. Jahrhundert, für den Japans und den der asiatischen ‚Tigerstaaten' in den 1950er und 1960er Jahren bis zu dem Chinas und in jüngster Zeit."

Vom Funktionalismus zum Marxismus

Wie die Modernisierungstheorie hat auch der Strukturfunktionalismus die frühen Arbeiten Wallersteins beeinflusst, erwies sich aufgrund seines „Einfrierens" der Geschichte und seiner Orientierung am Problem des Gleichgewichts aber als wenig geeignet, wirtschaftlichen und gesellschaftlichen Wandel in langzeitlicher Perspektive zu erklären. Auf der anderen Seite ist die historisch ausgerichtete Weltsystemanalyse, wie Imbusch (1990: 137 f.) feststellt, aber nie ohne eine funktionalistische Argumentation ausgekommen, was er so formuliert: „Das Weltsystem als Ganzes weist nämlich systemfunktional seinen Teilen bestimmte Aufgaben zu, die Entwicklung dieser Teile (z. B. der Nationalstaaten) wird nur in funktionaler Abhängigkeit vom Ganzen betrachtet, relativ autonome Entwicklungen kommen damit nicht mehr vor, oder Wallerstein misst ihnen keinerlei Bedeutung zu. Beispiele für funktionale Argumentationen finden sich praktisch auf jeder zweiten Seite [...]"

Strukturfunktionalistische Argumente kommen vor allem da zur Anwendung, wo es darum geht, die Funktionsweise des Weltsystems im Zustand seiner Konsolidierung zu erklären. Für die Analyse seines Entstehungszusammenhangs, seiner Wandlungsprozesse, seiner Krisen und Konflikte gibt dieser Ansatz wenig her. Um die Bewegungsgesetze des modernen Weltsystems aufzudecken, liefert die *Marxsche Theorie* nach Wallersteins Überzeugung die besseren Konzepte und Argumente. Aus dem reichen Arsenal dieser Theorierichtung haben vor allem folgende Konzeptionen Eingang in Wallersteins Weltsystemanalyse gefunden:

Erstens die Geschichte des modernen Weltsystems als *Abfolge historischer Gesellschaftsformationen*: Im *Modernen Weltsystem* werden zwar der historische Übergang vom Feudalismus zum Kapitalismus und die strukturellen Widersprüche des kapitalistischen Systems in aller Ausführlichkeit analysiert, es bleibt aber offen, ob der Niedergang des Kapitalismus in ein sozialistisches oder kommunistisches System münden wird. Abweichend von der marxistischen Orthodoxie hält Wallerstein die Zukunft, vor allem in neueren Publikationen, für offen und ungewiss. Er bleibt aber dabei, dass der Kapitalismus an seinen eigenen Widersprüchen scheitern wird und der Übergang zu einer neuen Produktionsweise – wie es schon der Übergang vom Feudalismus zum Kapitalismus gezeigt hat – mit einer lang anhaltenden Krise verbunden sein wird.

Zweitens die Bestimmung des *Kapitalismus* als Motor der wirtschaftlichen und gesellschaftlichen Entwicklung nach der Überwindung des Feudalismus: Nach Marx resultiert die Akkumulation von Kapital aus der Aneignung des durch Lohnarbeit geschaffenen Mehrwerts durch Unternehmer, die den so erzielten Profit zur Vermehrung des Kapitals nutzen. Wallerstein überträgt dieses Grundverhältnis der kapitalistischen Produktionsweise auf das gesamte Weltsystem. Der Akkumulationsprozess hat sich von den Ländern des Zentrums aus auf die Peripherie ausgedehnt, ohne aber die dort existierenden feudalistischen Formen der Leibeigenschaft und der Zwangsarbeit durch Lohnarbeit zu ersetzen; teilweise haben sich die vorkapitalistischen Arbeitsformen sogar noch verstärkt. Obwohl sich also in der Peripherie feudalistische Arbeitsverhältnisse in erheblichem Ausmaß gehalten haben, wird sie von Wallerstein als integraler Bestandteil des kapitalistischen Weltsystems definiert. Als Weltsystem umfasst und bedient sich der Kapitalismus also auch vor- oder nichtkapitalistischer Arbeits- und Produktionsformen.

Drittens das Konzept des *ungleichen Tauschs* zwischen Zentrum und Peripherie als der Mechanismus, in dem sich das Zentrum das im arbeitsteiligen Weltsystem geschaffene Mehrprodukt aneignet: So wie sich kapitalistische Unternehmer in den kapitalistischen Staaten des Zentrums den von Arbeitern geschaffenen Mehrwert aneignen, so übertragen sie auch den in der Peripherie (mit kapitalistischen und feudalistischen Methoden) erzeugten Mehrwert mit Hilfe starker Staatsapparate ins Zentrum. Dieser Surplus-Transfer von der Peripherie ins Zentrum trägt auf signifikante und unverzichtbare Weise zu der das gesamte Weltsystem bewegenden und erhaltenden Akkumulation von Kapital bei.

Viertens *Staat als politische Agentur des Kapitals:* Die herrschenden Klassen haben, vor allem in den Ländern des Zentrums, starke Staatsapparate aufgebaut, um ihre Interessen im Inneren und nach außen wirkungsvoll durchsetzen zu können, – im Inneren, um ihre Interessen wahrende Klassenkompromisse zu realisieren, nach außen, um die Bedingungen des ungleichen Tauschs zu ihren Gunsten aufrechtzuerhalten.

Fünftens *strukturelle Widersprüche als Auslöser von Wandlungsprozessen:* Widersprüche zwischen Arbeit und Kapital, die im Klassenkampf kulminieren; Widersprüche zwischen Angebot und Nachfrage, aus denen zyklische Krisen hervorgehen; Widersprüche zwischen dem fragmentierten Staatensystem und dem weltweiten Markt, wobei das dezentrale Staatensystem zwar die Entfaltung des Kapitalismus als weltweites System der Akkumulation von Kapital begünstigt, zugleich aber auch eine Quelle internationaler Spannungen und Konflikte ist, die Unordnung und Instabilität ins Weltsystem bringen und damit die Akkumulationsprozesse behindern können. Obwohl von marxistischem Gedankengut nachhaltig inspiriert, geht Wallerstein mit den Begriffen und Denkfiguren dieser Theorierichtung selektiv und kritisch um. Er benutzt sie eher pragmatisch, im Hinblick auf ihre Eignung als Analyse- und Erklärungsrahmen für seine Erkenntnisinteressen, als dogmatisch, im Sinne einer getreuen Auslegung und strikten Befolgung ihrer Lehrsätze.

Der Einfluss Fernand Braudels und der Annales-Schule

Mehr noch als von Marx ist Wallersteins Weltsystemanalyse von dem französischen Historiker Fernand Braudel beeinflusst. Dieser hatte in seinem erstmals

1949 erschienenen dreibändigen Werk über *„Das Mittelmeer und die mediterrane Welt in der Epoche Philips II"* die um das Mittelmeer gruppierten Gebiete als eine eigene „Welt" aufgefasst. Obwohl sich sie sich kulturell stark voneinander unterscheiden – die Welt des Mittelmeers umfasst christliche, islamische und jüdische Kulturen – waren die Mittelmeerländer geographisch, historisch und kommerziell eng miteinander verbunden. Zudem bildeten die norditalienischen Städte einen der beiden Pole – den anderen Pol bilden die Niederlande – aus deren Spannungsverhältnis und Verbindung Braudel (1986c: 96 ff.) zufolge „die erste Weltwirtschaft Europas" mit Venedig als Zentrum hervorging. Für Braudel (1986c: 18) umfasst eine Weltwirtschaft also nicht den gesamten Erdkreis oder die Menschheit, sondern „lediglich einen Ausschnitt, einen wirtschaftlich autonomen Sektor unseres Planeten, der sich im wesentlichen selbst versorgen kann und aufgrund seiner Verbindungen und seines internen Austauschs eine gewisse organische Einheitlichkeit aufweist."

Neben diesem Konzept von Weltwirtschaft war für Wallerstein (2001: 13) nach eigener Auskunft Braudels Konzept der langen Dauer *(longue durée)* von besonderer Relevanz. Im Unterschied zur herkömmlichen Geschichtsschreibung interessiert sich Braudel weniger für die Oberfläche der flüchtigen Ereignisse, für die handelnden Personen und die Haupt- und Staatsaktionen, sondern vor allem für die tiefer liegenden Strukturen langer Dauer, jene sich nur langsam verändernden, durch Routinen und Wiederholungen reproduzierten Sozialstrukturen, die das Alltagslebens der Menschen bestimmen und ihre Handlungsmöglichkeiten begrenzen. Von dieser „gleichsam unbewegten" und „träge dahinfließenden" *„histoire structurelle"* lässt sich auf einer zweiten Zeitebene eine sich schneller bewegende *„histoire conjoncturelle"* unterscheiden. Diese „zyklische Geschichte", wie Wallerstein (1995: 165 ff.) sie nennt: die „Expansionen und Kontraktionen der Wirtschaft, das Alternieren des Schwerpunkts in politischen und kulturellen Phänomen, [...] die Kontinuitäten von Mustern (einschließlich schwankender Muster)" repräsentiert den eigentlichen Bereich der Wirtschafts- und Sozialgeschichte. Auf der dritten, obersten Ebene dieser Typologie der historischen Zeiten ist die konventionelle Ereignisgeschichte, die *„histoire événementielle"* angesiedelt, die von Wallerstein als „episodische Geschichte" bezeichnet wird. In Braudels (1990: 20 f.) Worten handelt es sich um „eine ruhelose, wogende Oberfläche, vom Strom der Gezeiten heftig erregte Wellen. Eine Geschichte kurzer, rascher und nervöser Schwankungen. Überempfindlich wie sie ist, versetzt der geringste Schritt all ihre Messinstrumente in Alarm. So ist sie von allen die leidenschaftlichste, menschlich reichste, doch die gefährlichste auch. Misstrauen wir dieser Geschichte, deren Glut noch nicht abgekühlt ist [...]"

Wie Braudel interessieren Wallerstein (2004a: 20) einzelne Ereignisse „nur dort, wo sie als typische Beispiele für einen bestimmten Mechanismus Licht auf das System warfen oder bei wichtigen institutionellen Veränderungen die entscheidenden

Wendepunkte bildeten." Wie Braudel ist Wallerstein ein Erforscher von Strukturen und Konjunkturen. Braudels Konzept der langen Dauer findet sich bei Wallerstein (2001: 22) erstens in seinem Konzept des „historischen Systems", das er „als eine präzisere Spezifikation des Konzepts der longue durée" auffasst, zweitens in seinem Konzept des „säkularen Trends", bei dem es sich um „einen kontinuierlichen langsamen Prozess der Transformation" handelt (Wallerstein 1995: 168), und drittens in seinem Begriff der Krise, die immer mit einem strukturellen Übergang verbunden ist und sich folglich lange hinzieht (Wallerstein 1995: 31).

Obwohl Wallerstein den zweiten Band seines *Modernen Weltsystems* Braudel widmete, hat er dessen wichtige Unterscheidung zwischen „Marktwirtschaft" und „Kapitalismus" als nach verschiedenen Regeln funktionierende und mit unterschiedlichen historischen Geschwindigkeiten ablaufende Ebenen des Wirtschaftslebens nicht übernommen; sie wäre geeignet gewesen, Wallersteins allzu vagen Kapitalismusbegriff zu schärfen. Braudel konzipiert eine Art Tiefenstruktur des Wirtschaftslebens, dessen unterste Ebene die „materielle Zivilisation" bildet. Sie trägt die darüber liegende Ebene der Marktwirtschaft, über die sich dann der Kapitalismus als „Wirtschaften auf höchstem Niveau" erhebt. Dieses Mehrebenensystem des Wirtschaftslebens „zeigt an der Basis ein vielgestaltiges, auf Selbstversorgung ausgerichtetes, in alteingefahrenen Gleisen verlaufendes ‚materielles Leben'; darüber ein deutlich umrissenes Wirtschaftsleben, das sich [...] bis zu einem gewissen Grad mit der auf Konkurrenz ausgerichteten Marktwirtschaft deckt; und auf der obersten Stufe schließlich das Wirkungsfeld des Kapitalismus" (Braudel 1986b: 500). Während in der Marktwirtschaft die Akkumulationschancen der Unternehmer durch den Konkurrenzdruck begrenzt werden, haben kapitalistische Unternehmer es geschafft, sich den Zwängen des Wettbewerbs zu entziehen und ihre Profite durch den Aufbau von Marktmacht und durch die Ausschaltung von Konkurrenten zu steigern. Zwar ist der Kapitalismus wie die Marktwirtschaft an den Gegebenheiten der materiellen Zivilisation, an den Alltagsbedürfnissen der Bevölkerung orientiert, aber er ist darüber hinaus auch imstande, durch die Generierung neuer Bedürfnisse und die Bereitstellung entsprechender Güter die Grenzen der materiellen Zivilisation zu sprengen. Um die Funktionsweise der Wirtschaft und den wirtschaftlichen Wandel zu erklären, müssen alle drei Ebenen in ihren Wechselwirkungen analysiert werden, wobei die materielle Zivilisation fundamental bleibt: „In Wirklichkeit wird alles auf dem breiten Rücken des materiellen Lebens ausgetragen."

Wallerstein versus Weber

Abschließend seien noch die wichtigsten Gemeinsamkeiten und Unterschiede zwischen Wallerstein und Weber skizziert. Weber gehört zwar nicht zu den Autoren, die Wallerstein nach eigener Aussage intellektuell am stärksten beeinflusst haben – auf seiner *homepage* nennt er in chronologischer Reihenfolge: Karl Marx, Siegmund Freud (den er fast nie zitiert), Joseph Schumpeter, Karl Polanyi, Fernand Braudel und Ilya Prigogine – aber vielleicht ist es gerade deshalb sinnvoll, das Werk Wallersteins mit dem Webers kurz zu kontrastieren.

Ein signifikanter Unterschied zwischen beiden Autoren besteht in ihren Konzeptionen der Welt. Für Weber stellt sich die Welt als ein disjunktives Phänomen dar, als Konglomerat heterogener Weltkulturen und konkurrierender Nationalstaaten. Wallerstein hingegen betrachtet die (moderne) Welt als Einheit, deren Elemente (Staaten, Ökonomien, Kulturen) teils komplementär, teils antagonistisch aufeinander bezogen und miteinander verbunden sind.

Beide Autoren versuchen, den Sonderweg des Westens zu beschreiben und zu erklären und sind somit eurozentrisch orientiert. Während Weber die Sonderentwicklung des okzidentalen Kapitalismus im Vergleich zu anderen Kulturkreisen untersucht, analysiert Wallerstein den Kapitalismus als weltweites Phänomen; Kapitalismus und Weltwirtschaft sind für ihn zwei Seiten derselben Münze. Wie Hobsbawm (1986: 87) bemerkt, hat Weber „nicht [erklärt], warum sich der Kapitalismus als ein globales System entwickelt hat, sondern nur, warum er nicht in solchen Regionen wie Indien und China entstanden ist."

Für Wallerstein wie für Weber ist der Kapitalismus ein Phänomen von universalgeschichtlicher Bedeutung, allerdings wird unter Kapitalismus unterschiedliches verstanden. Für Wallerstein ist in marxistischer Tradition die Akkumulation von Kapital das Wesensmerkmal des Kapitalismus, für Weber ist es die Kapitalrechnung, die die formale Rationalisierung des Kapitalismus antreibt. Weber (1981: 238 ff.) siedelt den Kapitalismus primär in der Sphäre der Produktion an und sieht ihn dort systemisch verankert, wo die Deckung des Alltagsbedarfs breiter Bevölkerungsschichten durch markt- und gewinnorientierte kapitalistische Betriebe gegeben ist, was erst seit der Mitte des 19. Jahrhunderts der Fall ist. Für Wallerstein entfaltet sich der Kapitalismus weitaus früher, schon im Mittelalter und primär im Bereich des Fernhandels, in dem sich seinerzeit die besten Akkumulationschancen bieten.

Unterschiedlich ist auch die Einschätzung des Kolonialismus. Während für Wallerstein Kolonien integraler Bestandteil eines weltweiten Akkumulationsprozesses sind und mit ihrem Surplus-Transfer in das Zentrum für die Funktionsfähigkeit und Entwicklung des kapitalistischen Weltsystems unentbehrlich sind, hebt Weber die irrationalen Züge des Kolonialismus hervor, der die Entwicklung des Kapitalismus eher gehemmt hat. Webers (1981: 256, 258) Einschätzung ist, dass „die Kolonialerwerbungen der europäischen Staaten [...] zwar bei ihnen allen zu einer riesenhaften Vermögensakkumulation innerhalb Europas geführt [haben]", diese Vermögensakkumulation durch Kolonialhandel jedoch „für die Entwicklung des modernen Kapitalismus nur geringe Bedeutung" hatte.[1]

Grundsätzliche Übereinstimmung besteht in der Bedeutung der Staatenkonkurrenz für die Entfaltung des Kapitalismus. Wallerstein würde vermutlich Weber (1976: 815) darin zustimmen, dass „der ständige friedliche und kriegerische Kampf konkurrierender Nationalstaaten um die Macht [...] dem neuzeitlich-abendländischen Kapitalismus die größten Chancen [schuf]. Der einzelne Staat musste um das freizügige Kapital konkurrieren, das ihm die Bedingungen vorschrieb, unter denen es ihm zur Macht verhelfen wollte. [...] Der geschlossene nationale Staat also ist es, der dem Kapitalismus die Chancen des Fortbestehens gewährleistet; solange er nicht einem Weltreich Platz macht, wird also auch der Kapitalismus dauern."

Schließlich seien noch die unterschiedlichen Ausgangspunkte beider Theorielinien angemerkt. Bei Weber ist es die Handlungstheorie, bei Wallerstein der Strukturalismus. Weber baut seine Argumentationen grundsätzlich „von unten nach oben" auf, steigt vom sozialen Handeln zu den komplexen sozialen Gebilden auf. Wallerstein beginnt seine Analyse auf höchstmöglichem Aggregationsniveau und steigt vom Weltsystem zu seinen einzelnen Funktionsbereichen und nur gelegentlich auf die Handlungsebene herab. Der eine ist methodologischer Individualist, der andere Holist und Strukturalist.

---

[1] Webers Argumente lassen sich in vier Punkten zusammenfassen: Erstens ist für die Entwicklung des rationalen Kapitalismus nicht die Kapitalakkumulation, sondern die Kapitalrechnung entscheidend. Rationale Kapitalrechnung ist die entscheidende formale Methode zur Erhöhung der Rentabilität des eingesetzten Kapitals und des unternehmerischen Gewinns. Zweitens war die Arbeit in den meisten kolonialen Unternehmen nicht frei, sondern als Zwangs- und Sklavenarbeit in Plantagen organisiert und somit ebenfalls nicht rational. Drittens wurde die Vermögensakkumulation „ausnahmslos und von allen Ländern durch Gewalt gesichert" und nicht durch friedlichen Tausch; der Kolonialismus war primär am Beuteprinzip und nicht an den Marktchancen orientiert und folglich irrational. Viertens waren die Kolonialgesellschaften eher am Staatsbedarf als an Marktchancen orientiert und stellten insofern keine rationale Unternehmensform dar. Die großen Kolonialgesellschaften sind zwar eine Vorstufe der modernen Aktien- beziehungsweise Kapitalgesellschaft, doch fehlen ihnen einige Merkmale des rationalen Unternehmens, vor allem die Kapitalrechnung (Weber 1981: 243 f.).

2 Das Forschungsprogramm: Die Welt als System

Nach Lakatos (1974: 168, 129) ist Wissenschaft „ein Schlachtfeld von Forschungsprogrammen und nicht von isolierten Theorien." Dabei geht es in erster Linie nicht um die Überprüfung und Widerlegung von Theorien, sondern um den Kampf zwischen mehreren konkurrierenden Forschungsprogrammen, die ihren „harten Kern" gegen Widerlegungsversuche verteidigen. Insgesamt besteht ein Forschungsprogramm aus drei Komponenten: (a) aus metatheoretischen Annahmen, die nicht Gegenstand empirischer Prüfung sind, (b) aus einem theoretischen Bezugsrahmen, der auf die Erklärung bestimmter Wirklichkeiten ausgerichtet ist und (c) aus methodologischen Regeln, die Forschungswege beschreiben, die man vermeiden sollte („negative Heuristik") und solche, denen man folgen sollte („positive Heuristik").

Wallersteins Weltsystemanalyse kann in diesem Sinne als ein Forschungsprogramm verstanden werden. Die wissenschaftstheoretischen Prämissen können mit den Begriffen Holismus, Strukturalismus, Globalismus und vielleicht auch Zirkulationismus umschrieben werden. Der theoretische Bezugsrahmen besteht aus den miteinander verbundenen Begriffen Arbeitsteilung und Austausch, Zentrum und Peripherie, Kapitalismus und Weltsystem, Konjunktur und Struktur. Als methodologische Regeln hat Wallerstein (1995: 307 ff.) „sechs Praktiken" formuliert, die die methodologische Grundlage zur Erarbeitung einer Theorie der Wirtschaftsgeschichte bilden sollen.

2.1 Wissenschaftstheoretische Prämissen

Den Kern seines Forschungsprogramms hat Wallerstein (2007: 95) an einer Stelle in einem Satz wie folgt umrissen: „Alle Systeme sind historisch, und alle Geschichte ist systematisch." Es lohnt sich, dieses Zitat in seinem etwas ausführlicheren Argumentationszusammenhang wiederzugeben: „Historisierung ist das genaue Gegenteil [einer bloßen Ansammlung chronologischer Details oder einer kruden Unterscheidung spezifischer Situationen oder tagtäglicher Veränderungen; meine Einfügung, L. Z.]. Historisierung bedeutet, dass wir die Realität, die wir im Einzelfall studieren, in einem größeren Kontext betrachten: in der historischen Struktur, in der sie operiert. Wir können niemals den Einzelfall verstehen, wenn wir nicht das jeweilige Ganze verstehen, da wir andernfalls niemals einschätzen können, was sich ändert, wie es sich ändert und warum es sich ändert. Historisierung ist nicht das Gegenteil von Systematisierung. Man kann nicht systematisieren, ohne die historischen Parameter des Ganzen, des Gegenstands der Analyse, zu erfassen. Folglich kann man nicht in einem Vakuum historisieren, als ob nicht alles Teil eines großen systematischen Ganzen wäre. Alle Systeme sind historisch, und alle Geschichte ist systematisch."

Holismus
In vorstehendem Zitat kommt neben dem Plädoyer für die Aufhebung des scheinbaren Gegensatzes von Historisierung und Systematisierung ein holistischer Denkansatz zum Ausdruck. Die Grundaussage des Holismus lautet: das Ganze ist *mehr* als die Summe der Teile. Das Ganze (des Weltsystems) kann nicht auf seine Komponenten (Gesellschaften, Staaten, Ökonomien) zurückgeführt werden, sondern repräsentiert eine Realität eigener Art und entfaltet eine eigene Entwicklungslogik. Das vorausgesetzte Ganze bildet den konditionalen Rahmen für die Beziehungen zwischen seinen Komponenten und deren Wandlungsprozessen. Wenn man die Entwicklung einzelner Teile der Welt verstehen will, so die Prämisse, müsse man diejenigen transnationalen Strukturen berücksichtigen, die die Entwicklung nationaler oder lokaler Einheiten auf unterschiedliche Weise fördern oder hemmen. Die Handlungsspielräume der individuellen und korporativen Akteure werden durch Art und Grad ihrer Einbindung in das Weltsystem bestimmt, und nur in diesem Rahmen können sie ihre Potenziale zur Entfaltung bringen.

Eine holistische Auffassung kommt auch in der Negierung der Differenzierung komplexer Systeme in Subsysteme mit separaten, eigensinnigen Systemlogiken zum Ausdruck: „Die drei angeblichen Schauplätze des kollektiven menschlichen Handelns – der ökonomische, der politische und der soziale oder sozio-kulturelle – sind keine autonomen Stätten sozialen Handelns. Sie haben keine separaten ,Logiken'. Entscheidender ist, dass die Zwänge, Möglichkeiten, Entscheidungen, Normen und ,Rationalitäten' derart miteinander verwoben sind, dass kein brauchbares Forschungsmodell ,Faktoren' nach ökonomischen, politischen und sozialen Kategorien isolieren und nur eine als Variable behandeln kann, während die anderen implizit für konstant gehalten werden. Wir behaupten, dass es einen einzigen ,Satz von Regeln' oder einen einzigen ,Satz von Zwängen' gibt, innerhalb dessen diese verschiedenen Fachrichtungen arbeiten. [...] Es gibt keine eindeutigen wirtschaftlichen Probleme, die man von politischen und sozialen Phänomenen trennen kann: Das Ganze ist ein nahtloses Geflecht" (Wallerstein 1995: 286, 313). Nach dieser Prämisse funktioniert das Weltsystem nach einer einzigen Logik, die es im Forschungsprozess zu entschlüsseln gilt.

Strukturalismus
So wie der Holismus den Vorrang des Ganzen gegenüber seinen Teilen postuliert, so unterstellt der Strukturalismus den Vorrang der Strukturen gegenüber dem Handeln. Strukturalismus bedeutet ganz allgemein eine zeitliche und sachliche

Priorität sozialer Strukturen vor individuellem Handeln und interpersonellen Beziehungen. Strukturen sind grundsätzlich primär und explikativ gegenüber dem Handeln. Wallerstein (1995: 279) geht so weit zu behaupten, „dass es innerhalb eines funktionierenden historischen Systems keinen echten freien Willen gibt. Die Strukturen erzwingen die Entscheidung und produzieren sogar Entscheidungen." Einen freien Willen lässt Wallerstein erst in der Phase des Niedergangs eines historischen Systems zu, wenn sich seine Strukturen zersetzen und ihre determinierende Kraft verlieren. Wallerstein (2002: 74 f.) stellt „die Behauptung auf, dass dann, wenn Systeme funktionieren, der strukturelle Determinismus mehr Gewicht hat als der freie Wille des Individuums und der Gruppe. Aber in Zeiten des Übergangs und der Krise wird der Faktor des freien Willens zentral. Dies lässt unserem Handeln, unserem Engagement und unserem moralischen Urteil einen Freiraum."

Neben diesem soziologischen Strukturalismus in der Tradition Durkheims vertritt Wallerstein einen historischen Strukturalismus, wie ihn Braudel mit dem methodologischen Vorrang der langen Dauer vor kurzzeitigen Ereignissen postuliert. „Was die Weltsystemanalyse fordert, ist eine Bewertung der zentralen Bedeutung dieser angeblichen Schlüssel-‚Ereignisse' im Verhältnis zur *longue durée* des historischen Systems, in dem sie stattfanden" (Wallerstein 1995: 300). Krisen und Revolutionen, die gewöhnlich als kurzfristige Ereignisse behandelt werden, sind in Wallersteins Sicht Phänomene langer Dauer, die ihre Ursprünge in strukturellen Widersprüchen des Systems haben und deren Auswirkungen oftmals erst lange nach dem Abklingen der dramatischen Ereignisse in Form säkularer Trends zum Ausdruck kommen.

Als dritte Variante des Strukturalismus lässt sich in Wallersteins Werk ein dynamischer Strukturalismus erkennen, der sich auf strukturierte, rekurrierende Muster des Wandels in Form langer Wellen bezieht. „Dass die Existenz der Menschheit in sich endlos wiederholenden periodischen Bewegungen fluktuiert und oszilliert", ist für Braudel (1986c: 73 f.) eine „grundlegenden Tatsache". Und nach Schumpeters (1975: 114) Meinung enthüllt die Analyse der langen Wellen der wirtschaftlichen Tätigkeit „die Natur und den Mechanismus des kapitalistischen Prozesses besser als irgendetwas anderes". Wie Bühl (1990: 60) betont, gehen moderne Zyklentheorien „(im Unterschied zur spekulativen Geschichtstheorie) [...] nur von einem Wandel der Komponentenstruktur aus; niemals aber wird angenommen, dass das System als Ganzes – wie in der gedankenlos verwendeten Jahreszeitenanalogie – auf den Ausgangspunkt zurückkehrt. Es geht hier nicht um den Mythos von der Wiederkehr des Ewig-Gleichen; was wiederkehrt, sind lediglich analoge Anpassungs*probleme* oder System*erfordernisse*, die mit analogen Problemlösungs*strategien* angegangen werden müssen, wenngleich die historischen Ausgangsbedingungen jedes Mal andere sein werden und mit Ablauf eines Zyklus auch ein ganz anderes Systemniveau erreicht sein wird. Dies gilt jedenfalls für die Langzeitzyklen, die stets sehr große Sozialsysteme im Umfang von Gesamtgesellschaften oder einem internationalen Staatensystem erfassen. Das Zykluskonzept ist in dieser Form eben nur ein formales und nur systemtheoretisch zu interpretierendes Konzept." Es gibt also keinen prinzipiellen Gegensatz zwischen Struktur und Wandel, vielmehr sind beide Konzeptionen aufeinander bezogen. Strukturen wandeln sich im Verlauf ihrer Reproduktion, und solche Verläufe wiederholen sich und folgen einem generellen Muster. Somit kann die Formulierung von Verlaufstypen als Variante des Strukturalismus verstanden werden.

Globalismus
Mit Globalismus ist die (empirisch nicht verifizierbare oder falsifizierbare) Entscheidung gemeint, „die Welt" als Ausgangspunkt der Analyse zu wählen. Der Globalismus wendet sich gegen die in der Soziologie und insbesondere in der Modernisierungstheorie noch weit verbreitete Tendenz, „die Gesellschaft" als relativ geschlossenes, nach dem Grundsatz der internen Verursachung sich entwickelndes System zu betrachten. Wie Tenbruck (1989: 428) bemerkt, führt die Orientierung an „Ein-Gesellschafts-Modellen" zu einer höchst einseitigen Auswahl und Verarbeitung der Tatsachen. Sie übersieht das fundamentale Faktum, „dass jede Gesellschaft auf andere bezogen, mit ihnen verspannt oder sogar von Vergesellschaftungen durchzogen ist, die zu allen quer stehen." Gesellschaften, Staaten und Nationalökonomien haben einen Grad an Verflechtung und wechselseitiger Abhängigkeit erreicht, der nur noch (in der Terminologie von Tenbruck) mit „Mehr-Gesellschafts"-Modellen oder noch einen Schritt weiter gehend, (mit Wallerstein) in Begriffen des Weltsystems zu erfassen ist. Hopkins und Wallerstein (1979: 152) formulieren als Prämisse ihres Forschungsprogramms: „Die Arena, in der soziales Handeln und sozialer Wandel sich vollziehen, ist nicht eine ‚Gesellschaft' in abstracto, sondern eine konkrete ‚Welt', ein raum-zeitliches Ganzes, wobei der Raum dieselben Ausmaße hat wie die einfache Arbeitsteilung zwischen den das Ganze bildenden Teilen und Regionen, und wobei die Zeit sich so weit erstreckt, wie die einfache Arbeitsteilung die ‚Welt' beständig als soziales Ganzes reproduziert (ob es sich bei diesem Prozess nun um Wachstum, Schrumpfung oder Stagnation handelt). Genauer gesagt: Die Arena sozialen Handelns und sozialen Wandels in der Neuzeit war und ist das *moderne Weltsystem*, das sich im 16. Jahrhundert als europazentrierte Weltwirtschaft herausbildete."

Zirkulationismus
Zirkulationismus meint den Vorrang der (weltweiten) Zirkulation der Güter vor ihrer (lokalen) Produktion im Hinblick auf die Akkumulation von Kapital. In Anlehnung an Marx („Der Handel beherrschte die Industrie") geht Wallerstein davon aus, dass die Warenzirkulation den Ausgangspunkt des Kapitals bildet, dass sich das kapitalistische Profitstreben historisch zuerst im Welthandel und auf dem Weltmarkt entwickelt und von dort auf die Manufaktur- und Industrie-

produktion ausgedehnt hat. Das Handelskapital gilt als die Kraft, die die Weltwirtschaft als *kapitalistische* Weltwirtschaft organisierte, immer mehr Regionen als Beschaffungs- und Absatzmärkte und als Produktionsstandorte in die arbeitsteilige Weltwirtschaft integrierte und vom internationalen Austausch am meisten profitierte. Dies ist zwar ein historisch-empirisches Argument, aber Wallerstein hat die konstitutive Bedeutung von Austausch und Handel für die Funktionsweise von Gesellschaftssystemen auch (meta)theoretisch *vorausgesetzt*. „Für das bestimmende Merkmal eines Gesellschaftssystems erachten wir, dass es in ihm eine Arbeitsteilung gibt von der Art, dass seine verschiedenen Sektoren oder Gebiete auf wirtschaftlichen Austausch mit anderen angewiesen sind, um die Bedürfnisse des eigenen Gebiets reibungslos und kontinuierlich zu befriedigen" (Wallerstein 1979: 34). Der Handel zwischen sozialen Gruppen, wirtschaftlichen Sektoren oder geographischen Gebieten kann als eigenständige Quelle der Wertschöpfung betrachtet werden. Wie Simmel (1977: 36f.) feststellt, ist „der Tausch genau so produktiv und wertbildend […], wie die eigentlich so genannte Produktion", denn wie bei der Produktion muss auch beim Tausch ein Wert eingesetzt werden, um einen anderen Wert zu gewinnen.[2] Wie Ritter (1994: 22) betont, werden die räumlichen, zeitlichen, quantitativen und qualitativen „Handelsfunktionen im Sinne wertsteigernder Leistungen entlang einer Handelskette von den Erzeugern zu den Verbrauchern […] von der Außenhandelstheorie übersehen, von den Marxisten geleugnet und von vielen anderen einfach übersehen." Wallersteins gehört nicht zu diesen, wie sein Begriff der Warenkette *(commodity chain)*, in der Produktions- und Distributionsprozesse miteinander verbunden sind und alle involvierten Aktivitäten kommodifiziert, d. h. zur handelbaren Dingen werden, zeigt.[3]

2.2 Analytischer Bezugsrahmen

Nachdem wir die empirisch nicht überprüften, dogmatisch gesetzten Hintergrundannahmen der Weltsystemperspektive skizziert haben, wenden wir uns nun ihrem Begriffsapparat zu, mit dessen Hilfe Entstehungszusammenhang, Funktionsweise und Wandel des Weltsystems beschrieben und erklärt werden sollen. Wallerstein konzipiert sein modernes Weltsystem als ein soziales System, dessen konstituierende Merkmale soziale Arbeitsteilung und Austausch zwischen den Mitgliedgruppen sind. Drei Arten sozialer Systeme sind zu unterscheiden: Minisysteme, Weltreiche und Weltwirtschaften. „Ein Minisystem ist eine soziale Einheit, innerhalb derer es eine vollständige Arbeitsteilung und einen einzigen kulturellen Rahmen gibt. Solche Systeme finden sich nur in sehr einfachen Agrar- oder Jäger- und Sammler-

---

[2] Vgl. auf Simmel aufbauend: Harold J. Cook 2007: 42 ff.
[3] Zum Begriff der Warenkette vgl. Wallerstein 1984: 11 ff.

gesellschaften. Heute besteht kein derartiges Minisystem mehr. Und auch in der Vergangenheit waren sie seltener, als meist behauptet wird. [...] Lässt man die heute ausgestorbenen Minisysteme beiseite, so bleibt als einzige Art des Gesellschaftssystems ein Weltsystem, das wir ganz schlicht als eine Einheit mit einer einzigen Arbeitsteilung und mannigfachen Kultursystemen definieren. Logisch gefolgert, kann es freilich zwei Spielarten solcher Weltsysteme geben: ein Weltsystem mit einem gemeinsamen politisches System und ein Weltsystem ohne gemeinsames politisches System. Wir wollen die erste Variante mit dem Begriff ‚Weltreiche', die zweite mit dem Begriff ‚Weltwirtschaft' kennzeichnen" (Wallerstein 1979: 35).

In Weltreichen wie in Weltwirtschaften ist Arbeitsteilung mit Ungleichheit und Herrschaft verbunden. „Wenn man von einer Arbeitsteilung innerhalb des Weltsystems spricht, so bedeutet das, dass die verschiedenen geographischen Gebiete, aus denen sich das System zusammensetzt, auf verschiedene Produktionsaufgaben spezialisiert sind. Zwar wandelt sich der Charakter der spezifischen Aufgaben über [die] Zeit, doch gilt für alle Zeiten, dass diese Aufgaben nicht denselben wirtschaftlichen Gewinn einbringen. In der Weltwirtschaft geht ‚Komplementarität' mit Ungleichheit einher. Das Weltsystem kann also begriffen werden als eine gemäß der Verteilung der Produktionsaufgaben differenzierte Einheit, die man sich in eingeschränkter Analogie als ein System der ‚Schichtung' denken könnte" (Hopkins/Wallerstein 1979: 172).

Die durch internationale Arbeitsteilung und Welthandel charakterisierte Wirtschaftsstruktur wird also durch eine Herrschaftsstruktur überlagert, die sich hierarchisch in Zentrum, Semiperipherie, Peripherie und Außenarena gliedern lässt. Wallerstein (1979: 51) spricht von einer „Oberschicht von Staaten des Zentrums", einer „Unterschicht von peripheren Staaten" und einer „Mittelschicht von Staaten der Semiperipherie." Das *Zentrum* ist die wirtschaftlich am höchsten entwickelte und politisch mächtigste Zone des Weltsystems. Hier residieren die weltwirtschaftlich entscheidenden Akteure: die mächtigsten Regierungen und die größten Unternehmen; hier werden die weltwirtschaftlich relevanten Entscheidungen getroffen; von hier aus werden die Produktionsfaktoren länderübergreifend kombiniert und die globalen Geld- und Güterströme dirigiert.

Die die Zentrumsländer umgebende *Semiperipherie* umfasst sowohl abgestiegene Zentrumsländer als auch aus der Peripherie aufgestiegene Länder, wie z. B. die sogenannten Schwellenländer *(Newly Industrialized Countries)*, die die Zentrumsländer herausfordern und selbst eine Position im Zentrum anstreben. Diese „Mittelschicht" von Ländern ist für die Funktionsfähigkeit der Weltwirtschaft als Ensemble von Produktionsstandorten und Absatzmärkten, aber auch als Vermittler und Puffer zwischen Zentrum und Peripherie unentbehrlich.

An die Semiperipherie schließt sich die riesige abhängige *Peripherie* an, deren ökonomische Funktion vor allem darin besteht, die Zentrumsländer mit mineralischen und agrarischen Rohstoffen zu versorgen. „Welche Erzeugnisse auch immer produziert wurden, das Zentrum hat sich stets auf Wirtschaftstätigkeiten mit vergleichsweise hohem Mechanisierungsgrad, hohen Gewinnspannen, hohen Löhnen und hoch qualifizierten Arbeitskräften spezialisiert, während der Peripherie nur das Gegenteil blieb. Die Semiperipherie weist dagegen eine Mischung aus zentralen und peripheren Wirtschaftsaktivitäten auf: Sie betreibt Außenhandel in zwei verschiedenen Richtungen" (Hopkins/Wallerstein 1979: 172f.). An anderer Stelle wird der Semiperipherie auch eine politische Funktion zugeschrieben: „Man könnte sagen, dass die Weltwirtschaft als Ökonomie ohne Semiperipherie genauso gut funktionieren würde wie mit einer solchen. Aber sie wäre politisch weit weniger stabil, weil das Fehlen der Semiperipherie ein polarisiertes Weltsystem zur Folge hätte. Die Existenz der dritten Kategorie bedeutet gerade, dass die Oberschicht nicht mit der vereinigten Opposition aller übrigen konfrontiert wird, weil die Mittelschicht sowohl ausgebeutet wird als auch selbst ausbeutet" (Wallerstein 1979: 51f.).

Die *Außenarena* schließlich umfasst Regionen, die nicht in die Weltwirtschaft integriert und für ihre Funktionsweise ohne Bedeutung sind. Man könnte sie auch als potenzielle Peripherie bezeichnen, die nach Bedarf in das System „inkorporiert" und damit „peripherisiert" wird. Die aus der Sicht einer Weltwirtschaft gewissermaßen als subperipher, als marginal oder irrelevant erscheinende Außenarena kann auch aus anderen Weltwirtschaften bestehen, aus Weltwirtschaften, die genau so hoch oder noch höher entwickelt sind als die Weltwirtschaft Europas.

Die horizontal und vertikal differenzierte Grundstruktur von Zentrum, Semiperipherie und Peripherie wird Wallerstein zufolge durch *„ungleichen Tausch"* beständig reproduziert. Die auf einem niedrigeren Niveau der technischen Entwicklung arbeitende Peripherie muss ihre mit billigen Arbeitskräften erzeugten Produkte zu niedrigen Preisen anbieten, die von ihr benötigten Industrieerzeugnisse, die mit beruflich qualifizierten und vergleichsweise gut bezahlten Arbeitern hergestellt werden, aber zu hohen Preisen einkaufen. Da die Peripherie sehr viel größere Mengen mit einer sehr viel größeren Zahl sehr viel schlechter entlohnter Arbeiter hergestellte Produkte exportieren muss, um vergleichsweise wenige hochpreisige Waren aus dem Zentrum importieren zu können, die dort mit viel weniger und besser bezahlter Lohnarbeit hergestellt werden, kommt es zu ungleichem Tausch, zu einem „Surplus-Transfer" von der Peripherie ins Zentrum.

Diese Einkommensübertragung ist nicht nur eine Folge des wirtschaftlichen Entwicklungsgefälles, sondern vor allem eine Funktion unterschiedlich starker Staatsapparate. Die „starken Staaten" des Zentrums setzen in der Weltwirtschaft Tauschbedingungen und Handelsregime durch, die zum Vorteil ihrer Ökonomien und Unternehmen funktionieren. „Sobald es einen Unterschied in der Stärke der Staatsapparate gibt, beginnt auch der Mechanismus des ‚ungleichen Tausches' zu wirken, ein Mechanismus, den starke Staaten gegen schwache, Länder des Zentrums gegen periphere Gebiete einsetzen" (Wallerstein 1979: 47). Wenn man davon ausgeht, dass die Staaten des Zentrums ungefähr gleich starke Staatsapparate haben, gibt es zwischen ihnen also keinen ungleichen Tausch, keinen Surplus-Transfer. Dies wiederum würde implizieren, dass der Handel zwischen den Staaten des Zentrums weniger profitabel wäre als der Handel zwischen den Staaten des Zentrums und denen der Peripherie.

Die Bewegungsenergie des modernen Weltsystems resultiert aus dem *Kapitalismus*, der in den Ländern des Zentrums entstanden ist und von Anfang an prinzipiell die ganze Welt als Handels-, Produktions- und Akkumulationsraum betrachtet. Hauptmerkmal des Kapitalismus ist der Prozess der Akkumulation; unaufhörlicher Akkumulationsdrangs ist „das Leitmotiv der kapitalistischen Weltwirtschaft seit ihrer Entstehung im 16. Jahrhundert" (Wallerstein 2004b: 35). „Kapitalismus bedeutet […] nicht nur, dass die Produktionsmittelbesitzer sich von denen, die nichts anderes als ihre Arbeitskraft besitzen, den Mehrwert aneignen, sondern Kapitalismus heißt auch die Aneignung des volkswirtschaftlichen Überschusses (Surplus) der gesamten Weltwirtschaft durch die Länder des Zentrums" (Wallerstein 1979: 47). Nach Hopkins und Wallerstein (1979: 161) „sind die Anhänger des Weltsystemkonzepts der Auffassung, dass der Akkumulationsprozess ein einheitlicher ist, ein Prozess, der im gesamten System, in der Peripherie ebenso wie im Zentrum wirkt, der in der Tat beide Pole gleichermaßen umformt, bestimmte Produktionsaktivitäten verlagert, beide fortwährend verbindet und zugleich trennt."

Kapitalistische Unternehmer tendieren dazu, ihre Tätigkeiten so stark auszuweiten, wie sie sich gerade noch rentieren. Unter geographischen Aspekten untersucht Wallerstein diese nicht nur von Unternehmen, sondern auch von Staaten getragene Expansion der Weltwirtschaft – bei der er eine grundsätzliche Parallelität der Interessen von kapitalistischen Unternehmern und Inhabern der Staatsgewalt voraussetzt – in Begriffen der *Inkorporierung* externer Regionen. „Inkorporierung" meint mehr als die Aufnahme von Handelsbeziehungen; sie bezieht sich auf die Erweiterung und Umstrukturierung des Systems der internationalen Arbeitsteilung „von der Art, dass seine verschiedenen Sektoren oder Gebiete auf wirtschaftlichen Austausch mit anderen angewiesen sind, um die Bedürfnisse des eigenen Gebiets reibungslos und kontinuierlich zu befriedigen" (Wallerstein 1979: 34). Durch die Eingliederung externer Gebiete in das System der internationalen Arbeitsteilung werden diese zu Peripherien, die im Rahmen des Systems bestimmte Funktionen zu erfüllen haben: die Versorgung der Zentren mit Rohstoffen, im Gegenzug die Abnahme von Fertigprodukten aus den Zentrumsländern, sowie die Bereitstellung von Produktionsstandorten für multinationale Unternehmen.

Typologisch können Inkorporierungsprozesse innerhalb eines Kontinuums von Inkorporationsformen analysiert werden, dessen Extreme auf der einen Seite frei ausgehandelte Austausch- und Vertragsbeziehungen zwischen Akteuren aus Zentrum und Außenarena sind, und auf der anderen Seite der *Imperialismus*, von Hopkins und Wallerstein (1979: 163) definiert als „jegliche Anwendung politischer Macht eines stärkeren Staates (gewöhnlich eines Zentrumsstaates) gegen einen schwächeren Staat (gewöhnlich einen peripheren oder semiperipheren Staat)." Zwischen Imperialismus und freiem Handel gibt es zahlreiche Zwischenformen indirekter Herrschaft, worunter man mit Porter (1997: 162) „die Dominanz eines Landes über ein anderes durch nahezu jedes Mittel diesseits der offenen Annexion und Administration" verstehen kann.

Unter Zugrundelegung dieses Kontinuums können Inkorporierungsprozesse als Bewegungen vom freien Handel in Richtung Imperialismus oder Kolonialreich beschrieben werden. Sie beginnen in der Regel mit dem Einkauf von Waren auf den Märkten der Außenarena. Wiederholen sich die Käufe und entwickeln sie sich zu regelmäßigen Handelsbeziehungen, werden die Akteure aus den Zentrumsländern versuchen, marktbeherrschende Positionen und eventuell auch Monopole aufzubauen. Daran schließen sich Versuche zur Einflussnahme auf die Produktionsprozesse und die Kontrolle der Arbeit an. Der nächste logische Schritt ist die finanzielle Kontrolle von Produktion und Handel durch Bankiers und Händler. Mit zunehmender Bedeutung dieser Auslandsaktivitäten kommt es zu einer politisch-militärischen Absicherung der Auslandsinvestitionen und Handelswege. Darüber hinaus neigen die Staaten der Zentrumsländer zur Einflussnahme auf die Ausgestaltung der rechtlichen Rahmenbedingungen, wie z.B. die Steuer- und Zollvorschriften zum eigenen Vorteil. Damit nähern sich die Beziehungen zwischen Zentrum und Peripherie dem *informal empire*, bei dem einheimische Eliten zur Kooperation und Kollaboration mit Unternehmen und Regierungen der Zentrumsstaaten verführt oder gezwungen werden. Im Extremfall kommt es zum *formal empire*, zur Territorialherrschaft mit direkter politisch-administrativer Kontrolle über Land und Menschen.

Der Wandel des Weltsystems, dessen Beschreibung und Erklärung Wallersteins primäres Erkenntnisinteresse darstellt, wird in Begriffen von *Zyklen* und *Trends* analysiert. Dabei sind drei Typen von Zyklen zu unterscheiden: der industriewirtschaftliche Kondratieff-Zyklus, der polit-ökonomische Hegemonialzyklus und der alles umfassende Lebenszyklus der kapitalistischen Weltwirtschaft von ihrem Ursprung im langen 16. Jahrhundert bis zur Gegenwart (in der sich Wallerstein zufolge ihr Ende abzeichnet). *Kondratieff-Zyklen* haben ihren Ursprung im kapitalistischen Wirtschaftsprozess, der aus sich selbst heraus zur zyklischen Instabilität neigt. „Dass der Kapitalismus in zyklischen Rhythmen funktioniert, ist eine der allgemeinen Aussagen der Sozialwissenschaften, die wohl am wenigsten umstritten ist" (Hopkins/Wallerstein 1979: 165). Und für Schumpeter (1975: 114), auf den Wallerstein sich bezieht, enthüllt, wie bereits bemerkt, die Analyse der langen Wellen der wirtschaftlichen Tätigkeit „die Natur und den Mechanismus des kapitalistischen Prozesses besser als irgendetwas anderes".

Nach Schumpeter beginnt der idealtypische Verlauf eines *Kondratieff-Zyklus* mit dem Auftritt eines „dynamischen Unternehmers". Hat ein solcher „Pionier der wirtschaftlichen Entwicklung" eine „neue Kombination" durchgesetzt und einen Monopolgewinn erzielt, zieht er unverzüglich „Schwärme" von anderen Unternehmern an, die ihn nachahmen und mit ihm in Wettbewerb treten. Daraus ergeben sich Folge- und Verbesserungsinnovationen, die zum Ausreifen der Produkte und Verfahren führen. Mit der Erhöhung der Produktion sinken die Preise und steigt der Absatz. Das neue Produkt wird vom Luxusgut zum Alltagsgut und damit für breite Käuferschichten erschwinglich. Mit der Ausweitung der Produktion steigt auch die Nachfrage nach Produktionsfaktoren, wodurch weitere Unternehmen von dem Boom erfasst werden, der sich nun immer stärker in der Wirtschaft ausbreitet. In den involvierten Wirtschaftssektoren entsteht zusätzliches Einkommen, das die Nachfrage nach Gütern und Dienstleistungen weiter belebt. Nach einer gewissen Zeit kommt es unweigerlich zu einer Sättigung der Nachfrage und einem Abschmelzen der Gewinne infolge zunehmender Konkurrenz. Preise und Profite sinken und mit ihnen schwindet der Anreiz für weitere Investitionen. Die wirtschaftliche Entwicklung stockt und geht allmählich in eine Phase der Rezession oder gar Depression über, der viele Unternehmen zum Opfer fallen. Nun kann nur noch ein neuer Innovationsschub aus der Wirtschaftskrise heraushelfen. Nach diesem Muster lassen sich von der industriellen Revolution bis heute fünf oder sechs Kondratieff-Zyklen unterscheiden (die im vierten Kapitel genauer dargestellt werden.)

Hegemonialzyklen haben ihren Ursprung im dezentralen, kompetitiven Staatensystem. Aus der Gruppe der Zentrumsländer hebt sich von Zeit zu Zeit eine Hegemonialmacht heraus, ein Zentrumsstaat, der in der Lage ist, dem zwischenstaatlichen System sein Regelwerk aufzuzwingen und dadurch vorübergehend eine neue politische Ordnung zu schaffen.[4] Die Fähigkeit zur Durchsetzung einer weltweiten Ordnung basiert im Wesentlichen auf einer Kombination von technisch-ökonomischer Überlegenheit und politisch-militärischer Dominanz. Da es sich bei der Aufrechterhaltung einer internationalen Ordnung um ein kollektives oder öffentliches Gut handelt, dessen (Re-)Produktion erhebliche Kosten verursacht, muss eine Hegemonialmacht über eine höchst leistungsfähige Wirtschaft verfügen. Um nicht zu viele Ressourcen für ihre globale Ordnungsfunktion einsetzen zu müssen, streben Hegemonialmächte die Zustimmung und Beteiligung anderer Zentrumsländer und möglichst auch semiperipherer und peripherer Länder an.

Der Aufstieg eines (Zentrums-)Landes zur Hegemonialmacht *(„ascending hegemony")* beginnt mit wirtschaftlichen, technischen und organisatorischen Innovationen, die ihm zu komparativen Vorteilen verhelfen. Diese Vorrangstellung entwickelt sich Wallerstein zufolge in einer Sequenz von der Produktion, über

---

[4] An anderer Stelle wird „Hegemonie" etwas präziser definiert als „die relativ große Überlegenheit einer Macht des Zentrums über andere Zentrumsmächte, und zwar so, dass keine zweite Macht und kein Zusammenschluss zweier Mächte imstande wäre, die wirtschaftliche Überlegenheit der stärksten Zentralmacht effektiv anzutasten" (Hopkins/Wallerstein 1979: 164).

den Handel bis zu den Finanzen (Wallerstein 2002: 357).⁵ Eine prosperierende Wirtschaft drängt nach Expansion, nach der Eroberung ausländischer Märkte und nach einem Spitzenplatz in der Hierarchie der Staaten. Ein Staat mit hegemonialen Ambitionen muss sich im Verlauf seines Aufstiegs ins Zentrum der Macht mit Konkurrenten aus dem Zentrum und/oder Herausforderern aus der Semiperipherie auseinandersetzen, und dabei kommt es regelmäßig zu lang andauernden internationalen Kriegen. Der Sieg in einem hegemonialen Krieg *(„hegemonic victory")* basiert letztlich auf einer überlegenen Wirtschaft, die Kriegsgüter in erforderlicher Menge und Qualität bereitzustellen vermag, aber auch auf einer Politik, die im Stande ist, Verbündete zu gewinnen und potenzielle Gegner abzuschrecken. Nach Beendigung des Krieges geht es um die Sicherung des Friedens, um den Aufbau einer internationalen Ordnung, die auch die ehemaligen Gegner einbindet. In dieser Phase der hegemonialen Reife *(„hegemonic maturity")* setzt die konsolidierte Hegemonialmacht ein ihren Ideen und Interessen entsprechendes, international verbindliches Regelwerk durch, das nicht nur zum eigenen Vorteil funktioniert, sondern auch für andere Staaten mit Vorteilen verbunden ist und daher von ihnen akzeptiert wird. Der Niedergang der Hegemonialmacht *(„declining hegemony")* wird durch das Schwinden der komparativen Vorteile in der gleichen Reihenfolge – zuerst die Produktion, dann der Handel, schließlich das Finanzwesen – eingeleitet. Mit der Zeit werden die Innovationen der Hegemonialmacht von anderen Zentrumsländern und sogar von Ländern der Semiperipherie übernommen. Dadurch verkleinert sich der Vorsprung der Hegemonialmacht, bis er schließlich ganz verschwindet. Die internationale Ordnung zeigt Zersetzungserscheinungen; Regelverletzungen durch andere Staaten häufen sich; die Kosten zur Aufrechterhaltung der Weltordnung überfordern die Hegemonialmacht. Der Zyklus endet mit der Ausdifferenzierung einer multizentralen Struktur der weltweiten wirtschaftlichen und politischen Macht. Nach diesem Muster lassen sich seit der Entstehung des modernen Weltsystems im „langen 16. Jahrhundert" vier Hegemonialzyklen unterscheiden: Habsburger (1450–1575), Niederlande (1575–1672), Großbritannien (1798–1897) und Vereinigte Staaten (1897/1920–1967). (Wie die Kondratieff-Zyklen werden auch die Hegemonialzyklen im vierten Kapitel detailliert erläutert.)

Den umfassendsten Zyklus bildet der um 1450 einsetzende, bis heute noch nicht abgeschlossene Lebenszyklus des Weltsystems, der durch einander ablösende und sich wiederholende Stadien der *Expansion* und der *Konsolidierung* bestimmt wird. Die Abfolge dieser Stadien bildet gewissermaßen den „Grundrhythmus" des modernen Weltsystems und das Organisationsprinzip des gleichnamigen Werkes. (Sie wird im dritten Kapitel in allen Einzelheiten dargestellt.)

---

⁵ Eine prägnante Zusammenfassung von Wallersteins Konzeption des Hegemonialzyklus findet sich in ders. 1984: 49 ff.

Wallerstein (2007: 62 f.) fasst sein Makromodell des Wandels wie folgt zusammen: „Das System existiert seit etwa 500 Jahren und hat sich von seinem Ursprungsort (Teilen Europas sowie Teilen Amerikas) ausgedehnt, bis es im 19. Jahrhundert den gesamten Globus umfasste und das einzige historische System des Planeten wurde. Wie alle Systeme hat es verschiedene Lebenszyklen durchlaufen: eine Periode des Anfangs, eine lange Phase anhaltender Funktionsfähigkeit und die abschließende Strukturkrise der Gegenwart. Während der Periode seiner normalen Funktionsfähigkeit operierte es innerhalb bestimmter Grenzen, die sich allmählich erweiterten, nach gewissen Regeln und Beschränkungen. Diese Eigenschaften erlauben es uns, von einem System zu sprechen. Wie alle Systeme entwickelte es sich merklich, so dass man es als historisches System bezeichnen kann. Das heißt, das System behält zwar während seines Verlaufs einige grundsätzliche Charakteristika, ändert und entwickelt sich aber ständig. Seine systemischen Eigenschaften lassen sich im Sinne zyklischer Rhythmen (Veränderungen, die dann zu einem Gleichgewicht, vielleicht einem sich wandelnden Gleichgewicht, führen) und seine historische Entwicklung im Sinne langfristiger Trends (Veränderungen, die sich von einem Gleichgewicht schließlich weit entfernen) beschreiben".

Damit kommen wir zu den *säkularen Trends*, die die langfristige Entwicklung des Systems kennzeichnen. Während konjunkturelle Zyklen (die wirtschaftlichen Kondratieff- wie die politischen Hegemonialzyklen) die regelmäßig wiederkehrenden Erscheinungen im Wandel des Weltsystems bezeichnen, repräsentieren säkulare Trends historisch einmalige Abläufe langer Dauer. Einige von Wallersteins Grundbegriffen lassen sich auch als säkulare Trends verstehen:

Das moderne Weltsystem repräsentiert einen langfristigen Trend zu seiner räumlichen Expansion, bei der immer mehr externe Regionen inkorporiert werden, und mit der räumlichen Expansion des Systems ist ein Trend zu fortschreitender Arbeitsteilung zwischen seinen Komponenten und damit zur Vermehrung und Verdichtung der Handelsbeziehungen verbunden.

Es gibt einen Trend zur Ausdehnung des *Kapitalismus* als dominante Form des Wirtschaftens und des *Nationalstaates* als dominante Form der Organisation von Politik. Dabei verlaufen diese beiden Trends invers: Während der moderne Kapitalismus mit seinem Drang, die Akkumulation von Kapital vom Zentrum auf die Peripherien auszudehnen, zur Globalisierung der Wirtschaft beiträgt, forciert die Ausbreitung des Nationalstaates als übliche Form der politischen Organisation die Fragmentarisierung der Staatenwelt.

Mit der Entfaltung des Kapitalismus geht ein Trend zur *Kommodifizierung* aller Dinge: des Bodens, der Arbeit, des Geldes, des Wassers und der Luft einher. Alle diese Faktoren werden zu handelbaren Waren, für die sich Märkte bilden, auf denen ihre Preise (Zins, Lohn, usw.) nach ihrem Tauschwert (und nicht mehr nach ihrem Gebrauchswert) festgelegt werden. „Seit dies einmal angefangen hat, versuchen Kapitalisten, in dem Bestreben mehr und mehr Kapital zu akkumulieren, immer mehr soziale Vorgänge des wirtschaftlichen Lebens zu Ware zu machen. Und da der Kapitalismus ein Prozess ist, der sich nur nach eigenen Bedürfnissen richtet, ergibt sich, dass kein sozialer Vorgang von einer möglichen Vereinnahmung wirklich ausgeschlossen ist. Aus diesem Grund kann man sagen, dass die historische Entwicklung des Kapitalismus den Drang beinhaltet, alle Dinge in Waren zu verwandeln" (Wallerstein 1984: 11).

Es gibt einen säkularen Trend zur *Industrialisierung* der Welt, in dem immer mehr Länder von einer auf landwirtschaftlicher Produktion und Handwerksarbeit beruhenden Agrargesellschaft zu einer auf maschineller, fabrikmäßiger und marktorientierter Produktion basierten Industriegesellschaft übergehen.

Es scheint einen Trend zu zunehmender sozialer Ungleichheit im Weltsystem zu geben, und zwar nicht nur zwischen Zentrums- und Peripherieländern, sondern auch innerhalb dieser Länder zwischen sozialen Gruppierungen und Klassen.

Und schließlich gibt es Wallerstein zufolge einen Mega-Trend zur Selbstzerstörung des kapitalistischen Weltsystems durch strukturelle Widersprüche, die immer weniger beherrschbar werden und schließlich zum Niedergang des Systems und zum Übergang in ein anderes oder mehrere andere Systeme führen.

Während die Konzeption von konjunkturellen Zyklen dazu dient, den *modus operandi* des Weltsystems zu beschreiben, läuft Wallersteins Begriff des säkularen Trends darauf hinaus, die existenzielle und finale Strukturkrise des Systems und den darauf folgenden Systemwechsel zu erklären und zu prognostizieren. Bestimmte Trends können über lange Zeiträume die Akkumulationschancen des Kapitals und die Entwicklung der kapitalistischen Weltwirtschaft begünstigen, doch tendieren ehemals Struktur erhaltende und Wachstum stimulierende Trends letztlich dazu, das System allmählich aus dem Gleichgewicht zu bringen und seiner Funktionsfähigkeit zu berauben. Irgendwann gibt es auf der Welt keine externen Gebiete mehr, die sich als Peripherien in die arbeitsteilige Weltwirtschaft inkorporieren lassen; irgendwann sind die Möglichkeiten, benötigte Ressourcen aus Peripherien zu beziehen, erschöpft, sei es, dass die Peripherien ihre Ressourcen selbst verarbeiten und verbrauchen, sei es, dass es sich um nicht vermehrbare Ressourcen handelt, die sich mit zunehmender Erschöpfung drastisch verteuern. Irgendwann ist auch die Aufnahmefähigkeit peripherer Gebiete für Produkte der Zentrumsländer erschöpft, sei es aufgrund stagnierender Kaufkraft oder gesättigter Märkte der weniger entwickelten Regionen, sei es aufgrund ihrer zunehmenden Fähigkeiten, immer mehr Produkte selbst herzustellen und auch zu exportierten. Und irgendwann stoßen auch die Möglichkeiten, Produktionen in Billiglohnländer zu verlagern, an Grenzen der Rentabilität, sei es, weil die dortigen Lohnkosten ansteigen, sei es, weil das wirtschaftliche Umfeld zu unsicher ist. In all diesen Fällen werden die Akkumulationschancen des Kapitals begrenzt.

Hinzu kommt, dass bestimmte Trends mit der Zeit gegenläufige Trends erzeugen: Die Industrialisierung der Welt hat zu einer Deindustrialisierung von

Zentrumsländern geführt. Die Kolonialisierung großer Teile der Welt ist längst in eine nahezu abgeschlossene Dekolonialisierung umgeschlagen. Trends, die die Chancen der Kapitalakkumulation über lange Zeiträume erweitert und vertieft haben, verändern allmählich ihre Richtung und nähern sich unüberschreitbaren Grenzen; sie nehmen in Wallersteins Worten einen asymptotischen Verlauf und reduzieren damit die Akkumulationschancen des Kapitals. Wenn endlose Akkumulation das Lebenselixier des Kapitalismus ist, wird ein asymptotischer Verlauf dieses Prozesses die Akkumulationsmöglichkeiten zunehmend erschweren und das System den Grenzen seiner Funktionsfähigkeit annähern. Wallerstein verfügt somit über ein großes Arsenal von Begriffen und Typologien, Denkfiguren und Argumentationsmustern, mit denen viele relevante und aktuelle Probleme umrissen, komplexe Realitäten bezeichnet und überzeugende Erklärungsfiguren konstruiert werden können.

2.3 Methodologische Regeln

Die dritte Komponente von Wallersteins Forschungsprogramm bilden „sechs Praktiken", die „die methodologische Grundlage zur Erarbeitung einer Theorie der Wirtschaftsgeschichte zu sein scheinen" (Wallerstein 1995: 307 ff.):

1. „Beschreibe und rechtfertige die Analyseeinheit"
2. „Unterscheide zwischen Zyklen und Trends"
3. „Identifiziere und spezifiziere die Widersprüche, die für die spezifischen Strukturen einer bestimmten Art von historischem System charakteristisch sind"
4. „Unterscheide sorgfältig zwischen einer Änderung der *conjoncture* und einem historischen Übergang"
5. „Spezifiziere und begründe die Chronosophie, die der Theoriebildung zugrunde liegt"
6. „Es gibt keine eindeutigen wirtschaftlichen Probleme, die man von politischen und sozialen Phänomenen trennen kann: Das Ganze ist ein nahtloses Geflecht."

1. Beschreibung und Rechtfertigung der Analyseeinheit
Für Wallerstein ist die relevante Analyseeinheit grundsätzlich das Weltsystem, wie es oben definiert wurde. Da es sich dabei jedoch immer auch um ein historisches System handelt, haben sich im Laufe seiner Entwicklung seine Außengrenzen ebenso verändert wie die inneren Abgrenzungen zwischen Zentrum, Semiperipherie und Peripherie. Für jeden untersuchten Zeitraum und für jedes Forschungsproblem sind die inneren und äußeren Grenzen des Systems neu zu bestimmen. Manchmal muss die Analyseeinheit bei der Untersuchung eines Prozessverlaufs

verändert werden, z.B. bei der Untersuchung des Übergangs vom Feudalismus zum Kapitalismus: Während es sich beim Feudalismus um eine auf Westeuropa beschränkte Erscheinung handelt, ist der Kapitalismus von Anfang an ein geographisch expansives Phänomen; bei der Untersuchung des Übergangsprozesses vom Feudalismus zum Kapitalismus muss die Untersuchungseinheit somit schrittweise erweitert werden.

Probleme bei der Abgrenzung der relevanten Analyseeinheit stellen sich auch beim Vergleich von Ländern oder Staaten als interagierende Komponenten des Weltsystems. Zum Beispiel stellt sich bei der Analyse des Vergleichs zwischen Frankreich und England als um die Hegemonie im Weltsystem rivalisierende Staaten die Frage, wie „Frankreich" und „England" zu definieren wären: Sollte man, um die wirtschaftlichen Potentiale beider Länder in diesem Machtkampf zu erfassen, die gesamten Staatsgebiete einbeziehen oder sich nur auf die hoch entwickelten Regionen begrenzen? (Wie wir sehen werden bevorzugt Wallerstein aus guten Gründen die zweite Variante.) Sollte man sich auf die Staaten selbst beschränken oder auch ihre Kolonien und Einflussgebiete mit einbeziehen und vielleicht sogar noch ihre jeweiligen, häufig wechselnden Verbündeten (worauf Wallerstein ohne Angabe von Gründen verzichtet)?

2. Unterscheidung zwischen Zyklen und Trends

Nach einer Definition von Bühl (1990: 57) sind Zyklen „Erscheinungsformen der dynamischen Stabilität von Systemen nahe dem Gleichgewicht bzw. der (mehr oder weniger) periodischen Entfernung von und der Rückkehr zu einem Zustand nahe dem Gleichgewicht". Trends sind demgegenüber „sich summierende Merkmalsdifferenzen einer sich identisch bleibenden Analysedimension". (Von diesen beiden Formen des Wandels unterscheidet Bühl, anders als Wallerstein, noch „*drifts*" als „fortgesetzte Zufallsverläufe weg von einem Trend".) Während Zyklen (um einen Trend) oszillieren, verlaufen säkulare Trends in eine bestimmte Richtung, wobei zu unterscheiden wäre zwischen Trends, die die Entwicklung und Funktionsweise des Weltsystems hemmen und solchen, die sie begünstigen. Während Zyklen – industriewirtschaftliche Kondratieff-Zyklen wie polit-ökonomische Hegemonialzyklen – Erscheinungsformen des „normalen" Funktionierens des kapitalistischen Weltsystems sind und die periodische Erneuerung des Systems bewirken, tragen säkulare Trends unter bestimmten Bedingungen zu seiner Zersetzung und zum Übergang in ein anderes System bei.

Wallerstein (1995: 309) legt großen Wert darauf, die Beziehungen zwischen zyklischen Rhythmen und säkularen Trends zu bedenken, denn „zyklische Rhythmen sind tatsächlich die einzig mögliche Quelle von säkularen Trends. Und zwar deshalb, weil eine B-Phase niemals das Spiegelbild einer A-Phase ist, und darum bringen uns die *conjonctures* niemals an den Ausgangspunkt zurück. Das erklärt, wie Phänomene sich gleichzeitig ständig wiederholen und verändern können." Mit dieser etwas kryptischen Aussage ist wohl gemeint, dass konjunkturelle Aufschwünge (A-Phasen) und Abschwünge (B-Phasen) jeweils zu Veränderungen in Wirtschaft und Politik führen, die sich mit der Zeit strukturell verfestigen und in Form säkularer Trends verstetigen.

3. Identifikation und Spezifikation von Widersprüchen historischer Systeme

„Widersprüche sind das Ergebnis von Zwängen, die durch System-Strukturen auferlegt wurden, und die eine Art von Verhalten für Akteure auf kurze Sicht optimal machen und eine andere, sogar entgegengesetzte Art von Verhalten für die gleichen Akteure auf mittlere Sicht optimal machen. Widersprüche sind offensichtlich im Prinzip unlösbar. Oder eher: in dem Maße, wie Akteure Probleme auf kurze Sicht lösen, schaffen sie Probleme auf mittlere Sicht. So wandeln sie zyklische Rhythmen (Ergebnis von Lösungen kurzfristiger Probleme) in säkulare Trends (mittelfristige Konsequenz dieser Lösungen" (Wallerstein 1995: 310).

Die wichtigsten Widersprüche sind, wie bereits erwähnt: Der Widerspruch zwischen Arbeit und Kapital, der zum Klassenkampf führen kann; der Widerspruch zwischen Angebot und Nachfrage, der zyklische Krisen erzeugt und tendenziell zur Überproduktion des Weltkapitals führt; der Widerspruch zwischen der Einheit der Weltwirtschaft und der Fragmentierung der Staatenwelt, wobei letztere einerseits eine notwendige Voraussetzung für die Entfaltung des Kapitalismus ist, andersseits aber die Weltwirtschaft durch wirtschaftlichen Nationalismus (Protektionismus) und durch internationale Konflikte und Kriege lähmen kann. Widersprüchlich erscheint auch das Verhältnis zwischen Zentrum und Peripherie, insoweit das Entwicklungsgefälle zwischen den beiden Zonen des Weltsystems als eine notwendige Voraussetzung für den Prozess der Kapitalakkumulation (durch ungleichen Tausch) ist, andererseits eben diese soziale Ungleichheit eine Quelle sozialer Spannungen und Konflikte ist, die den Akkumulationsprozess hemmen und zur Delegitimation des Kapitalismus beitragen. Weitere Widersprüche betreffen die „ideologischen Metasprachen" des Weltsystems (Konservatismus, Liberalismus, Sozialismus), die Anforderungen unterschiedlicher sozialer Gruppen an die staatlichen Strukturen (Steuersenkungen *versus* Ausgabenerhöhungen), sowie das Verhältnis zwischen Ökonomie und Ökologie.

4. Unterscheidung zwischen konjunkturellen Wechsellagen und historischen Übergängen

Gemeinsamer Bezugspunkt von konjunkturellen Wechsellagen und historischen Übergängen ist der Begriff des Gleichgewichts. Bei konjunkturellen Schwankungen handelt es sich um periodische Abweichungen und Annäherungen des Wirtschaftsprozesses im Hinblick auf das wirtschaftliche Gleichgewicht, bei historischen Übergängen hingegen um eine fortschreitende Entfernung der Wirtschaft vom Gleichgewicht, die die Funktionsweise des Systems zunehmend beeinträchtigt und auf eine krisenhafte Transformation der Strukturen hinausläuft. In Abweichung vom üblichen Sprachgebrauch sind die so genannten Konjunkturkrisen für Wallerstein keine wirklichen Krisen (im ursprünglichen Sinn des Wortes), sondern nur vorübergehende Störungen, die regelmäßig in einen Aufschwung münden. Wallerstein bezieht den Begriff der Krise nicht auf die mehr oder weniger regelmäßig wiederkehrenden, quasi „normalen" (Konjunktur-)Krisen *im* System, sondern auf existenzielle und finale Krisen *des* Systems als Ganzes, auf Ereignisse und Entwicklungen, die zur Zerstörung seiner Strukturen und Funktionsmechanismen führen und den Übergang in ein anderes System oder mehrere andere Systeme einleiten.

Diese Unterscheidung ist z. B. wichtig für das Verständnis der gegenwärtigen Weltwirtschaftskrise, bei der sich die Frage stellt, ob es sich hier um eine der seit Anfang des 17. Jahrhunderts zu beobachtenden, im Prinzip nach dem immer gleichen Muster ablaufenden Finanzkrisen des kapitalistischen Weltsystems handelt (wie sie Kindleberger 2001) detailliert analysiert hat) oder um eine Systemkrise, bei der die Existenz des Systems auf dem Spiel steht, sein Zusammenbruch im Chaos droht. Wird der Kapitalismus nochmals „diese Geschmeidigkeit, diese Verwandlungs- und *Anpassungs*fähigkeit" beweisen, die Braudel (1986b: 474 f.) als seine wesentlichste Eigenschaft ausgemacht hat? Besteht doch nach seiner Einschätzung „das wesentliche Merkmal des Kapitalismus in der Fähigkeit, bei schweren Krisen oder spürbarem Rückgang der Gewinnsätze fast augenblicklich von einer Form zur anderen und von einem Sektor auf den anderen überzuwechseln." Es wird sich zeigen, ob der Kapitalismus über diese Fähigkeit noch verfügt.

5. Chronosophie der Theoriebildung

Der von Krzysztof Pomian geprägte Begriff der Chronosophie bezieht sich auf Annahmen über das Verhältnis von Vergangenheit, Gegenwart und Zukunft. Wallerstein (1995: 312) unterscheidet zwischen einer linearen, zyklischen und stochastischen Chronosophie. Erstere verkörpert sich in der Theorie des Fortschritts in der Geschichte und lässt sich als aufsteigende Kurve oder besser als Ensemble gleichgerichteter „positiver" Trends darstellen. Die zyklische Chronosophie basiert demgegenüber auf der Vorstellung einer dynamisch-stabilen Welt, die ihre Strukturen in Form langer Wellen periodisch erneuert und dabei immer wieder ein Gleichgewicht findet. Darüber hinaus schlägt Wallerstein noch eine dritte Chronosophie vor, in der zyklische Rhythmen und säkulare Trends mit zufälligen Ereignissen und historischen Entscheidungsmöglichkeiten verbunden werden. Diese „Chronosophie des möglichen Fortschritts" geht davon aus, dass die bestehenden Strukturen mit der Zeit so labil werden, dass schon eine kleine Schwankung größte Konsequenzen haben kann. Im Unterschied zu stabilen Systemen, in denen sogar große Schwankungen geringe Konsequenzen haben, weil das System wieder zu (s)einem Gleichgewicht zurückfindet, können in labilen

Systemen scheinbar unbedeutende Ereignisse oder Entscheidungen neue Entwicklungspfade einleiten, die zu einem, wie auch immer definierten, Fortschritt führen können. Es kommt darauf an, „Verzweigungspunkte" zu erkennen, in denen ein System an einer Wegscheide steht und mehr oder weniger zufällig oder gewollt einen neuen Entwicklungspfad einschlägt. Während die Theorie der pfadabhängigen Entwicklung (auf die Wallerstein nicht explizit eingeht) die Bedeutung des Zufalls beim Einschlagen eines neuen Pfads betont und die Selbstverstärkungsmechanismen herausarbeitet, die das System auf dem einmal eingeschlagenen Pfad halten (North 1992: 109 ff.), weist Wallerstein auf die Chancen hin, die Situationen struktureller Labilität für intentionales Handeln, für interessengeleitete Einwirkungen auf den Lauf der Dinge bieten.

6. Nichttrennbarkeit wirtschaftlicher Probleme von politischen und sozialen Phänomenen

Am schwersten zu befolgen ist wohl Wallersteins (1995: 313 f.) Aufforderung, eine seiner Meinung nach „schreckliche Erbschaft" der Sozialwissenschaft des 19. Jahrhunderts zu überwinden, „nämlich die Behauptung, dass soziale Realität in drei unterschiedlichen und getrennten Bereichen vorkommt: im politischen, wirtschaftlichen und sozio-kulturellen", wobei wir dazu tendieren „unter wirtschaftlichen Phänomenen solche zu verstehen, die mit dem fiktiven Markt zusammenhängen, unter politischen Phänomenen solche, die letztlich mit staatlicher Entscheidungsfindung zusammenhängen, und unter sozio-kulturellen Phänomenen solche, die vermutlich durch unseren Geisteszustand bestimmt werden (der gewöhnlich als ‚subjektiv' verstanden wird, im Gegensatz zu den ‚objektiveren' Zwängen des Marktes und des Staates)."

Wallerstein bestreitet den „heuristischen intellektuellen Wert" dieser Differenzierungen auf der Ebene der Motivationen wie der der Institutionen. Für ihn gibt es keine separaten „Logiken" oder „Rationalitäten", sondern nur einen einzigen „Satz von Regeln" oder „Zwängen", der alles bestimmt. Wallersteins letzte methodologische Regel treibt den reduktionistischen Holismus auf die Spitze – aber kann man damit der widersprüchlichen Komplexität des Weltsystems gerecht werden?

3 Das Hauptwerk: Das moderne Weltsystem

Das Zentrum von Wallersteins Werk bildet die monumentale Triologie „*Das moderne Weltsystem*", die in der amerikanischen Originalausgabe zwischen 1974 und 1989 erschien. In deutscher Übersetzung steht sie komplett erst seit 2004 zur Verfügung. Der erste Band „*The modern World-System I: Capitalist Agriculture and the Origins of the European World Economy in the Sixteenth Century*" (1974) erschien in deutscher Übersetzung mit zwölfjähriger Verspätung im Jahr 1986 unter dem Titel „Das moderne Weltsystem I: Die Anfänge kapitalistischer Landwirtschaft und die europäische Weltökonomie im 16. Jahrhundert". Der zweite Band „*The modern World-System II: Mercantilism and the Consolidation of the European World-Economy, 1600–1750*" (1980) wurde erst nach achtzehn Jahren, 1998, unter dem Titel „Das moderne Weltsystem II: Der Merkantilismus – Europa zwischen 1600 und 1750" im deutschen Sprachraum veröffentlicht. Der dritte Band „*The modern World-System III: The Second Era of Great Expansion of the Capitalist World-Economy, 1730–1840*" (1989) erschien fünfzehn Jahre nach der amerikanischen Erstausgabe im Jahr 2004 unter dem Titel „Die große Expansion: Das moderne Weltsystem III – Die Konsolidierung der Weltwirtschaft im langen 18. Jahrhundert".

Diese schleppende Übersetzungs- und Publikationspolitik scheint nicht gerade für eine besondere Aktualität Wallersteins zu sprechen. Auf der anderen Seite könnte aber gerade der Abschluss der Triologie, die seit wenigen Jahren in einheitlicher Ausstattung und kompakter Form vorliegt, für eine erneute und vielleicht sogar noch zunehmende Aktualität Wallersteins sprechen. Denn er war einer der ersten Soziologen, der den „methodologischen Nationalismus", die Betrachtung von Gesellschaft als nationalstaatlich und nationalökonomisch definierte Einheit sozialen Handelns, überwand, und die Welt als relevante Einheit und Bezugspunkt sozialen, wirtschaftlichen und politischen Handels bestimmte. Damit wurde die Weltsystemperspektive für den jüngsten Globalisierungsdiskurs interessant, und zwar sowohl für Soziologen wie für Historiker und auch für Ökonomen.

Man könnte die Aktualität des *Modernen Weltsystems* mit dem Argument bestreiten, dass die Darstellung nur bis in die Mitte des 19. Jahrhunderts reicht, in Sombarts (1928) Begriffen nur den Frühkapitalismus (bis ca. 1760) und den Hochkapitalismus (1760–1914) umfasst, den Spätkapitalismus (ab 1914) aber ausspart. Bestreiten könnte man die Aktualität des *Modernen Weltsystems* auch mit dem Hinweis auf Weber (1981: 239), demzufolge der Kapitalismus erst um die Mitte des 19. Jahrhunderts epochal in dem Sinne wurde, dass er für die Deckung der *Alltagsbedürfnisse* unentbehrlich war. Und schließlich könnte man mit vielen

Wirtschaftshistorikern argumentieren, dass von einer Weltwirtschaft im Sinne einer internationalen Integration von Produktion und Konsum erst ab der zweiten Hälfte des 19. Jahrhunderts gesprochen werden kann (Mathias 1987; Pohl 1989: 9–25). Handelt es sich beim *Modernen Weltsystem* somit in Wirklichkeit nicht eher um eine Analyse eines *vormodernen* Weltsystems, dessen Befunde und Erkenntnisse für die Erklärung des gegenwärtigen Weltsystems nur von begrenztem Nutzen sind?

Dem Vorwurf mangelnder Aktualität kann man mit dem Hinweis begegnen, dass viele scheinbar aktuellere, ganz auf die Gegenwart konzentrierte „Zeitdiagnosen" an dem umgekehrten Defizit einer gewissen Blindheit für die langzeitlichen historischen Voraussetzungen und Grundlagen gegenwärtiger Strukturen leiden und auf Grund eines zu kurz gewählten Beobachtungszeitraums keine Chance haben, Bewegungsgesetze des kapitalistischen Weltsystems zu entdecken oder zu überprüfen. Demgegenüber ist Wallersteins Beobachtungszeitraum von ca. 400 Jahren lang genug, um mehr oder weniger regelmäßig verlaufende Zyklen und langzeitliche, in die Gegenwart hineinreichende historische Trends zu entdecken, die die aktuellen Handlungsmöglichkeiten vorstrukturieren und begrenzen. Vieles spricht dafür, dass man die Logik von Kapitalismus, Staat und Weltwirtschaft besser versteht, wenn man die Bedingungen kennt, unter denen sie entstanden sind. Selbst wenn man dafür hält, dass Wallersteins Konzeption eher auf das ökonomische *„ancien régime"* gemünzt ist, so kann man doch zeigen, dass Wallersteins Begrifflichkeit und Argumentationsweise offen ist für Verfeinerungen und Fortschreibungen.

Wie auch immer, Wallerstein begreift sein modernes Weltsystem grundsätzlich als ein *historisches* System, und er betreibt seine Studien im Spannungsfeld von Geschichtswissenschaft und Soziologie. Dabei weist er der Geschichte „die Untersuchung und Erklärung des Besonderen, wie es in der Vergangenheit wirklich geschehen ist, zu und der Sozialwissenschaft „die Darstellung der universellen Regeln, durch die das menschliche/soziale Verhalten erklärt wird" (Wallerstein 1995: 287). In seiner Argumentation pendelt Wallerstein zwischen historischer Erzählung und abstrakter Theoriebildung hin und her, hält sich insgesamt gesehen aber wesentlich länger am historischen Pol dieses Kontinuums auf als an seinem systematischen Gegenpol. Insgesamt gesehen enthält das *Moderne Weltsystem* viel Geschichte und vergleichsweise wenig Soziologie. In großen Teilen des Werkes scheint die Soziologie allzu sehr hinter der Geschichte zu verschwinden. Für den soziologischen Geschmack scheinen empirische Generalisierungen und theoretische Erklärungen zu kurz zu kommen, was das Begreifen der komplexen Wirkungszusammenhänge eher erschwert.

Zugänglichkeit und Verständlichkeit werden aber erleichtert, wenn man das *Moderne Weltsystem* in Kenntnis und mit der Optik von Wallersteins metatheoretischen Prämissen, theoretischen Begriffen und methodologischen Regeln liest, wie sie im vorherigen Kapitel aus verschiedenen Publikationen zusammengetragen wurden. (Im *Modernen Weltsystem* selbst findet man kaum entsprechende Ausführungen, am ausführlichsten noch in einer „theoretischen Reprise" auf ganzen 14 Seiten als letztes Kapitel des ersten Bands.)

Die Lesbarkeit des *Modernen Weltsystems* und die Erfassung seines soziologischen Gehalts kann auch dadurch gesteigert werden, dass man sich die wichtigsten (miteinander verbundenen) Argumentationsstränge vergegenwärtigt. Ein erster Argumentationsstrang geht von einer eurozentrischen Weltsicht aus, der zufolge Europa aus einer inneren Krise heraus einen Prozess geographischer Expansion eingeleitet und um sich herum nach seinen Ideen und Interessen eine Weltwirtschaft aufgebaut hat. Die Entwicklung des modernen Weltsystems kann somit als säkulare Tendenz der Inkorporierung von immer mehr Regionen als periphere Versorgungs- und Absatzgebiete der europäischen Zentren gelesen werden.

Ein zweiter Argumentationsstrang bezieht sich auf den Wandel und die Abfolge von Produktionsweisen bei der Entfaltung des modernen Weltsystems. *Terminus a quo* ist der Feudalismus, aus dessen struktureller Krise der Kapitalismus hervorgegangen ist und der nun seinerseits in eine systemische Krise geraten ist, aus der wiederum ein anderes oder mehrere andere Systeme hervorgehen werden. *Dass* diese sich vom überkommenen Kapitalismus deutlich unterscheiden werden, ist für Wallerstein gewiss; *wie* ihre Strukturen und Funktionsweisen beschaffen sein werden, ist ungewiss. (Angemerkt sei, dass Wallerstein im *Modernen Weltsystem* nur den Übergang vom Feudalismus zum Kapitalismus thematisiert; von einer Krise des Kapitalismus ist in der nur bis zur Mitte des 19. Jahrhunderts reichenden Darstellung hingegen noch keine Rede.)

Ein dritter Argumentationsstrang betrifft das Spannungsverhältnis zwischen Weltreich und Weltwirtschaft. Aus der feudalen Zersplitterung und dem nachfolgenden Scheitern einer Weltreichsbildung geht ein dezentrales Staatensystem hervor, das die wiederholten Versuche einzelner Staaten, Europa in einem Weltreich zu vereinen, immer wieder vereitelt hat. Das Scheitern imperialer Projekte (in Europa, nicht in Übersee) und die Aufrechterhaltung des Wettbewerbs zwischen den einzelnen Staaten des Systems werden als Voraussetzung für Entfaltung und Erhaltung einer kapitalistischen Weltwirtschaft verstanden, die nur im Rahmen eines dezentralen politischen Systems gedeihen kann.

Viertens kann die Entwicklung des modernen Weltsystems kann auch als Abfolge von Hegemonialmächten gelesen werden, die sich aus dem kompetitiven Staatensystem ausdifferenziert und den Prozess der Expansion und Transformation des Weltsystems für eine bestimmte Zeit geprägt haben. Hegemonialzyklen bilden den politökonomischen Rhythmus des Weltsystems und werden ihrerseits durch die kürzer schwingenden industriewirtschaftlichen Kondratieff-Zyklen in Bewegung gebracht – ohne jedoch mit ihnen in Gänze erklärt werden zu können.

Der Aufbau des Gesamtwerks orientiert sich an noch länger andauernden und noch langsamer verlaufenden Bewegungen des Weltsystems als Ganzem, dem

Wechsel zwischen Phasen der Expansion, in denen immer mehr Regionen und Sektoren in das System einbezogen werden, und Phasen der Konsolidierung, in denen die Strukturen vertieft werden. Die Abfolge dieser Phasen bildet den Grundrhythmus des Weltsystems und das Organisationsprinzip des dreibändigen Werkes (Wallerstein 1979: 53 ff.). Im ersten Band geht es um Entstehungszusammenhang der von Europa aufgebauten kapitalistischen Weltwirtschaft im „langen 16. Jahrhundert" (1450–1640) mit ihren Tendenzen zur räumlichen Expansion, zur Ausdifferenzierung einer internationalen Arbeitsteilung und eines kompetitiven Staatensystems sowie einer Schwerpunktverlagerung des Zentrums vom Mittelmeer zum Atlantik. Themen des zweiten Bands sind die Konsolidierung der Weltwirtschaft im Zeichen des Merkantilismus, der Aufstieg der Nationalstaaten mit ihren „starken Staatsapparaten" und die Hegemonialkämpfe zwischen den Niederlanden, England und Frankreich im 17. Jahrhundert (1600–1750). Gegenstand des dritten Bands ist die Gleichzeitigkeit von Expansion und Konsolidierung zwischen 1730 und 1840: ein Stadium fortgesetzter Hegemonialkämpfe im Zentrum; die Zeit der Französischen (politischen) Revolution und der (englischen) industriellen Revolution, in der sich der Industriekapitalismus entfaltet und bei starker Zunahme des Welthandels neue Gebiete in die Weltwirtschaft inkorporiert; die Phase, in der der aufkommende Imperialismus andere Weltsysteme ausgeschaltet.

Die Zeit nach 1840, von Wallerstein an anderer Stelle (1979: 58 f.) als viertes Stadium, als „Stadium der Konsolidierung der industriekapitalistischen Weltwirtschaft" (trotz revolutionärer Umbrüche und Rückschläge durch weltweite Kriege und Krisen) bezeichnet, wurde in einer Reihe kleinformatiger Publikationen in Grundzügen skizziert. Daraus ergibt sich aber kein annähernd so komplexes Bild, wie er es für die vorausgehenden Epochen gezeichnet hat – und die Schwierigkeit, die in die Gegenwart hineinreichende Entwicklung des Weltsystems auf dem wissenschaftlichen Niveau und im theoretischen Bezugssystems des *Modernen Weltsystems* fortzuschreiben, eine Herausforderung, der wohl nur Wallerstein selbst gewachsen ist. Immerhin soll aber versucht werden, einen kurzen und kursorischen, weltsystemisch angeleiteten Ausblick auf den Wandel des Weltsystems im 19. und 20. Jahrhundert zu geben.

3.1 Das Moderne Weltsystem I: Die Anfänge kapitalistischer Landwirtschaft und die europäische Weltökonomie im 16. Jahrhundert

Der erste Band des *Modernen Weltsystems* thematisiert den Entstehungszusammenhang der *„europäischen Weltwirtschaft"* im „langen 16. Jahrhundert" (1450–1640). Nach Wallersteins These bildet sich in diesem Zeitraum die Grundstruktur einer europäischen Weltwirtschaft, die im Ansatz schon alle wesentlichen Merkmale späterer Erscheinungsformen des Weltsystems enthält: eine „internationale"

Arbeitsteilung innerhalb eines einheitlichen Weltmarktes, eine vertikale Differenzierung der Länder in Zentren, Semiperipherien und Peripherien, ungleiche Tauschbeziehungen zwischen diesen unterschiedlich entwickelten Wirtschaftszonen sowie ein dezentrales Staatensystem, in dem die aufkommenden Nationalstaaten um eine hegemoniale Position im Weltsystem konkurrieren.

In der formativen Phase der europäischen Weltwirtschaft gab es in seiner Außenarena noch andere Weltwirtschaften: eine Weltwirtschaft um das Mittelmeer, eine andere um den Indischen Ozean und das Rote Meer, eine chinesische Weltwirtschaft sowie eine die zentralasiatische Landmasse zwischen Russland und der Mongolei umfassende Weltwirtschaft. „Aber nur Europa begab sich auf den Weg der kapitalistischen Entwicklung, die es ihm möglich macht, die anderen auszustechen" (Wallerstein 2004a: 29).

Wallerstein versucht, die Ausdifferenzierung der europäisch-kapitalistischen Weltwirtschaft mit einer Reihe begrifflicher Antinomien zu erfassen: in der Tradition der Marxschen Produktionsweisen als Übergang vom *Feudalismus* zum *Kapitalismus*. Hier lautet die These, dass die Krise des Feudalismus zu einer geographischen Expansion und zu einer strukturellen Transformation der gesellschaftlichen Produktionsweisen geführt habe; aus der Krise des Feudalismus sei die kapitalistische Landwirtschaft als deren „Lösung" hervorgegangen. Eine zweite Antinomie bezieht sich auf den Gegensatz von *Weltreich* und *Weltwirtschaft*. Hierzu vertritt Wallerstein (2004a: 28) die These, dass frühere Weltwirtschaften immer in Weltreiche umgewandelt wurden. Die europäisch geprägte Weltwirtschaft sei diesem Schicksal entgangen, weil „die Techniken des modernen Kapitalismus und die Technologie der modernen Wissenschaft (die, wie wir wissen in Zusammenhang stehen), diese Weltwirtschaft in die Lage versetzt hätten, zu gedeihen, zu produzieren und sogar zu expandieren, ohne dass eine einheitliche politische Struktur entstand." Was eine zentrale politische Struktur zudem noch verhinderte, wird mit einem dritten Begriffskomplex zu erklären versucht, nämlich der Herausbildung eines dezentralen und kompetitiven *Staatensystems*, das zu einem Gleichgewicht der Kräfte tendierte und in dem jeder Versuch eines Staates, das System politisch zu beherrschen, von einer Allianz anderer Staaten bekämpft und letztlich auch verhindert wurde.

Die alles überformende These besagt, dass die Überwindung des Feudalismus einerseits und die Verhinderung eines Imperiums anderseits – beides lang andauernde, von Krisen und Kriegen geprägte Wandlungsprozesse – die Entfaltung des Kapitalismus als einheitliche Weltwirtschaft mit einem dezentralen politischen System begünstigt haben. Der Zeitraum, in dem diese Prozesse stattfanden – das „lange 16. Jahrhundert" – wird in zwei Abschnitte zerlegt: das „erste" 16. Jahrhundert, in dem Spanien und Frankreich versuchten, die europäische Weltwirtschaft in ein Weltreich umzuwandeln, und das „zweite" 16. Jahrhundert, in dem es zur Bildung kohärenter Nationalstaaten kam, die die Vorteile einer dezentralen Weltwirtschaft erkannten und deren Chancen für sich auszunutzen versuchten (Wallerstein 2004a: 374).

Den Leitbegriffen der Weltsystemanalyse folgend, ist das Buch in sieben Kapitel gegliedert. Im ersten Kapitel beschreibt Wallerstein das mittelalterliche „Vorspiel" der frühneuzeitlichen Expansion Europas. Ausgangspunkt der Argumentation ist die Unterscheidung von zwei Strukturformen, die das spätmittelalterliche Europa prägten: der Feudalismus, der die ländlichen Bereiche und das Leben der weitaus meisten Menschen beherrschte, und Stadtstaaten oder Handelsrepubliken, die sich in den Niederlanden und in Norditalien konzentrierten und aus deren Verbindung die europäische Weltwirtschaft entstand. Die Krise des Feudalismus auf der einen und die Dynamik der Stadtstaaten auf der anderen Seite werden als wesentliche Ausgangspunkte für die überseeische Expansion Europas und die Ausdifferenzierung der Weltwirtschaft identifiziert. Ausführlichere Analysen zusammenfassend, beschreibt Wallerstein (2004a: 45) die Ausgangslage wie folgt: „Im späten Mittelalter bestand in Europa eine christliche ‚Zivilisation', aber weder ein Weltreich, noch eine Weltwirtschaft. Europa war zum größten Teil feudal, das heißt, es bestand aus relativ kleinen, relativ autarken wirtschaftlichen Zellen, die auf eine Form der Ausbeutung gegründet waren, die bedeutet hat, dass sich die relativ kleine Klasse des Adels das geringe landwirtschaftliche Surplus, das in der grundherrschaftlichen Wirtschaft produziert wurde, relativ direkt aneignete. Innerhalb Europas gab es mindestens zwei kleinere Weltwirtschaften, eine auf die Stadtstaaten Norditaliens gegründete von mittlerer Größe und eine kleineres, die auf den Stadtstaaten von Flandern und Norddeutschland basierte."

Feudalismus und Handel sind für Wallerstein kein Gegensatz, sondern gehen bis zu einem gewissen Punkt Hand in Hand. Dabei ist aber zu unterscheiden zwischen dem lokalen Austausch von Nahrungsmitteln und handwerklichen Gütern, der ein integraler Bestandteil des über der bloßen Subsistenzwirtschaft operierenden Feudalsystems war, und dem mit diesem System nur locker verknüpften Fernhandel, der zunächst nur die Luxusbedürfnisse der kleinen Oberschichten bediente, sich mit der Ausweitung der Produktion im Rahmen der entwickelten Weltwirtschaft allmählich in einen Massenhandel verwandelte und dadurch wiederum die Produktion stimulierte.

Die so strukturierte mittelalterliche Wirtschaft durchlebte von 1150 bis 1300 eine Phase geographischer, kommerzieller und demographischer Expansion, die zwischen 1300 und 1450 in die Krise des Feudalismus mündete. Wallerstein erklärt diese epochale Strukturkrise als ein Zusammentreffen von einem säkularen Trend, einem zyklischen Konjunkturabschwung und einer Klimaverschlechterung. Der säkulare Trend besteht aus einer Verschärfung der Grundwidersprüche innerhalb der Feudalstruktur, insbesondere aus der (nach dem Gesetz des abnehmenden Bodenertrags) sich vermindernden Fähigkeit, angemessene Niveaus der Nahrungsmittelproduktion einerseits und der Surplus-Aneignung andererseits aufrecht zu erhalten. Der konjunkturelle Umschwung resultiert aus der Erschöpfung der technologischen Möglichkeiten der feudalen Produktion; von einem bestimmten Punkt an, konnte die Expansion nicht mehr fortgesetzt werden und schlug in eine Kontraktion um, die schließlich in eine systemische Krise mündete. Und nicht zuletzt minderte die Verschlechterung der klimatischen Bedingungen die Produktivität der Böden und begünstigte die Ausbreitung von Epidemien.

Ohne einen drastischen Wandel hätte es keinen Ausweg aus der Krise gegeben. In gut marxistischer Manier sieht Wallerstein (2004a: 46 f.) ihn vor allem in der Umstellung der Form der Surplus-Aneignung. „Sie basierte nicht mehr auf der direkten Aneignung des landwirtschaftlichen Surplus in der Form von Tributen (wie bei Weltreichen) oder feudaler Renten (wie im System des europäischen Feudalismus). Was sich nun statt dessen entwickelte, war eine auf effizientere und erweiterte Produktivität (zunächst in der Landwirtschaft, später in der Industrie) gegründete Aneignung des Surplus mittels eines Weltmarktmechanismus mit der ‚artifiziellen' (das heißt: nichtmarktwirtschaftlichen) Unterstützung von Staatsapparaten, von denen keiner den Weltmarkt in seiner Gesamtheit kontrollierte." Es waren die Feudalherren, die auf die Krise des Feudalismus mit der Durchsetzung kapitalistischer Formen und Methoden in der Landwirtschaft reagierten. „Die herrschenden Schichten unternahmen damit eine große soziopolitische Anstrengung, um ihre kollektiven Privilegien zu erhalten, auch wenn sie dabei eine grundlegende Neuordnung der Wirtschaft und die damit verbundenen Bedrohungen der tradierten sozialen Schichtung in Kauf nehmen mussten. Es war klar, dass einige Familien im Zuge solcher Veränderungen unter die Räder geraten würden – aber eben nur einige. Außerdem würde dadurch das Prinzip sozialer Schichtung nicht bloß erhalten; es sollte auch gestärkt werden" Wallerstein (1998: 33).

Wallerstein (2004a: 47) will den Beweis führen, dass für die Entwicklung einer kapitalistischen Weltwirtschaft drei Dinge wesentlich waren: eine räumliche Ausweitung des Systems (durch die Inkorporierung externer Regionen), effizientere und variable Methoden der Arbeitskontrolle für die unterschiedlichen Produktionen und Zonen der Weltwirtschaft sowie starke Staatsapparate in den Zentren, die den ungleichen Tausch mit den Peripherien unterstützten, ohne jedoch den Weltmarkt in seiner Gesamtheit kontrollieren zu können.[6]

---

[6] Dodgshon (1977) bemängelt, dass Wallerstein weder hier, noch an einer anderen Stelle des Buches erläutert, wie der Weltmarkt als dominierendes Ordnungsprinzip der kapitalistischen Weltwirtschaft und Mechanismus der Ausdifferenzierung seiner verschiedenen Produktionszonen mit den entsprechenden Formen der Arbeitskontrolle funktioniert, und betrachtet dies als seine vielleicht größte Schwäche. – Es erscheint sinnvoll, „Weltmarkt" nicht – holistisch – als einen einzigen weltweiten Markt zu verstehen, sondern als globalen Verflechtungszusammenhang interagierender Märkte, so dass Preisveränderungen auf einem Markt die Preise auf den anderen Märkten beeinflussen und es zu einer tendenziellen Angleichung der Preise auf den miteinander verknüpften und aufeinander bezogenen Märkten kommt.

Zu den „starken Staaten", die die überseeische Expansion Europas vorantrieben, gehörte Portugal, das von italienischem Kapital unterstützt, den Seeweg nach Asien eröffnete und die Führungsrolle in einem der profitträchtigsten Segmente des Welthandels spielte. In allen Einzelheiten geht Wallerstein der Frage nach: „warum die Portugiesen?" und diskutiert eine Vielzahl ökonomischer, politischer und kultureller Faktoren: von der Suche nach Edelmetallen und Gewürzen, nach Fischgründen und landwirtschaftlichen Nutzflächen, über nautische Fähigkeiten und Erfahrungen im Fernhandel, der Verfügbarkeit ausländischen Kapitals für teure und riskante Exkursionen bis hin zum Kreuzzugsgedanken und zu adeligem Betätigungsdrang, zu Problemen der Überbevölkerung und der Schrumpfung feudaler Revenuen und schließlich auch den Vorteilen der geographischen Lage Portugals.

Während die strukturellen Voraussetzungen, Handlungsmotivationen und besonderen Fähigkeiten der Portugiesen in allen Einzelheiten analysiert werden, finden die parallelen und auf längere Sicht weltwirtschaftlich relevanteren Expansionsbestrebungen Spaniens hier nur wenig Beachtung. Dabei wäre es sehr aufschlussreich gewesen, die portugiesische Expansion (in Asien) mit der spanischen Expansion (in der Neuen Welt) zu vergleichen: Portugals Eindringen in die hoch entwickelten Handelsstrukturen Asiens mit Spaniens Aufbau eines Kolonialreiches in den wirtschaftlich sehr viel weniger entwickelten, aufgrund ihrer Edelmetallvorkommen aber äußerst profitablen Amerikas. Bei allen Unterschieden der überseeischen Erkundungs-, Handels- und Eroberungsunternehmen beider Länder, eine wesentliche Gemeinsamkeit liegt darin, dass sie von Anfang an von komplexen, über Ländergrenzen hinausgreifenden Akteursfigurationen und Interessenkonstellation getragen wurden, in denen sich ökonomische, politische und kulturelle Motive miteinander verquickten.

Weltsystemisch relevant und den eurozentrischen Erklärungsansatz relativierend ist der im Schlussteil des ersten Kapitels durchgeführte Vergleich zwischen Europa und China. Hier zeigt Wallerstein (2004a: 59 ff.), dass sich im langen 16. Jahrhundert China (als Imperium) und Europa (als dezentrales Staatensystem) auf etwa gleich hohem wirtschaftlichen und zivilisatorischen Entwicklungsniveau befanden. Und etwa gleichzeitig begannen Chinesen und Portugiesen (1405 und 1415) mit ihren Übersee-Erkundungen, wobei die chinesischen Flotten des Admirals Cheng Ho den portugiesischen quantitativ und wohl auch qualitativ weit überlegen waren. Doch während die Chinesen ihre durchaus erfolgreichen Expeditionen nach wenigen Jahrzehnten auf Befehl des Kaisers einstellten und sich auf die „innere Expansion" des Imperiums konzentrierten, forcierten die Europäer, von Portugal und Spanien angeführt, ihre überseeische Expansion. Als sich selbst genügendes, von Tributzahlungen profitierendes Imperium schien China an überseeischer Expansion kein besonderes Interesse gehabt zu haben, während das in vieler Hinsicht defizitäre Europa seine Ressourcenbasis durch Handel und Landnahme vergrößern musste, um die Krise seines archaischen Feudalsystems überwinden zu können.

Thema des zweiten Kapitels ist „eine neue Arbeitsteilung in Europa". Sie entstand „aus der Verknüpfung zweier zuvor getrennter Systeme [...], nämlich einmal aus dem System des christlichen Mittelmeerraums mit dem Zentrum bei den norditalienischen Städten und dem flandrisch-hanseatischen Handelsnetz im Norden und Nordwesten Europas und den beiden Anhängseln an diesen neuen Komplex, den Gebieten östlich der Elbe, Polen und einigen anderen Gebieten Osteuropas, und andererseits den atlantischen Inseln und Teilen der Neuen Welt" (Wallerstein 2004a: 101).

In diesem zunächst noch zweipoligen System verschob sich das Zentrum der europäischen Weltwirtschaft mehr und mehr nach Nordwesteuropa. Während die Pioniere der überseeischen Expansion, Portugal und Spanien, wie ihre Finanziers, die norditalienischen Stadtstaaten, in die Semiperipherie zurückfielen (in der sich zum überwiegenden Teil auch Deutschland befand), gewannen die unabhängig gewordenen Niederlande und die aufstrebenden Nationalstaaten England und Frankreich an Macht und Bedeutung. Die Peripherie der expandierenden Weltwirtschaft bildeten Osteuropa bis an die Grenzen Russlands (das wie das Osmanische Reich nicht zur europäischen Weltwirtschaft gehörte), die atlantischen Inseln, eine Reihe von Handelsposten entlang der afrikanischen Küste, die Karibik und lang gestreckte, sich immer mehr ins Landesinnere ausdehnende Küstenregionen der beiden Amerikas, sowie einige Regionen Asiens. Die peripheren Gebiete belieferten die Zentrumsregionen vor allem mit Nahrungsmitteln (Osteuropa) und Edelmetallen (Spanisch-Amerika) auf der Basis arbeitsintensiver und einfacher Technologien. „Im Zentrum blühten die Städte, entstanden Industrien, die Kaufleute wurden zu einer bedeutsamen ökonomischen und politischen Kraft. In der Landwirtschaft blieb sicherlich auch während des ganzen 16. Jahrhunderts die Mehrheit der Bevölkerung hauptsächlich beschäftigt. [...] Dennoch brachte die Einbeziehung von Osteuropa und Hispano-Amerika in eine europäische Weltwirtschaft im 16. Jahrhundert nicht nur Kapital (durch Beute und hohe Profitspannen), sondern setzte in den Zentralgebieten auch Arbeitskräfte für neue Spezialisierungen frei. [...] Trotz bleibender Gemeinsamkeiten mit der Peripherie (zum Beispiel bei der Getreideerzeugung) lief der Trend im Zentrum in *Richtung* auf Vielseitigkeit und Spezialisierung, in der Peripherie hingegen auf Monokultur" (Wallerstein 2004a: 130).

Einen Schwerpunkt des zweiten Kapitels bildet die Analyse der unterschiedlichen Formen der Arbeit in den verschiedenen Gebieten der Weltwirtschaft. Im Unterschied zu Marx wie zu Weber basiert der moderne Kapitalismus für Wallerstein nicht unbedingt auf formell freier Lohnarbeit, sondern setzt nach den Erfordernissen profitabler Produktion in den verschiedenen Zonen der arbeitsteiligen Weltwirtschaft unterschiedliche Formen der Arbeit, der Arbeitskontrolle und der Aneignung ihres Mehrwerts durch. Dabei reicht das Spektrum von der Sklavenarbeit auf Zuckerplantagen und im Bergbau über feudale Formen der Leibeigenschaft in der Peripherie bis zu bäuerlichen Freisassen, Pacht-Bauern *(tenants)*,

Lohnarbeitern *(wage-laborers)* und selbständigen Handwerkern im Zentrum. Im Zwischenbereich der Semiperipherie findet man vor allem Formen der Anteilswirtschaft *(share-cropping)*. „Die Weltwirtschaft gründete sich gerade auf der Voraussetzung, dass es diese drei Zonen gab und dass sie wirklich verschiedene Weisen der Arbeitsorganisation hatten. Andernfalls wäre es nicht möglich gewesen, diesen Surplusstrom zu gewährleisten, der dem kapitalistischen System den Eintritt ins Dasein ermöglichte" (Wallerstein 2004a: 119).

Neben der Analyse der Arbeitsteilung und der Arbeitsformen bildet das Problem der Preisrevolution einen Schwerpunkt des Kapitels. Hier zeigt sich am eindrücklichsten Wallersteins Wissenschaftsstil der „gelehrten Diskussionen über Themen der Empirie". Die von Earl J. Hamilton thematisierte Preisrevolution, eine lang anhaltende Inflation mit gravierenden Auswirkungen auf die Weltwirtschaft, entstand aus der Inkorporierung der Neuen Welt, genauer: aus dem Import von amerikanischem Silber und Gold, das es Europa ermöglichte, „über seine Verhältnisse zu leben und mehr als seine Ersparnisse zu investieren", für Wallerstein (2004a: 152, Braudel zitierend), „das entscheidende Faktum dieser Expansion". Es lässt sich genauer fassen, wenn man seine Wirkungen auf verschiedenen Ebenen untersucht. Dann zeigt sich, dass auf der Ebene des Welthandels erst die Aneignung der amerikanischen Edelmetalle Europa in die Lage versetzen, seinen Handel mit Asien auszubauen, verfügte Europa doch kaum über Produkte, die in Asien nachgefragt und zum Tausch gegen die begehrten Produkte des Fernen Ostens (Gewürze, Heilpflanzen), geeignet waren; nur mit dem Silber und Gold Amerikas konnten die agrarischen und gewerblichen Produkte Asiens bezahlt werden.[7]

Auf der europäischen Ebene kam es im Zuge der Inflation zu einer tendenziellen Angleichung der Preise, an der sich eine zunehmende Integration der (europäischen)Weltwirtschaft ablesen lässt. Am ausführlichsten diskutiert Wallerstein die Auswirkungen der inflationären Geldvermehrung auf die Nahrungsmittelversorgung, die Entwicklung der Reallöhne, die Kapitalakkumulation und die Handels- und Finanzbeziehungen zwischen Zentrum und Peripherie. Er kommt zu dem Ergebnis, dass die Inflation wichtig war „sowohl als Mechanismus des Zwangssparens und damit der Kapitalakkumulation als auch als Mechanismus, der diese Profite im System ungleich verteilte. Sie ließ unverhältnismäßig viel in das, was wir das entstehende Zentrum der Weltwirtschaft genannt haben, fließen, weg von seiner Peripherie und der Semiperipherie der ‚alten' entwickelten Gebiete" (Wallerstein 2004a: 115).

Im dritten Kapitel geht es um die politische Organisation der europäischen Weltwirtschaft, um die „Restauration der Ordnung" nach der Krise des Feudalismus. Als neues politisches Ordnungsmodell setzt sich in Westeuropa die ab-

---

[7] Marks (2006: 99) zitiert Untersuchungen, denen zufolge zwischen 1500 und 1800 „ungefähr drei Viertel der Silberproduktion der Neuen Welt" in China landeten.

solute Monarchie durch. Da ihr Aufstieg mit dem Entstehen der europäischen Weltwirtschaft zeitlich zusammenfällt, stellt sich die Frage nach einem kausalen Zusammenhang. Inwieweit ist das eine Ursache oder Folge des anderen? Wallerstein (2004a: 197) zufolge, lassen sich für beide Kausalrichtungen Gründe anführen: „Einerseits hätte es ohne die Ausweitung des Handels und das Aufkommen der kapitalistischen Landwirtschaft wohl kaum die ökonomische Basis zur Finanzierung der erweiterten bürokratischen Strukturen gegeben. Andererseits aber waren die Staatsstrukturen selbst eine wichtige ökonomische Abstützung für das neue kapitalistische System."

Betrachten wir zunächst die Stärkung der Staatsstrukturen. Wallerstein (2004a: 208) zufolge, war ein Monarch „dann absolut, wenn es ihm bei politischen Konfrontationen mit ziemlicher Sicherheit gelang, gegen andere Kräfte im Staat die Vorherrschaft zu erringen." Widerstände der verschiedenen Gesellschaftsgruppen (adelige Grundherren, Bauern, städtische Handelsbourgeoisie) gegen eine Zentralisierung politischer Macht zu brechen und die Loyalität der Untertanen für den Monarchen zu erringen, war in allen Ländern ein schwieriger Prozess. Um ihre Position zu stärken, bedienten sich die Könige im Wesentlichen vier miteinander verbundener Verfahren: Bürokratisierung der Staatsverwaltung, Monopolisierung der Gewalt, Schaffung von Legitimität und Homogenisierung der unterworfenen Bevölkerung. Mit der Institution des Ämterkaufs wurde ein Mechanismus geschaffen, mit dem sowohl Staatseinnahmen erzielt, als auch ein Beamtenstab rekrutiert wurde. Mit Hilfe einer effizienten Bürokratie konnten sodann Steuern erhoben und Kapital aufgenommen werden, die wiederum für staatliche Unternehmungen zur Förderung der Wirtschaft und der Sicherheit des Landes genutzt werden konnten. Legitimationsgrundlage der absoluten Monarchie war „das göttliche Recht der Könige", wie es in verschiedenen Zeremonien zum Ausdruck kam. Die Homogenisierung der Bevölkerung wurde durch die Begünstigung indigener kapitalistischer Gruppierungen und die Unterdrückung oder Vertreibung von Bevölkerungsteilen, die als Bedrohung des Staates angesehen wurden (Juden, Protestanten), betrieben. Auch auf die Rolle der Kirche im Verhältnis zur Weltwirtschaft und zur Staatenwelt geht Wallerstein (2004a: 217) ein: „Weil die Kirche als eine *transnationale* Institution durch das Aufkommen eines gleichfalls Nationen übergreifenden Wirtschaftssystems bedroht war, das seine *politische* Stärke in der Bildung starker *Staats*maschinerien bestimmter (Zentral-)Staaten fand – eine Entwicklung, die die Position der Kirche in diesen Staaten bedrohte –, bildete sie eine starke Opposition gegen die Modernität."

Die Beziehungen zwischen absolutistischen Staatsstrukturen und kapitalistischer Weltwirtschaft lassen sich nicht so leicht erkennen und werden demzufolge kontrovers diskutiert. Vieles spricht dafür, dass die Staaten die größten Unternehmer der Epoche waren und dass Hofhaltung, Staatsverwaltung und Kriegsführung auf der einen und Kreditwesen auf der anderen Seite eng miteinander verbunden waren. Ob und inwieweit diese Verflechtungen die Entfaltung der Weltwirtschaft eher begünstigt oder gehemmt hat, steht auf einem anderen Blatt. Das Problem wird von Wallerstein an anderer Stelle wieder aufgegriffen und ausführlicher diskutiert; wir werden darauf zurückkommen.

Thema des vierten Kapitels ist „der Fehlschlag des Imperiums" der spanischen Habsburger, ein Großereignis, das über die Bekräftigung eines dezentralen und kompetitiven Staatensystems die Entfaltung der Weltwirtschaft zweifellos begünstigt hat. Während Wallerstein, wie bereits bemerkt, die Bedeutung Portugals als Treiber der überseeischen Expansion in allen Einzelheiten analysiert, behandelt er das imperiale Spanien hier vorrangig unter dem Aspekt seines Scheiterns. Im Unterschied zu Portugal, das von seinem „Randlagenvorteil" (Münkler) profitierte, war Spanien durch seine in ganz Europa verstreuten Besitzungen tief in die sich verschärfenden Machtkämpfe verstrickt. Mit Frankreich konkurrierte es in einem fünfzigjährigen Kampf bis zur beiderseitigen Erschöpfung um die Kontrolle Italiens (1494–1557). „Die Reiche der Habsburger und der Valois scheiterten und fielen zusammen. Nicht nur Spanien, auch Frankreich erklärte 1557 seinen Bankrott. [...] Diese Bankrotts waren [...] mehr als finanzielle Neuanpassungen. Eine ganze Welt war zusammengebrochen. [...] Was einstürzte war das Weltsystem. Hundert Jahre lang hatte Europa eine neue Prosperität genossen. Menschen hatten nach alter Weise versucht, davon zu profitieren. Aber der technische Fortschritt und die aufwallenden kapitalistischen Elemente waren bereits zu weit gediehen, als dass wieder politische Reiche gebildet werden konnten, die es mit den ökonomischen Arenen hätten aufnehmen können. Das Jahr 1557 markiert, wenn man so will, den Fehlschlag dieses Versuchs und die Begründung eines Gleichgewichts der Kräfte in Europa, mit dessen Hilfe Staaten, die Nationen sein wollten (sie seien hier Nationalstaaten genannt), zur Geltung kommen und in der immer noch blühenden Weltwirtschaft gedeihen konnten" (Wallerstein 2004a: 260).

Ein zweiter Aspekt des imperialen Fehlschlags Spaniens ist der Zusammenbruch seiner Herrschaft in den Niederlanden, im Zuge der (ausführlich beschriebenen) Niederländischen Revolution (1566–1648), die sich fast nahtlos an den ruinösen Kampf gegen Frankreich anschloss und aus der die republikanischen Niederlande als neues Zentrum der Weltwirtschaft hervorgingen. „Die Geschichte des ‚zweiten' 16. Jahrhunderts ist die Geschichte, wie Amsterdam die Fäden des sich auflösenden habsburgischen Reiches aufgriff, um daraus ein Netz ruhiger Wirksamkeit für die Weltwirtschaft zu machen, mit deren Hilfe dann England und Frankreich als starke Staaten auftauchen und schließlich starke ‚Nationalökonomien' haben konnten" (Wallerstein 2004a: 271). Mit dem Aufstieg Amsterdams verlor Antwerpen, das wirtschaftliche Zentrum des Habsburgischen Reichs, seine Funktion als Drehscheibe des internationalen Handels und größter Geld- und Kreditmarkt Europas.

Frankreich und die Niederlande waren nicht die einzigen Gegner des spanischen Weltreichs. Hinzu kamen noch Auseinandersetzungen mit den Engländern, die die Verbindungen zwischen dem spanischen Festland und den amerikanischen Kolonien zunehmend störten und die zur Eroberung Englands entsandte Armada 1588 (von Witterungsverhältnissen begünstigt) zerstörten, der zermürbende Kampf gegen die aufbegehrenden protestantischen Fürsten Deutschlands sowie die Kriege gegen die islamische Welt, insbesondere gegen das expandierende Osmanisches Reich.

Wallerstein sieht die Ursachen für den Niedergang des spanischen Weltreichs nicht nur in der Vielzahl ruinöser Kriege, die die Finanzen des Reiches zerrütteten, sondern auch in einer Reihe interner Bedingungen Spaniens: die Macht der wandernden Schafhirten (Mesta) im kastilischen Kernland, die die Einfriedung von Ackerland behinderten und damit den Weg zu einer kapitalistischen Landwirtschaft erschwerten; das Fehlen eines bedeutenden industriellen Sektors und der Mangel an bürgerlich-kapitalistischem Unternehmertum; die Dominanz ausländischer Finanzinteressen und das Versäumnis einer nationalistischen, merkantilistischen Politik; der Abfluss der aus Amerika importieren Edelmetalle in diejenigen Regionen Europas, in denen ihre Kaufkraft am größten war; und nicht zuletzt die Vertreibung der Juden und Mauren, die Handel und Landwirtschaft schwächte.

Aus dem Scheitern des spanischen Imperiums (in Europa) ging ein dezentrales System konkurrierender Nationalstaaten mit einer inhärenten Tendenz zu einem Gleichgewicht der Kräfte hervor. „Das neue System sollte dann dasjenige werden, das seit damals die Oberhand hat, eine kapitalistische Weltwirtschaft, deren Zentralstaaten in einem Zustand ständiger wirtschaftlicher und militärischer Spannung verflochten sind, im Wettstreit um das Privileg, die peripheren Gebiete auszubeuten (und deren Staatsmaschinerien schwächen) zu können, wobei es manchen Entitäten gelingt, eine spezialisierte, vermittelnde Rolle als semiperiphere Mächte zu spielen" (Wallerstein 2004a: 269).

Im fünften Kapitel geht es um „die starken Zentralstaaten" Europas und die wirtschaftlichen und sozialen Transformationen im „zweiten 16. Jahrhundert". Um 1550 setzte ein Prozess ein, in dem sich die industrielle Aktivität zunehmend in Nordwesteuropa konzentrierte. Flandern, Süddeutschland und Norditalien gehören zu den Regionen abnehmender, die Niederlande und England zu den Ländern zunehmender wirtschaftlicher Bedeutung. Während die wirtschaftliche Entwicklung der Niederlande relativ kurz abgehandelt wird – sie wird im zweiten Band in aller Ausführlichkeit nachgeholt – diskutiert Wallerstein in aller Einzelheiten die Gründe für den Aufstieg Englands (dabei kommt sein Wissenschaftsstil der „gelehrten Diskussionen über Themen der Empirie" wieder voll zur Geltung) und vergleicht das kommende Zentrum der Weltwirtschaft mit dem rivalisierenden Frankreich. Der Aufstieg Englands wird wirtschaftlich, differenziert nach Landwirtschaft, Handel und Industrie, und politisch unter Aspekten der Staatsmacht und der Klassenbildung analysiert. Besonders hervorgehoben werden die Bedeutung der Textilindustrie für den Export und die Bedeutung der *Gentry* (kapitalistische Landwirte aus niederem Adel und gehobenen Bürgertum) und der *Yeomen* (Freibauern), die als wichtigste Elemente der Klassenbildung in der Zeit von 1575 bis 1620 eine führende Rolle im Prozess der Einfriedung von Ackerland *(enclosure movement)* und seiner kapitalistischen Bewirtschaftung spielten. Die Kommerzialisierung der Landwirtschaft und die beginnende Industrialisierung werden als entscheidende Faktoren für Englands Aufstieg im Weltsystem identifiziert.

Andere Vorteile Englands werden im Vergleich mit Frankreich herausgearbeitet. Hierzu gehören Englands Fortschrittlichkeit bei der Bildung eines nationalen Marktes gegenüber der ökonomischen Zersplitterung Frankreichs. Während sich der Nordwesten und Westen Frankreichs stärker an der neuen europäischen Weltwirtschaft mit ihrem Atlantik- und Ostseehandel orientierten, blieb der Nordosten mit Paris der kontinentalen Landmasse verhaftet und der Süden einer auf den Mittelmeerraum ausgerichteten exportorientierten Landwirtschaft (System der *métayage*). Aus geoökonomischen Gründen konnte Frankreich nicht in gleichem Maße vom Überseehandel profitieren wie die Niederlande und England. Zudem schwankte Frankreichs Politik oft unentschieden zwischen der Förderung des (teuren) Landtransports und der (billigerer) Schifffahrt. Und nicht zuletzt verzögerten Religions- und Bürgerkriege seit 1560 die Entwicklung von Handel, Industrie und Bourgeoisie, und auch die Krise oder Depression von 1590 oder 1620 bis 1650 traf Frankreich härter als die Niederlande und England.

Zuletzt geht Wallerstein auf die unterschiedliche Rolle der Monarchien in England und Frankreich ein. In beiden Ländern „war die Monarchie in dem Widerspruch gefangen, eine auf neuen Kräften basierende Nationalwirtschaft schaffen zu wollen, die erfolgreich in der neuen Weltwirtschaft bestehen konnte, und dabei die Spitze eines auf konservativen Gesellschaftskräften basierenden Status- und Privilegiensystems zu sein" (Wallerstein 2004a: 377). „Zwischen den Forderungen der Bourgeoisie und der Aristokratie schwankend, näherten sich die Monarchen in England und in Frankreich immer mehr den Forderungen der Aristokratie. Der Unterschied bestand darin, dass in England die Interessen der Handelsbourgeoisie mit einem starken Zentrum verbunden waren, wogegen sie in Frankreich in gewissem Umfang mit der nationalen Peripherie verbunden waren. [...] Infolge dessen musste die französische Monarchie, um eine eigentlich widerspenstige Bourgeoisie in Schach zu halten, sich selbst stärken und dann die Bürger durch Ämterkauf einbinden, was sie dann aber von industriellen Investitionen abhielt. In England musste die Aristokratie, um zu überleben, die Methoden der Bourgeoisie erlernen und verschmolz teilweise mit ihr" (Wallerstein 2004a: 404).

Im sechsten Kapitel geht es um die Bedeutung von Peripherie und Außenarena für die Zentrumsmächte. Dabei wirft die geographische Abgrenzung der drei funktional unterschiedenen Zonen erhebliche Probleme auf. Obwohl sich Peripherie und Außenarena funktional eindeutig voneinander abgrenzen lassen – die Peripherie ist im Unterschied zur Außenarena ein integraler Bestandteil des arbeitsteiligen

Gesamtsystems, während die Außenarena aus anderen Weltsystemen besteht – sind die geographischen Grenzen fließend. Für Wallerstein gehören Persien, das Osmanische Reich und Russland zur Außenarena, Polen und Ungarn hingegen zur Peripherie. Ausführlich begründet Wallerstein, warum er Russland der Außenarena und Polen dem europäischen Weltsystem zuordnet. Er verweist unter anderem darauf, dass Polens (agrarischer) Außenhandel fast gänzlich auf Europa ausgerichtet war, während Russland über einen großen Binnenmarkt verfügte und Handelsbeziehungen nach Westen und Osten unterhielt. Außerdem entsprachen die schwachen politischen Strukturen Polens denen einer typischen Peripherie während sich in Russland eine absolute Monarchie herausbildete, die derjenigen der europäischen Zentrumsstaaten ähnelte.

Zur Peripherie zählen auch die europäischen Kolonien in den beiden Amerikas, während Asien zur Außenarena gehört – obwohl Europa und Asien durch bedeutende Handelsbeziehungen miteinander verbunden waren. Sie waren für Europa weitaus wichtiger als für Asien und fanden zu Bedingungen statt, die von den asiatischen Nationen festgelegt waren und sich aus europäischer Sicht als notorisch defizitär erwiesen. Hier kommt Wallerstein nun auch auf einen (im ersten Kapitel vermissten) Vergleich zwischen dem portugiesischen Handel im Indischen Ozean und dem Atlantikhandel der Spanier zu sprechen. Im ersten Falle handelte es sich um einen Handel zwischen zwei Weltwirtschaften, im zweiten Fall um einen Handel zwischen Zentrum und Peripherie, wobei der Atlantikhandel für Spanien sehr viel profitabler war als der Asienhandel für Portugal. Während die Portugiesen sich in Asien in bereits hoch entwickelte Handelsstrukturen einklinkten und, gestützt auf ein System von Handelsniederlassungen und Flottenstützpunkten, ein Handelsimperium aufbauten, begründeten die Spanier im sehr viel weniger entwickelten Amerika ein vom Mutterland direkt beherrschtes Territorialimperium, dessen Bodenschätze (Edelmetalle) nach Spanien verfrachtet wurden. Für die Portugiesen war der innerasiatische Handel sehr viel profitabler als der interkontinentale Handel zwischen Asien und Europa. Für Spanien war umgekehrt der interkontinentale (Atlantik-)Handel ausschlaggebend; der Handel innerhalb und zwischen den amerikanischen Kolonien war demgegenüber nahezu bedeutungslos beziehungsweise wurde unterdrückt, um die einzelnen Kolonien in unmittelbarer Abhängigkeit vom Mutterland zu halten.

Das abschließende siebte Kapitel besteht aus einer „theoretischen Reprise", in der nach der Fülle des in den vorherigen Kapiteln ausgebreiteten und durchgearbeiteten historischen Stoffs Grundzüge der Weltsystemanalyse zusammengefasst werden. Die Darstellung des begrifflichen Rahmens und der zentralen Argumente hätte besser am Anfang des Werkes gestanden; sie hätte der Lesbarkeit und dem Verständnis des Buches gut angestanden.

In Abbildung 1 ist die Argumentationsstruktur des ersten Bands vereinfacht zusammengefasst.

Abbildung 1   Die Krise des Feudalismus und die Entwicklung des Kapitalismus

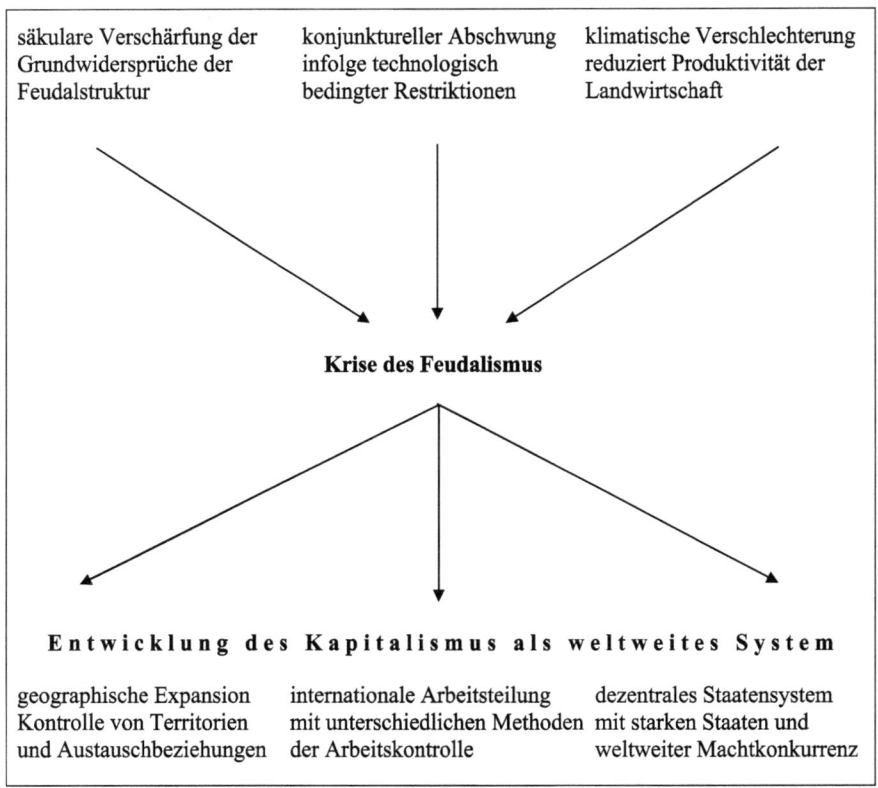

3.2 Das moderne Weltsystem II: Merkantilismus und Konsolidierung der europäischen Weltwirtschaft im 17. Jahrhundert

Nachdem im ersten Band der Entstehungszusammenhang und die erste Expansionsphase des *Modernen Weltsystems* im langen 16. Jahrhundert dargestellt wurden, geht es im zweiten Band um die Konsolidierung der europäischen Weltwirtschaft im langen 17. Jahrhundert (1600–1750).⁸ Im Unterschied zu vielen Historikern, die von einer „Krise des 17. Jahrhunderts" sprechen, bevorzugt Wallerstein den Begriff der *Konsolidierung*. Nach seiner Auffassung kam es im 17. Jahrhundert anders als in dem strukturell und mental revolutionären 16. Jahrhundert nicht zu einer systemischen Krise, sondern zu Modifikationen bestehender Strukturen innerhalb eines relativ stabilen Systems. „Der kumulative und sich selbst tragende Wandel in Gestalt eines unaufhörlichen Akkumulationsdrangs, das Leitmotiv der kapitalistischen Weltwirtschaft seit ihrer Entstehung im 16. Jahrhundert", hat sich in der langen Stagnationsphase des 17. Jahrhunderts nur verlangsamt – mit Auswirkungen auf Zentrum, Semiperipherie und Peripherie (Wallerstein 2004b: 35). „Politisch wie kulturell befand sich das 17. Jahrhundert hinsichtlich Form und innerer Struktur auf der Suche nach Stabilität, und diese Suche fiel zeitlich mit einer Verlangsamung der weltwirtschaftlichen Entwicklung zusammen. Ohne eine solche Phase wäre der nächste qualitative Sprung nicht möglich. Deshalb wird aus dem 17. Jahrhundert noch lange keine ‚Krisenzeit', sondern lediglich ein erforderlicher Tempowechsel, keine Katastrophe, sondern ein wesentliches Element, das den Interessen jener Gruppen diente, die vom kapitalistischen System am stärksten profitierten" (Wallerstein 1998: 36).

Im Titel des Buchs wird der *Merkantilismus* als Signum der Epoche herausgehoben. Diese Wirtschaftsdoktrin geht davon aus, dass der Wohlstand eines Landes entscheidend von seinem Außenhandel abhängt und dieser wiederum von der Effizienz der heimischen Produktion. Der Welthandel wird als ein Nullsummenspiel betrachtet, bei dem der Zugewinn eines Staates immer zu Lasten eines anderen Staates geht. Um den Reichtum eines Landes zu steigern, sollen Rohstoffe importiert, im Land zu Fertigwaren verarbeitet und dorthin exportiert werden, wo die größten Gewinne zu erzielen sind. Der Import von Luxus- oder Fertigwaren ist möglichst zu vermeiden, da er zum Abfluss von Gold führt und damit das Land finanziell schwächt. Um möglichst hohe Handelsüberschüsse zu erzielen, wird die heimische Industrie vom Staat massiv gefördert und vor ausländischer Konkurrenz geschützt.

Es liegt auf der Hand, dass diese Kombination von Welthandel als Nullsummenspiel und ökonomischem Nationalismus den Wettkampf der Staaten um einen möglichst großen Anteil am Welthandel verschärft und vom friedlichen Wettbewerb auf dem Weltmarkt leicht zu kriegerischen Auseinandersetzungen in der Staatenwelt umschlägt. Tatsächlich kam es in der Phase des Merkantilismus zu endlosen Auseinandersetzungen, nicht nur im Zentrum, sondern auch in der Peripherie. „Die Auseinandersetzung schien aus einer Reihe beinahe endloser Kriege

---

⁸ Der deutsche Titel der amerikanischen Originalausgabe ist falsch übersetzt: Es geht in diesem Band nicht um *Europa* zwischen 1600 und 1750, sondern um die *europäische Weltwirtschaft (European World-Economy)*, denn behandelt wird auch die Entwicklung in den außereuropäischen Peripherien.

zu bestehen: in Europa um Land, Verbündete und Märkte, und in der Peripherie sowie der externen Zone (Amerika, Westafrika, Indien) um Versorgungsquellen (zur Bereitstellung von Sklaven, tropischen und subtropischen Produkten wie Zucker sowie Pelzen und Schiffbaumaterialien)" (Wallerstein 1998: 284).

Die Verbreitung dieser Form des wirtschaftlichen Nationalismus ist aber nur eine von vier säkularen Tendenzen, die Wallerstein zufolge das lange 17. Jahrhundert prägen. Die drei anderen Megatrends sind: die Stärkung der staatlichen Strukturen im Zentrum, ein Prozess der schon im langen 16. Jahrhundert einsetzte und der unter der Ägide des aufkommenden Merkantilismus besondere Formen annahm; der Kampf der Staaten des Zentrums um Hegemonie im Weltsystem, der ebenfalls schon im 16. Jahrhundert begann, als die spanischen Habsburger in Übersee ein Kolonialimperium aufbauten und in Europa eine hegemoniale Position anstrebten, die von England, Frankreich und den Niederlanden bestritten wurde; und nicht zuletzt die Suche nach gesellschaftlichen Kompromissen, die durch den konjunkturellen Abschwung zwar erschwert, durch die Stärkung der Staatsapparate aber erleichtert wurde.

Wallerstein beginnt seine Analyse der Konsolidierung der Weltwirtschaft in der Epoche des Merkantilismus mit einem Überblick über die wirtschaftliche Entwicklung in den verschiedenen Sektoren der Weltwirtschaft: in der Landwirtschaft, in Gewerbe und Industrie, bei Preisen und Löhnen sowie im Welthandel. Er kommt zu dem Ergebnis, dass die Kontraktion des 17. Jahrhunderts sich „*innerhalb einer funktionierenden und sich entwickelnden kapitalistischen Weltwirtschaft*" ereignete, indem das das System „bereits in den Interessen jener Schichten, die innerhalb der Weltwirtschaft politisch bestimmend waren, ausreichend verankert [war], und diese Schichten [...] ihre Energien grosso modo und als Kollektiv nicht darauf [richteten], das System zu beseitigen, sondern Wege zu finden, wie es sogar – oder vielleicht gerade – in einer Zeit wirtschaftlicher Kontraktion zu ihrem Vorteil funktionieren könnte" (Wallerstein 1998: 18).

Obwohl es insgesamt eine Stagnationsperiode war, gab es auch Zonen großer Dynamik, vor allem in den Niederlanden und in England, in denen die „amorphe Klasse der Kaufleute" ihre Position stärkte. In anderen Regionen verlangsamte sich die Entwicklung, so im absolutistischen Frankreich und in Deutschland, das unter dem Dreißigjährigen Krieg litt. Zonen der Stagnation und Regression waren Spanien, Portugal und Italien.

„Was die Gesamtausdehnung des Weltsystems betrifft, änderten sich die Grenzen, die ungefähr um 1500 gezogen worden waren, bis zum Jahr 1750 nur unwesentlich, und innerhalb des säkularen Transformationsprozesses lässt sich für den Zeitraum von 1600 bis 1750 ebenfalls kein qualitativer Sprung beobachten. Wir gehen daher davon aus, dass zwischen dem langen 16. und 17. Jahrhundert im wesentlichen Kontinuität bestand, abgesehen von dem einen großen Unterschied zwischen Expansion (A) und Kontraktion (B), zwischen Wachstum und geringem Wachstum" (Wallerstein 1998: 7).

Während die sich die Weltwirtschaft insgesamt nicht vergrößerte, verschoben sich die Gewichte allmählich vom Mittelmeerraum nach Nordwesteuropa. Wallerstein zitiert Cipolla, demzufolge sich das 17. Jahrhundert für Spanien, Italien und Deutschland als „schwarzes Jahrhundert und für Frankreich zumindest als graues [erwies]. Für Holland aber war es *das* goldene Zeitalter und für England, wenn schon nicht ein goldenes, dann wenigstens ein silbernes" (Cipolla 1983: 4, zitiert nach Wallerstein 1998: 20).

Das Goldene Zeitalter der Niederlande wird unter dem Titel „die Weltwirtschaft unter niederländischer Hegemonie" im zweiten Kapitel analysiert. Am Beispiel der Niederlande stellt Wallerstein sein Modell des Hegemonialzyklus dar, das sich auch auf Aufstieg und Niedergang der vorhergehenden Hegemonie der spanischen Habsburger und auf die auf die Niederlande folgenden Hegemonialmächte England/Großbritannien und die Vereinigten Staaten anwenden lässt. Der Aufstieg von einem Land des Zentrums zur Hegemonialmacht des Systems „scheint ein wunderbar einfaches Muster" aufzuweisen: Er beginnt in der Produktion, setzt sich im Handel fort und kulminiert im Bereich der Finanzen; die eigentliche Hegemonie währt so lange, wie ein Staat in allen drei Sektoren allen anderen Zentrumsstaaten überlegen ist; der Niedergang vollzieht sich in der gleichen Abfolge der Sektoren. „Eine deutlich überlegene Produktionseffizienz im landwirtschaftlich-industriellen Bereich führt zu einer Vorherrschaft innerhalb der kommerziellen Distributionssphäre, wobei sich entsprechende Profite aus dem Umstand ergeben, sowohl der Umschlagplatz eines großen Teils des Welthandels zu sein, als auch die ‚unsichtbaren Dienstleistungen' (Transport, Kommunikation und Versicherung) zu kontrollieren. Eine Vorherrschaft im Handel wiederum führt zur Kontrolle der Finanzbereiche Bankwesen (Wechselgeschäfte, Einlagen und Kredit) und Investitionen (Direkt- und Portfolio-Investitionen). Diese sektorale Überschneidung stellt sich nacheinander ein, allerdings mit zeitlichen Überschneidungen. In derselben Reihenfolge (vom Produktions-, über den Handels- zum Finanzsektor) scheint der Vorsprung auch wieder *verloren zu gehen*, ebenfalls größtenteils nacheinander. Daraus folgt, dass eine bestimmte Zentrums-Macht wahrscheinlich nur für ganz kurze Zeit ihre Überlegenheit *gegenüber allen anderen Zentrums-Mächten zugleich* im Produktions-, Handels- und Finanzbereich ausspielen kann. Diesen kurzen Höhepunkt bezeichnen wir als Hegemonie. Im Falle Hollands (beziehungsweise der Vereinigten Niederlanden) fiel dieser Moment wahrscheinlich in den Zeitraum zwischen 1625 und 1675" (Wallerstein 1998: 39).

Bevor wir auf Wallersteins Analyse des niederländischen Hegemonialzyklus eingehen, erscheint es sinnvoll, kurz auf den Unterschied zwischen Hegemonie und Imperium hinzuweisen. Hegemonie wird an anderer Stelle definiert als „die relativ große Überlegenheit einer Macht des Zentrums über andere Zentralmächte, und zwar so, dass keine zweite Macht und kein Zusammenschluss zweier Mächte imstande erscheinen, die wirtschaftliche Überlegenheit der stärksten Zentralmacht effektiv anzutasten. [...] Der Unterschied zwischen ‚Hegemonialmacht' und ‚imperialistischer Macht' besteht darin, dass erstere primär über den Markt wirkt – wenn auch gewiss nicht ausschließlich, da immer auch politisch-militärische und kulturelle Komponenten vorhanden sind" (Hopkins/Wallerstein 1979: 164).[9]

Während sich der Begriff der Hegemonie auf eine Konstellation bezieht, in der ein Staat in einem internationalen System eine wirtschaftliche Führungsposition einnimmt, ohne die politische Unabhängigkeit anderer Staaten des Systems prinzipiell in Frage zu stellen, bezieht sich der Begriff des Imperiums oder Weltreichs auf eine Konstellation, in der eine dominierende politische Einheit andere in ihren Herrschaftsbereich gezwungen hat und im Rahmen eines einzigen politischen Systems direkt oder indirekt beherrscht. Sinnvoll erscheint der Vorschlag von Dole (1984: 81), den Begriff des Imperiums auf Beziehungen zwischen Zentrum und Peripherie anzuwenden und den der Hegemonie im Unterschied dazu auf Beziehungen zwischen Staaten des Zentrums, von denen einer deutlich stärker sein muss als die anderen. Demzufolge kann ein Staat gleichzeitig Imperium (in Übersee) und Hegemonie (in Europa) sein (wie das Reich der Habsburger zwischen 1450 und 1559 oder die niederländische Republik von 1625 bis 1675). Ein Staat kann auch über ein überseeisches Handels- oder Kolonialreich verfügen, ohne in Europa eine hegemoniale Position einzunehmen (wie Portugal im 16. Jahrhundert). Allerdings hat es keine europäische Hegemonialmacht ohne überseeisches Imperium gegeben. (Die Hegemonie der USA im 20. Jahrhundert weicht von dem europäischen Muster deutlich ab.)

Dem Muster des Hegemonialzyklus entsprechend, untersucht Wallerstein, wie sich die Niederländer zunächst im Produktionsbereich, dann im Handel und schließlich im Finanzwesen einen Vorsprung gegenüber den anderen europäischen Nationen erarbeiteten. Trotz ungünstiger Umweltbedingungen gelang es den Niederländern, eine leistungsfähige Landwirtschaft aufzubauen. Bei intensiver Nutzung der großenteils dem Meer abgerungenen und mit Windmühlen entwässerten Flächen spezialisierten sie sich auf Produkte, die besondere Kenntnisse erforderten und hohe Profite abwarfen. „Gewerbepflanzen" wie Flachs, Hanf, Hopfen, Färbepflanzen, Obst und Gartenpflanzen wurden im Land erzeugt, Getreide in großen Mengen importiert. Komparative Vorteile erarbeiteten sich die Niederländer auch im Fischfang. Mit neuartigen Fischerbooten (*haringbuis* oder Büse) und „Fabrikschiffen", auf denen die frisch gefangenen Fische schon an

---

[9] An anderer Stelle hebt Wallerstein (2002b: 357) auf die Macht zur Durchsetzung einer neuen politischen Ordnung ab, wenn er eine Hegemonialmacht definiert als einen Zentrumsstaat, der in der Lage ist, dem zwischenstaatlichen System sein Regelwerk aufzuzwingen und dadurch vorübergehend eine neue politische Ordnung zu schaffen.

Bord verarbeitet wurden, dominierten sie nicht nur die Heringsfischerei in der Nordsee („große Fischerei"), sondern auch den Kabeljaufang um Island sowie den Walfang vor Spitzbergen. „Die Bedeutung der Fischerei lag nicht nur in solchen *forward linkages*, sondern auch in *backward linkages* wie etwa der Erzeugung von Netzen", der Entwicklung einer innovativen Schiffbauindustrie mit mechanisierter Serienfertigung und dem Seetransport. Die Größe der niederländischen Transportflotte verzehnfachte sich von 1500 bis 1700. „Im Jahre 1670 etwa verfügten die Niederländer über dreimal so viel Schiffsraum wie die Engländer und über mehr als England, Frankreich, Portugal, Spanien und die deutschen Staaten zusammengenommen. Noch höher lag der Prozentsatz bei jenen Schiffen, die in den Niederlanden *gebaut* worden waren" (Wallerstein 1998: 48).

Leitsektor im Bereich der industriellen Produktion war die Textilindustrie. Aus England wurde ungefärbtes und unbehandeltes englisches Tuch importiert, in niederländischen Textilbetrieben, vor allem in Leiden, gefärbt und veredelt und als Fertigware wieder nach England exportiert. Neben der Textilindustrie waren Zuckerraffinierung und Rüstungsproduktion bedeutende Industrien. „Erst auf der Grundlage dieser Produktionseffizienz war es den Vereinigten Niederlanden möglich, ihr Handelsnetz aufzubauen und sich als das ‚Lagerhaus der Welt' zu etablieren" (Wallerstein 1998: 48). Das Handelssystem der Niederländer umfasste Ostindien, die Levante und den Atlantik. In Ostindien wurden die Portugiesen verdrängt, im Levantehandel übernahmen die Niederländer die traditionelle Rolle Venedigs, im Atlantik waren sie am Aufbau des Dreieckhandels (zwischen Europa, Amerika und Afrika) beteiligt. Während die Niederländer sich mit ihrer 1602 gegründeten Vereinigten Ostindischen Companie (VOC), dem „Prototyp einer kapitalistischen Handelsgesellschaft", in Asien erfolgreich gegen den „Kronmonopolismus" (Wendt) der Portugiesen durchsetzen konnten, war ihr atlantisches Gegenstück, die Westindische Companie (WIC), den Briten und Franzosen auf Dauer nicht gewachsen.

„Fügt man die einzelnen Teile zusammen, so lässt sich daraus schließen, dass die längsten Handelsrouten – Süd- und Südostasien, die Levante, ja selbst der christliche Mittelmeerraum und der Atlantikhandel – natürlich wichtig, aber letztlich zweitrangig waren. Entscheidend dafür, dass die Niederländer zwischen den zwanziger Jahren des 17. Jahrhunderts (vielleicht schon seit dem letzten Jahrzehnt des 16. Jahrhunderts) und den sechziger Jahren des 17. Jahrhunderts den Handel der europäischen Weltwirtschaft dominierten, ‚blieb der traditionelle Warenaustausch zwischen Nord- und Westeuropa'" (Wallerstein 1998: 59). *Moedernegotie*, Muttergeschäft der Niederlande, blieb der Ostseehandel. Die größten Profite wurden allerdings nicht im maritimen Transportgeschäft verdient, sondern „auf dem riesigen Stapelplatz Amsterdam bei der Lagerung und beim Verkauf der Waren" auf der Grundlage hoch effizienter Organisationsformen (Wallerstein 1998: 60).

Teil dieses Handelssystems war auch der Finanzsektor. „Die finanzielle Stärke entwickelte sich in drei aufeinander folgenden Stufen: 1) Die produktive und finanzielle Stärke innerhalb der Weltwirtschaft schuf die Basis für eine solide öffentliche Finanzwirtschaft. 2) In Verbindung mit einem weltumspannenden Handelsnetz ermöglichte dieses solide öffentliche Finanzwesen, dass das geographische Zentrum des internationalen Zahlungssystems sowie des Geldmarktes in Amsterdam lag – speziell angesichts der verlangsamten Weltkonjunktur und der damit verbundenen Geldwertschwankungen. 3) Die Stärke in Produktion und Handel, zusammen mit der Kontrolle über den internationalen Geldmarkt, erlaubte es den Niederlanden, Kapital zu *exportieren*. Dadurch konnten sie von Produktionserträgen leben, die weit über das hinausgingen, was sie selbst erzeugten, und das auch nach der großen Zeit der niederländischen Produktion" (Wallerstein 1998: 62f.).

Nun ist eine überlegene Wirtschaft nach Wallersteins Konzeption nur eine notwendige, keine hinreichende Voraussetzung für die Erlangung einer hegemonialen Position im Weltsystem. Diese erfordert zudem komparative Vorteile in drei weiteren Machtbereichen: neben der Wirtschaft auch im Bereich der Politik, des Militärs und der Kultur. Politische Macht verkörpert sich in einem „starken Staat", d. h. einem Staat, der erstens die Unternehmer des eigenen Landes dabei unterstützt, sich auf dem Weltmarkt zu behaupten (Merkantilismus), der zweitens in der Lage ist, die Konkurrenzfähigkeit anderer Staaten zu beeinflussen (militärische Macht), der drittens über genüg finanzielle Mittel verfügt, diese kompetitiven und militärischen Aufgaben zu erfüllen, ohne dass dabei die Kosten die Profite übersteigen (Staatsfinanzen), der viertens über ein effizientes Verwaltungssystem verfügt, das die schnelle Umsetzung taktischer Entscheidungen ermöglicht (Bürokratie) und fünftens in der Lage ist, Klassenkampf und Interessenausgleich so zu kanalisieren, dass es innerhalb der herrschenden Schichten immer zu einem funktionierenden „hegemonialen Block" auf einer stabilen Grundlage kommt (Wallerstein 1998: 129f.).

An diesen Kriterien gemessen, hatten die Vereinigten Niederlande Wallerstein zufolge einen starken Staat. Hebt man hingegen auf effiziente Bürokratie und stabile Herrschaftsverhältnisse ab, dann zeigte der niederländische Staat erhebliche Schwächen. Ein einheitliches Handeln der „Generalstaaten" wurde durch dezentrale politische Strukturen und komplizierte Abstimmungsverfahren, die den Streitereien zwischen den Provinzen Vorschub leisteten, erschwert und verzögert. Offenbar benötigten die Niederlande für ihren kommerziellen Erfolg keinen starken Staat. „If decentralization was advantage, it was only because a strong state was not essential to Dutch commercial success" (Lang 1982: 262). Kritiker wie John W. Meyer (1982: 264) werfen Wallerstein vor, dass er unnötigerweise die Fähigkeit zu kollektivem Handeln mit einem starken Staat gleichsetzt. Es komme weniger auf die Organisationsform des Staates an, als auf die Fähigkeit zu effektivem kollektiven Handeln, und unter diesem entscheidenden Aspekt könnten die „Generalstaaten" mit ihren Provinzialversammlungen den bürokratischen und zentralistischen Staatsapparaten Frankreichs und Englands überlegen gewesen sein. Löst man diese Gleichsetzung auf und unterscheidet man zwischen Staatsapparat und politischem System, kann man argumentieren, dass die Holländer zwar über einen im Vergleich zu den absoluten Monarchen Englands und Frankreichs schwachen Staatsapparat verfügten, dafür aber über ein insgesamt „starkes" politisches System, in dem die Interessen der Kaufleute mit denen des Gemeinwohls zumeist in Einklang gebracht werden konnten.

Nach der Logik des europäischen Staatensystems, das sich mit dem Scheitern des Imperiums der spanischen Habsburger (zu dem die Niederlande in erheblichem Maße beigetragen hatten) gefestigt hatte, zieht eine Hegemonialmacht unweigerlich die Konkurrenz anderer Staaten des Zentrums auf sich. Tatsächlich erwuchsen den Niederlanden in der Mitte des 17. Jahrhunderts mit Frankreich und England mächtige Rivalen im Kampf um die Führung im Weltsystem. Wallerstein unterscheidet drei Phasen hegemonialer Kämpfe im Zentrum: In Phase I (1651–1689) geriet die niederländische Hegemonie unter den Druck der Engländer und Franzosen. In Phase II (1689–1763) konkurrierten England und Frankreich um die Vorherrschaft im Weltsystem, an deren Ende sich England als neue Hegemonialmacht durchgesetzt hat (Wallerstein 1998: 283 f.). In Phase III (1763–1815) gelang es England unter Bedingungen einer nun wieder expandierenden Weltwirtschaft endgültig, „Frankreich ökonomisch, politisch und militärisch, mit einem Wort auf allen Ebenen endgültig hinter sich zu lassen" (Wallerstein 2004b: 80).

Im vorliegenden zweiten Band werden die hegemonialen Auseinandersetzungen im Zentrum in den Kapiteln 3 (Phase I) und 6 (Phase II) behandelt. (Die Darstellung der Phase III folgt im zweiten Kapitel des dritten Bands). Zwischen die beiden Kapitel über die Auseinandersetzungen im Zentrum hat Wallerstein im vorliegenden Band Kapitel über die Entwicklung der Peripherie (Kapitel 4) und der Semiperipherie (Kapitel 5) eingeschoben. Von Wallersteins Organisation des vorliegenden Bands abweichend, werden im Folgenden zunächst die beiden Phasen der hegemonialen Auseinandersetzungen im Zentrum behandelt und danach die Entwicklungen in Peripherie und Semiperipherie.

Im dritten Kapitel werden unter dem Titel „Auseinandersetzungen im Zentrum – Phase I" zunächst in ereignisgeschichtlicher Manier die vielen hegemonialen See- und Landkriege zwischen den Vereinigten Niederlanden und ihren Herausforderern England und Frankreich beschrieben. Sie beginnen 1651 mit dem ersten von drei See- und Handelskriegen zwischen den Niederlanden und England, erweitern sich 1667 mit der Invasion der Niederlande durch Frankreich zu einem Territorialkrieg und führen schließlich zu lang andauernden Ausscheidungskämpfen zwischen England und Frankreich um die Nachfolge der Niederlande als Hegemonialmacht. Wallerstein hebt die Bedeutung des Jahres 1672 hervor, in dem die Niederländer zwei separate Kriege gegen England zur See und gegen Frankreich zu Land führen mussten, in dem die beiden Herausforderer aber auch dazu übergingen, gegeneinander Krieg zu führen. „Die wirkliche Bedeutung des Jahres 1672 liegt darin, dass die Niederlande bis dahin (beginnend im Jahr 1651) sowohl von England als auch von Frankreich als Hauptrivale betrachtet wurden. Nun richtete sich deren Aggressionen vorwiegend gegeneinander, und die Niederlande wurden trotz ihrer weiterhin bestehenden wirtschaftlichen Stärke zu einem zweitrangigen Faktor" (Wallerstein 1998: 88).

Wallerstein hätte die vielen verwirrenden Auseinandersetzungen im Zentrum als Konsequenz der Logik des europäischen Staatensystems (im Kontinuum von Gleichgewicht und Hegemonie) erklären können, was ihn jedoch (an dieser Stelle) mehr interessiert, ist die auf das (engere) Problem der Hegemonie zugespitzte Frage nach deren Voraussetzungen und Verlaufsform. Dem entsprechend werden (wie im vorherigen Kapital am Beispiel der Niederlande) nun die wirtschaftlichen, politischen, militärischen und kulturellen Potenziale Englands und Frankreichs vergleichend analysiert.

Bei dem Vergleich von Landwirtschaft und Industrie kommt Wallerstein zu dem Ergebnis, das beide Länder im Großen und Ganzen einander ebenbürtig waren. Im Bereich der Landwirtschaft gab es zwischen England und Nordfrankreich – aus guten Gründen bezieht Wallerstein nur die nordfranzösische Landwirtschaft, die sogenannten *cinque grosses fermes*, die ein einheitliches Zollgebiet darstellten und annähernd die gleiche Fläche wie England umfassten, in den Vergleich mit England ein – nur geringfügige Unterschiede hinsichtlich der Struktur des Grundbesitzes und der landwirtschaftlichen Produktivität; beide Regionen wiesen mehr Ähnlichkeiten als Unterschiede auf. Für die Industrie gilt, mit Einschränkungen, die überkommene Ansicht, der zufolge England im Vorteil war, weil es den Weg der privatwirtschaftlich kontrollierten Massenproduktion für Massenkonsum eingeschlagen hatte, während das Colbertistische Frankreich noch stark der staatlich kontrollierten Produktion von Luxuswaren verhaftet blieb.

Einen entscheidenden Unterschied gab es im Bereich des Handels. England war wie Holland wegen des Mangels an Rohstoffen und einer überschüssigen Industrieproduktion zum Handel gezwungen, während Frankreich aufgrund seines Reichtums an Ressourcen und seines großen Absatzmarktes keine so starken Impulse für Außenhandel verspürte. Während England seine Vorteile in Seefahrt und Außenhandel suchte und sich benötigte Ressourcen wie *naval stores* und Eisen im Ausland beschaffte, reichten Frankreichs inländische Ressourcen aus, um seine wirtschaftlichen Bedürfnisse zu befriedigen. Zudem repräsentierte Frankreich mit seiner weitaus zahlreicheren Bevölkerung einen sehr viel größeren Binnenmarkt, so dass die französische Industrie sehr viel weniger Anreize und Gründe hatte, sich im Außenhandel zu engagieren.

In dem letztlich erfolgreicheren britischen Pfad der Konzentration auf den Außenhandel erkennt Wallerstein (1998: 117 f.) eine gewisse Eigendynamik: „Aus der Notwendigkeit, Handel zu treiben, ergab sich ein Bedarf an Schiffen, dann an Schiffsausrüstung, dann an Produkten, um damit Schiffsausrüstung zu kaufen, und schließlich an Käufern in den Kolonien, um so die wachsende Produktion absetzen zu können. Die Mengen, um die es dabei ging, lassen vielleicht sogar verständlich werden, warum die Briten den Dreieckshandel aufbauten und nicht die Franzosen. Bedingt durch die größere Zahl von Schiffen schenkte man gewissen Phänomenen größere Aufmerksamkeit, etwa dem Umstand, dass der Handel in *eine* Richtung verlief und die Schiffe nicht ausgelastet waren. Diesbezüglich bot der Dreieckshandel eine Lösung, wodurch sich natürlich der Nutzen der Siedlerkolonien weiter erhöhte. Und schließlich führte der größere Umfang des britischen Atlantikhandels zu einem umfangreicheren Wiederausfuhrhandel, was wiederum in England eine bedeutende antimerkantilistische Lobby entstehen ließ. Vielleicht erklären sich dadurch die unterschiedlichen Entwicklungen im 18. Jahrhundert."

Was den Finanzsektor betrifft, zeichnete sich bereits an der Wende zum 18. Jahrhundert eine Tendenz zur Verlagerung des Weltfinanzzentrums von Amsterdam nach London ab. Wallerstein (1998: 328) zufolge begannen die Niederländer um diese Zeit damit, ihr Geld vermehrt in England anzulegen. Dies ermöglichte es dem englischen Staat, die Kreditkosten niedrig zu halten. „Im Grunde hätten sich die Engländer ihr Geld so wie die Franzosen im eigenen Land beschaffen können, aber durch die niederländischen Investitionen wurde England in die Lage versetzt, seine Kriege so führen zu können, dass sie für seine Industrie nur eine minimale Erschütterung darstellten. Das symbiotische Arrangement zwischen einer früheren Hegemonialmacht und dem neuen Stern am Himmel verschaffte jener ein würdiges Ruheeinkommen und diesem in der Auseinandersetzung mit seinem Rivalen den entscheidenden Rückenwind" (Wallerstein 1998: 328).

Schließlich kommt auch wieder die Art und Stärke der jeweiligen Staatsapparate ins Spiel. Vereinfacht gesagt, verfügte das absolutistische Frankreich zwar in Begriffen bürokratischer Verwaltung über einen starken Staat, doch konnten sich die kommerziellen Interessen dort weniger gut durchsetzen als in England, wo die Kaufleute im Parlament stark repräsentiert waren. In England unterstützte ein starker Staat die Ausweitung der Handelsaktivitäten, in Frankreich unterwarf eine absolutistische Bürokratie die Wirtschaft politischen (Großmacht-)Interessen.

Einen signifikanten Unterschied gab es auch im Bereich der militärischen Rüstung. Während die Binnenorientierung der französischen Wirtschaft und der Schutz der langen Grenzen starke Landstreitkräfte erforderten, benötigte die außenhandelsorientierte Wirtschaft Englands zu ihrem Schutz starke Seestreitkräfte. Je mehr sich nun der Wettbewerb der Staaten über Europa hinaus auf überseeische Regionen erstreckte, umso größer waren die strategischen Vorteile Englands mit seiner weltweit operierenden Flotte. Alles in allem gesehen, erscheinen die Vorteile Englands gegenüber Frankreich nicht erdrückend, so dass es sich in der ersten Phase des Ringens um Hegemonie lediglich um einen Etappensieg mit nicht allzu großem Vorsprung handelte.

Im sechsten Kapitel wird der englisch-französische Hegemonialkampf in seiner zweiten Phase dargestellt. Wallerstein (1998: 284) begründet die von 1689 bis 1763 reichende Periodisierung damit, dass sie „eine Zeit ununterbrochener englisch-französischer Rivalität umfasst, [...] aus einer Reihe beinahe endloser Kriege zu bestehen" schien, deren Arena sich über Europa hinaus auch auf die Semiperipherie, Peripherie und externen Zone der Weltwirtschaft erstreckte. Zum ersten Mal begegnen wir in dieser Phase dem Phänomen des Weltkriegs.

Als der Statthalter der Niederlande, Wilhelm III. von Oranien, im Jahr 1689 als Wilhelm der III. König von England, Schottland und Irland wurde, wandelte sich Frankreichs Krieg gegen die Vereinigten Niederlande zu einem Krieg gegen England, den England mit der Schlacht von Barfleur 1692 für sich entschied. 1701 brach der Spanische Erbfolgekrieg (1701–1714) aus. „Natürlich wurde der Krieg darum geführt, wer in Spanien herrschen sollte; auf einer grundsätzlicheren Ebene ging es jedoch darum, was mit dem Handel des spanischen Reichs geschehen würde" (Wallerstein 1998: 296). Im Frieden von Utrecht (1713) fiel die spanische Thronfolge den französischen Bourbonen zu und der *asiento*, das Monopol auf den Sklavenhandel in Spanisch Amerika, den Engländern. Die Niederlande erhielten die *„Barrière"*, Sperrfestungen zum Schutz vor französischen Invasionen. Nach einer Phase relativ längeren Friedens brach 1740 der Österreichische Erbfolgekrieg (1740–1748) aus, der von England weniger aus Gründen des Kräftegleichgewichts, als im Interesse seines Handels geführt wurde. Im Frieden von Aachen (1748) wurde zwar der *status quo ante bellum* weitgehend wiederhergestellt, doch kam das internationale Übereinkommen den britischen Handelsinteressen sehr zustatten. Nur wenige Jahre später brach der Siebenjährige Krieg aus, in Amerika 1754, in Europa 1756. „Die Niederländer versuchten, neutral zu bleiben, britischer Druck zwang sie allerdings dazu, ihre Handelsbeziehungen zu Frankreich einzuschränken. Spanien geriet in Versuchung, sich Frankreich anzuschließen, um auf diese Weise endlich die Privilegien der Briten aufheben zu können; aber es nützte den Franzosen nichts. Der Friede von Paris 1763 bedeutete, dass Großbritannien im hundertjährigen Kampf gegen Frankreich endgültig die Oberhand gewonnen hatte" (Wallerstein 1998: 299).

Im Zusammenhang mit dem 1698 begonnenen englisch-französischen Krieg diskutiert Wallerstein die Bedeutung militärischer Macht und Strategie als unmittelbar relevanter Faktoren im hegemonialen Krieg. Die Rivalen mussten eine Wahl treffen, ob sie den Krieg zu See und/oder zu Lande führen wollten. Wie bereits erwähnt, war es „nur natürlich, dass die Engländer in Richtung Kriegsmarine tendierten und die Franzosen in Richtung Armee. Angesichts der Weiträumigkeit Frankreichs und seiner sowohl politisch als auch wirtschaftlich relativ mangelhaften Integration nach innen scheint dem Land wohl kaum eine andere Wahl geblieben zu sein – auch wenn innerhalb der kapitalistischen Weltwirtschaft die Seeherrschaft stets das zentrale Glied jener Tauschkette darstellt, die das Anhäufen von Reichtümern ermöglicht" (Wallerstein 1998: 288).

Im Bereich der militärischen Strategie war England also eindeutig im Vorteil, aber galt das auch für die anderen Grundlagen hegemonialer Machtentfaltung? Um diese Frage zu beantworten, vergleicht Wallerstein wieder die machtpolitisch relevanten Potenziale der rivalisierenden Staaten: Demographie, Nahrungsmittelversorgung und Ernährung, Industrieproduktion und Wirtschaftspolitik, Binnenmarkt und Außenhandel, Finanzsystem, Stärke des Staates, gesellschaftliche Spaltungen und Kompromisse. Nach Abwägung aller Faktoren kommt er zu dem Ergebnis, dass es an „der relativen Stärke des englischen Staates lag, [...] dass England zwischen 1750 und 1815 in der Lage war, Frankreich entscheidend hinter sich zu lassen – und nicht daran, dass sich die beiden Staaten in ihrem Wertesystem oder daran, wie sie ihre Produktion zwischen 1600 und 1750 organisierten, markant unterschieden hätten" (Wallerstein 1998: 337).

Eingeschoben zwischen die erste und zweite Phase der Auseinandersetzungen im Zentrum behandelt Wallerstein im vierten und fünften Kapitel die Auswirkungen der internationalen Machtkämpfe und der weltwirtschaftlichen Wachstumsschwäche auf die Verhältnisse in Peripherie und Semiperipherie. Im vierten Kapitel umreist Wallerstein zunächst ein allgemeines Muster der Reaktion der Peripherie auf das verlangsamte Wachstum, um dieses dann im Hinblick auf die verschiedenen Gebiete der Peripherie – Osteuropa, Teile des Mittelmeerraums, Spanisch-Amerika und Karibik – zu spezifizieren. Um ihr Nettoeinkommen aufrechtzuerhalten, können die Erzeuger landwirtschaftlicher Exportgüter auf sich verschlechternde Weltmarktbedingungen auf zweierlei Weise reagieren: Sie können versuchen, das Exportvolumen zu erhöhen und/oder die Produktionskosten zu senken. Beide Strategien können kurzfristig erfolgreich sein, langfristig aber zur Schwächung des Systems führen. Und genau dieses Muster lässt sich in den wichtigsten Peripherien der Weltwirtschaft nachweisen.

In der osteuropäischen Peripherie breitete sich die so genannte „Zweite Leibeigenschaft" aus, bei der die Magnaten auf ihren Gütern die Zwangsarbeit verschärften und Ländereien zukauften, um damit Konkurrenten auszuschalten. Zunehmende Landkonzentration ging Hand in Hand mit einer Ausdehnung der Frondienste. Begünstigt wurde die Dominanz der Magnaten durch die Schwäche der staatlichen Strukturen. Im Unterschied zum Zentrum, in dem sich „starke Staaten" bildeten, setzten sich in großen Teilen der osteuropäischen Peripherien „Adelsrepubliken" durch, die die schwachen politisch-administrativen Strukturen zu ihrem Vorteil auszunutzen verstanden. Wallerstein (1998: 166 f.) fasst den Unterschied zwischen westeuropäischem Zentrum und osteuropäischer Peripherie so zusammen: „Der weltweite Konjunkturabschwung führte in den Staaten des Zentrums dazu, den Weg des Nationalismus (Merkantilismus) und des

Verfassungskompromisses innerhalb der Oberschicht einzuschlagen, wodurch das Aufstandspotential der Unterschichten reduziert wurde. Im Gegensatz dazu bedeutete die Schwäche der osteuropäischen Staaten, dass sie weder die Vorteile einer merkantilistischen Taktik ins Auge fassen noch einen Kompromiss innerhalb der Oberschicht *absichern* konnten. Dies führte dazu, dass sich in der Peripherie der Klassenkampf verschärfte, dass Regionalismus zunahm, Nationalbewusstsein hingegen abnahm, dass man sich auf die Suche nach Sündenböcken im Inneren machte und dass die Bauernschaft heftigen Widerstand leistete. Das gleiche galt mutatis mutandis für die alten peripheren Regionen in Südeuropa sowie für Amerika" (Wallerstein 1998: 166 f.) und auch für den christlichen Mittelmeerraum.

Während Wallerstein nach der ausführlichen Analyse der osteuropäischen Peripherie die Verhältnisse in der mediterranen Peripherie nur äußerst knapp umreißt, setzt er sich wieder relativ intensiv mit den Strukturen und Funktionen in Spanisch-Amerika und im karibischen Raum auseinander. In Lateinamerika vernichteten die Spanier die Reiche der Azteken und Mayas und ersetzten deren Herrschaftsstrukturen durch koloniale Bürokratien. Vom weit entfernten Mutterland aus gesteuert, erwiesen diese sich als zu schwach, um die Entwicklung der Agrarverhältnisse und Arbeitsformen in den Kolonien in die gewünschten Bahnen zu lenken. Unter Bedingungen verlangsamten Wachstums wurden die kapitalistischen Sektoren des spanischen Mutterlandes und die Spanisch-Amerikas zu erbitterten Konkurrenten, dies umso mehr, als der spanische Staat versuchte, die Indianer vor excessiver Ausbeutung auf den Haziendas zu schützen, den spanischen Siedlern erhöhte Steuern abzufordern (wodurch ein Teil des Surplus aus Amerika abgezogen wurde) und den Handel zwischen den Kolonien einzuschränken. Im Unterschied zu Osteuropa war die Landwirtschaft Spanisch-Amerikas nicht auf den Export ausgerichtet, sondern auf die binnenländischen regionalen Märkte und stand zunächst im Schatten des Silbers als weitaus wichtigstem Exportprodukt. Erst als der Silberboom abflaute, gewann die Landwirtschaft an Bedeutung, und da sie sich an den regionalen Märkten orientierte, wurde der Transatlantikhandel doppelt getroffen.

Diese Entwicklung wurde teilweise kompensiert durch die Inkorporation „neuer Peripherien", „wo ausschließlich Waren produziert wurden, die man in den Ländern des Zentrums unmöglich erzeugen konnte. Bei jener neuen peripheren Region handelt es sich um den (erweiterten) karibischen Raum, der sich von Nordostbrasilien bis Maryland erstreckte und hauptsächlich Zucker, Tabak und Gold lieferte. Den wirtschaftlichen Gewinn teilten sich die Vereinigten Niederlande, England und Frankreich, also die drei Staaten des Zentrums, wobei die Niederlande bis 1650, die Engländer danach und vor allem ab etwa 1690 stärker profitierten" (Wallerstein 1998: 194).

Im Unterschied zu Spanisch-Amerika (das zusammen mit dem Osten und dem äußersten Süden Europas die „alte Peripherie" bildete), war die neue Peripherie von Anfang an eine Arena des europäischen Staatenwettbewerbs. „Im Bestreben, den Rückgang der eigenen Wirtschaftstätigkeit möglichst gering zu halten, bricht zwischen den Mächten des Zentrums ein heftiger Konkurrenzkampf aus. Dieser äußert sich zum Teil darin, dass sie Peripheriegebiete ihrer präventiven Kontrolle zu unterwerfen trachten. Sie errichten Kolonien und versuchen zugleich, sich gegenseitig daran zu hindern, was zu erbitterten Kolonialkriegen führt. Und sie sind bestrebt, den Weltmarkt so zu strukturieren, dass leichter zu kontrollierende Gebiete gegenüber schwerer zu kontrollierenden begünstigt werden (Amerika gegenüber Ost- und Südeuropa). Erweist es sich als zu kostspielig, das Territorium schwächerer Kolonialmächte gänzlich zu übernehmen, so bemüht man sich mitzuschmarotzen, wie dies gegenüber dem spanischen und dem portugiesischen Weltreich in hohem Maße praktiziert wurde. Als die weltweite Kontraktion einsetzte, richteten also sowohl Engländer als auch Franzosen und Niederländer ihre Aufmerksamkeit auf die Karibik, um sich dort vor den jeweils anderen festzusetzen" (Wallerstein 1998: 183).

Wichtiger als der auf die Beseitigung des spanischen Monopols im Karibikhandel gerichtete Schmuggel, war der mehr oder weniger legale Handel mit Zucker, der eine Domäne der Engländer wurde. Ausführlich beschreibt Wallerstein Produktion und Handel dieses ebenso begehrten wie profitablen Weltwirtschaftsguts, das auf Sklavenarbeit basierende Plantagensystem und das von Plantagenbesitzern in der Karibik und Kaufleuten in England unter Ausschaltung der anfänglich als Mittelsmänner fungierenden Händler der Peripherie betriebene Handelsnetz. Das Kapitel endet mit dem am stärksten nachwirkenden Aspekt dieses Komplexes: der Ersetzung europäischer Vertragsarbeiter durch zwangsweise aus Afrika importierte Arbeitssklaven – ein Vorgang, der mit der feudalen Reaktion in Osteuropa wohl kaum vergleichbar ist.

Obwohl Wallerstein sich relativ ausführlich mit der Lage der amerikanischen Peripherie auseinandersetzt, ist dies nach Ansicht eines (amerikanischen) Kritikers zu undifferenziert und einseitig ausgefallen. „The periphery is presumed to be politically weak; evidently, ‚internal politics' is irrelevant to the analysis of colonies. Wallerstein, for example, ignores the way English Americans used the assembly to thwart crown-inspired taxation; and he does not discuss how colonists in Spanish America and Brazil achieved virtual control of the bureaucracy, tuning it to their own ends. Instead, Wallerstein views colonies in standard mercantilist fashion: as exporters of commodities and importers of finished goods. Whatever their politics, it apparently does not make any difference" (Lang 1982: 262).

Im fünften Kapitel geht es um „Semiperipherien am Scheideweg". Dieser Begriff deutet darauf hin, dass es einigen Ländern gelang, ihre relative Position im Weltsystem zu verbessern, während andere eine Verschlechterung hinnehmen mussten. Zu Positionsveränderungen kam es Wallerstein (1998: 205) zufolge „besonders in Momenten eines allgemeinen Konjunkturrückgangs oder in Stagnationsphasen. Im mittleren Bereich der Hierarchie, in der Semiperipherie also, wird eine solche Veränderung in erster Linie durch staatliches Handeln beeinflusst und bewirkt. [...] Dies deshalb, weil gerade der Erfolg des einen die Möglichkeiten und Auswege der anderen verbaut. Im 17. Jahrhundert verloren zahlreiche semiperipheren Gebiete an Boden: Spanien, Portugal, das alte ‚Rückgrad' von Europa (von Flandern über West- und Süddeutschland bis Norditalien). Aber ein paar Gebiete gewannen auch an Boden, vor allem Schweden, Brandenburg-Preußen sowie die ‚nördlichen' Kolonien in Britisch-Nordamerika (New England und die Mittelatlantik-Kolonien)."

Spektakulärstes Phänomen der Epoche war der Niedergang Spaniens als Hegemonialmacht, den Wallerstein nach seinem bekannten Schema von der Landwirtschaft über Gewerbe und Industrie, zu Handel, Finanzen und Staatsmacht beschreibt. Als Ergebnis zahlreicher Defizite im Bereich der Binnen- und Außenwirtschaft, ständiger Kriege und steigender Kriegskosten, wiederholter Staatsbankrotte sowie der geringeren Dynamik im Vergleich zu Nordwesteuropa, entwickelte Spanien sich während des 17. Jahrhunderts „zu einem recht fremdbestimmten Förderband zwischen dem Zentrum und den spanischen Kolonien" (Wallerstein 1998: 212). In diesen Abwärtssog geriet auch Portugal, das sechzig Jahre lang, von 1580 bis 1640, in der Iberischen Union mit Spanien „gefangen" war und sein Handelsimperium an die Niederlande verlor, und bis zu einem gewissen Grad auch das alte „Rückgrad" Europas, dessen traditionelle Gewerbeproduktion sich im Zeichen des Verlagssystems von den zünftig reglementierten Städten auf das „freie" Land verlagerte, ohne sich dadurch dem Niedergang entziehen zu können.

Für andere Regionen erwies sich die lange Stagnationsperiode des 17. Jahrhunderts als Chance zum Aufstieg, vor allem für Schweden. „Dieser Staat schuf eine Armee, die gefürchtet war. Er hielt die Habgier der Grundbesitzerklasse im Zaum und manövrierte deren Mitglieder in den Staatsdienst. Er baute eine durchaus bedeutende Eisenindustrie und eine respektable Handelsflotte auf. Er hinderte England – zumindest vorläufig – daran, im Ostseeraum den Abstieg der Niederlande dazu zu nützen, die Vorrechte zur Gänze zu übernehmen. Verglichen mit Spanien und Portugal (von Polen und Ungarn ganz zu schweigen), war Schweden ein starker Staat, in vieler Hinsicht beinahe so stark wie der französische, allerdings bei weitem schwächer als der englische oder niederländische. [...] Wirtschaftlich gesehen gelang Schweden der Aufstieg in jene Position, auf die Spanien und Portugal absanken: die des Mittlers zwischen Peripherie und Zentrum" (Wallerstein 1998: 252 f.). Später gelang dies auch Brandenburg-Preußen und in kleinerem Maßstab den nördlichen Kolonien Britisch-Amerikas. In allen Fällen war die Ausnutzung der heftigen Rivalität zwischen den Staaten des Zentrums ein wesentlicher Faktor beim Aufstieg in die Semiperipherie.

Zusammenfassend lässt sich festhalten: „Der Zeitraum zwischen 1600 und 1750 war von den Bemühungen Englands und Frankreichs geprägt, zunächst die niederländische Hegemonie zu zerstören und dann selbst die Führungsposition zu übernehmen. In dieser langen Phase relativer Stagnation (relativ zur markanten wirtschaftlichen Expansion des langen 16. Jahrhunderts) erlebten die Peripherien eine extrem verschärfte Ausbeutung der unmittelbaren Produzenten, während sich gleichzeitig der Vorteil der einheimischen Ausbeuterschichten reduzierte (im Vergleich zu entsprechenden Schichten in den Ländern des Zentrums). Die Geschichte der semiperipheren Länder war eine weitaus komplexere. Die Staaten des Zentrums waren bestrebt, sie zu Vermittlern zwischen Zentrum und Peripherie zu machen, zu Förderbändern, mit denen der Mehrwert transferiert werden konnte. Im Großen und Ganzen hatten sie damit Erfolg, aber angesichts der heftigen Rivalität innerhalb des Zentrums gelang es einigen Nationen, ihre relative Position zu verbessern. Zunächst war dies bei Schweden der Fall, später bei Brandenburg-Preußen, und in kleinerem Maßstab traf dies auch auf die nördlichen Kolonien Britisch-Nordamerikas zu" (Wallerstein 1998: 282).

3.3 Das moderne Weltsystem III: Die große Expansion – Die Konsolidierung der Weltwirtschaft im langen 18. Jahrhundert

Wallerstein sieht das „lange 18. Jahrhundert" (1730–1840er) von vier großformatigen Entwicklungen geprägt: Nach der Phase der Konsolidierung der europäischen Weltwirtschaft im 17. Jahrhundert kommt es zu einer erneuten Expansion der Weltwirtschaft durch die Inkorporierung ausgedehnter neuer Gebiete, die sich im 16. Jahrhundert in der externen Zone befunden hatten: der indische Subkontinent, das Osmanische Reich, das Russische Reich und Westafrika. Der zweite langfristige Trend ist die Transformation des Weltsystems durch die Auswirkungen der industriellen Revolution in England und der (politischen) Französischen Revolution, die sich von den Ländern des Zentrums aus mehr oder weniger auf die ganze Welt erstrecken. Das dritte Kennzeichen der Epoche ist die Fortsetzung des im 17. Jahrhundert begonnenen, weltweit geführten Kampfs zwischen Großbritannien und Frankreich um die Hegemonie im Weltsystem, der nun in seine dritte und letzte Phase tritt. Und schließlich beginnt in den beiden Amerikas der Prozess der Dekolonialisierung, der erst im 20. Jahrhundert zum Abschluss kommen sollte.

Wallerstein beginnt die Analyse dieser vier miteinander verwobenen Prozesse mit der „Doppelrevolution" (Hobsbawm 1962: 10 ff.) in den Ländern des Zentrums. Im ersten Kapitel geht es unter der Überschrift: „Industrie und Bourgeoisie" um Kontroversen über die Bedeutung der industriellen und der Französischen Revolution. Ausführlich setzt sich Wallerstein (2004b: 11) mit den ursächlichen Faktoren und Erscheinungsformen der Industrialisierung auseinander: der Steigerung der Nachfrage, die die Mechanisierung rentabel gemacht haben soll; der Verfügbarkeit von Kapital, die wiederum die Mechanisierung ermöglichte; dem Bevölkerungswachstum, das die Proletarisierung vorantrieb; der Agrarrevolution, die die Voraussetzung für das Bevölkerungswachstum schuf; der Veränderung des Landbesitzes, die die Agrarrevolution ermöglichte; der Rolle des Staates in all diesen Prozessen; den veränderten Geisteshaltungen im Unternehmertum.

Die Erscheinungsformen der Industrialisierung werden sektoral (Baumwolle, Eisenerzeugung, Kohle) und organisatorisch (Arbeitsformen und Fabriksystem) diskutiert. Die Diskussion des Forschungsstands mündet in eine grundsätzliche Kritik, „wonach die Konzeption der ‚industriellen Revolution' und ihr unvermeidlicher begrifflicher Begleiter, die ‚erste industrielle Revolution' Großbritanniens in höchstem Grade irreführend sind. Welche Reparaturen an dieser Konzeption auch vorgenommen werden, […] nichts kann sie retten. Denn immer wird sie von der Prämisse ausgehen, dass die britische ‚Überlegenheit' mit einer bestimmten, absoluten Merkmalskonstellation erklärt werden kann. Die Konstellation, die es jedoch in Wirklichkeit auszumachen gilt, ist die relative Stellung innerhalb des weltwirtschaftlichen Rahmens" (Wallerstein 2004b: 51).

In die gleiche – weltsystemische – Richtung zielt auch seine Interpretation der Französischen Revolution. Gegen ihre „klassische" oder „soziale" Interpretation, der zufolge sich die Revolution gegen die feudale Ordnung (und damit die Aristokratie) richtete, eine unentbehrliche Etappe im Übergang zum Kapitalismus (und damit zu Gunsten der Bourgeoisie) war und diese nur mit Hilfe der unteren Klassen („die bestenfalls zweitrangige Nutznießer, im schlechtesten Fall jedoch Opfer" wurden) durchsetzen konnte, stellt Wallerstein (2004b: 59) die „atlantische These". Sie besagt im Wesentlichen, „dass die Französische Revolution nur ein Aspekt eines größeren Ganzen war, nämlich dieser ‚großen Bewegung, welche die gesamte westliche Welt ergriff' […] namentlich die Amerikanische Revolution, aber auch die verschiedenen lateinamerikanischen Revolutionen […]" Über eine sozialstrukturelle Interpretation hinausgehend, betont Wallerstein (2004b: 78 f.) die ideologische und politische Bedeutung der Revolution: „Vom Standpunkt der kapitalistischen Weltwirtschaft aus war die Französische Revolution der Moment, in dem der ideologische Überbau den Anschluss an die ökonomische Basis fand." Zudem stellte sie „die erste der antisystemischen Revolutionen der kapitalistischen Weltwirtschaft dar – im kleinen Ausmaß ein Erfolg, im größeren ein Fehlschlag. Aber der Mythos, den sie verkörperte, ist kein bürgerlicher, sondern ein antibürgerlicher Mythos."

Fraglich ist, welche Bedeutung die beiden Revolutionen für den Hegemonialkampf zwischen Großbritannien und Frankreich hatten, ob die industrielle Revolution Großbritannien begünstigte und die Französische Revolution Frankreich schwächte. Und fraglich ist auch, ob und inwieweit die „bürgerliche Revolution", die Großbritannien mehr als ein Jahrhundert vor Frankreich erlebte, eine Voraussetzung für die „industrielle Revolution" war. Diese Probleme werden in den folgenden Kapiteln innerhalb des weltsystemischen Bezugsrahmens weiter verfolgt.

Im zweiten Kapitel geht es zunächst um die Fortsetzung der Auseinandersetzungen zwischen Großbritannien und Frankreich um Nachfolge der Niederlande als Hegemonialmacht. Der insgesamt mehr als 150 Jahre andauernde Kampf hatte um 1651 mit der vor allem gegen die Niederlande gerichteten englischen Navigationsakte begonnen, hatte im Siebenjährigen Krieg die Züge eines Weltkriegs, den England im Frieden von Paris (1763) wirtschaftlich für sich entscheiden konnte, angenommen, und wurde in seiner dritten Phase (1763–1815) unter Bedingungen einer expandierenden Weltwirtschaft in einer noch größeren Arena fortgesetzt, an dessen Ende Großbritannien eine wirtschaftliche, politische und militärische Vorrangstellung erreicht und sich als Hegemonialmacht durchgesetzt hatte.

An der Schwelle zum 18. Jahrhunderts hatte keiner der beiden Rivalen einen entscheidenden Vorteil. Die Frage, warum sich Großbritannien letztlich gegen Frankreich durchsetzte, führt Wallerstein darauf zurück, dass Großbritannien die Chance dieses neuerlichen Aufschwungs (nach 1792) besser nutzen konnte als Frankreich. Auf dem Gebiet der Landwirtschaft kam es in Frankreich zwischen 1763 und 1789 zu einer Reihe physiokratischer Reformen: Flurbereinigungen, Freigabe der Getreidepreise und agronomischen Neuerungen, die aber nicht den gewünschten Erfolg zeitigten. Im industriellen Bereich zählte vor allem die Baumwollindustrie, und in diesem Führungssektor der Industrialisierung „war Großbritannien im Zeitraum zwischen 1780 und 1840 unbestreitbar in der Lage, auf Kosten aller anderen Länder – und am unmittelbarsten auf Kosten Frankreichs – den Platz eines Zentrums für jenen industriellen Sektor der Weltwirtschaft einzunehmen, der sich durch seine Größe, relativ hohe Mechanisierung und relativ hohe Profite auszeichnete" (Wallerstein 2004b: 112). Im Außenhandel schien Großbritannien durch den 1775 ausgebrochenen Amerikanischen Unabhängigkeitskrieg eine erhebliche Schwächung hinnehmen zu müssen, doch erwies sich die Dekolonialisierung Amerikas für Großbritannien als ein kommerzieller Gewinn, während Frankreich mit seinen Interventionen zugunsten der Amerikaner seine Staatsfinanzen vollends ruinierte und auf die Revolution zusteuerte. „So ergab es sich, dass der Amerikanische Unabhängigkeitskrieg mit dem Frankreich das ‚Totengeläut britischer Größe' anzustimmen gedachte, nunmehr seinen Preis in Form ‚einer Revolution in Frankreich' verlangen sollte: Infolge des Krieges verdoppelte sich die französische Staatsschuld, innerhalb von fünf Jahren war die Monarchie ‚nicht länger kreditwürdig' und im Jahr 1788 beanspruchte der Schuldendienst bereits 50 % des Budgets – der Staat ging dem ‚Bankrott' entgegen" (Wallerstein 2004b: 119 f.).

Nach einer Phase liberaler Experimente in der Spätphase des *ancien régime* kehrte Frankreich im Zuge der Revolution zum Protektionismus zurück, der mit der Kontinentalsperre seinen Höhepunkt erreichte. „Napoleon hoffte, den britischen Handel an mehreren Fronten zu treffen: So wollte er die kontinentaleuropäischen Absatzmärkte für verarbeitete Erzeugnisse sperren, Rohstoffimporte blockieren und die britische Kreditwürdigkeit schwächen (und zwar durch das Herbeiführen einer negativen Zahlungsbilanz, die zu einer Erschöpfung der britischen Edelmetallvorräte und somit zu einem Verlust des Vertrauens in britisches Papiergeld führen sollte). Das einzige Ziel, das zumindest teilweise erreicht wurde, war die Blockade der Absatzmärkte in Europa" (Wallerstein 2004b: 170). Die Rohstoffimporte konnten wegen der überlegenen Seemacht Großbritanniens hingegen nicht behindert werden. „Was die britische Kreditwürdigkeit angelangt, so blieb diese intakt, da die Finanzverbindungen mit dem Kontinent nie wirklich gekappt wurden – ganz zu schweigen von der Tatsache, dass Großbritannien als Zufluchtsort für jenes Kapital, das zuerst vor der Revolution und später vor Napoleons Kontinentalsystem floh, von einem ständigen Edelmetallzufluss profitierte. Auch die Staatsfinanzen Großbritanniens blieben ausgeglichen, was zunächst durch die Einnahmen aus dem erweiterten Außenhandel und später, als die Kriegskosten explodierten, mittels Anleihen und durch erhöhte Steuern gewährleistet werden konnte. Getragen von der Absicht, Industrie und Handel zu schützen, wurde die gestiegene Steuerlast dabei in überproportional hohem Ausmaß dem Landwirtschaftssektor aufgebürdet" (Wallerstein 2004b: 170).

Insgesamt gesehen zeitigte die Blockade zwar durchaus ernsthafte Wirkungen in der britischen Wirtschaft, doch konnte sie aus politischen und militärischen Gründen nicht lange genug aufrechterhalten werden, um Großbritannien entscheidend zu schwächen. Nach dem Ende der Napoleonischen Kriege hatte Großbritannien endgültig die Hegemonie im Weltsystem erlangt. Es hatte die letzten Reste der niederländischen Hegemonie, die Führungsrolle im europäischen Finanzsystem, beseitigt, und außerhalb Europas eine Reihe zusätzlicher maritimer Stützpunkte im atlantischen Raum, im Indischen und im Pazifischen Ozean erworben und damit den Globus strategisch umschlossen.

Neben den beiden Revolutionen und den Hegemonialkämpfen ist die Expansion der Weltwirtschaft durch die Inkorporierung großer, zuvor externer Gebiete in die Weltwirtschaft die dritte Haupttendenz des langen 18. Jahrhunderts. Nachdem Wallerstein im ersten Band die Inkorporierung atlantischer Inseln, kleiner Gebiete an westafrikanischen Küsten und großer Teile der Neuen Welt durch Portugal und Spanien im langen 16. Jahrhundert untersucht hat, analysiert er im dritten Kapitel des dritten Bands die Prozesse der Eingliederung von vier riesigen Gebieten, die sich im 16. Jahrhundert noch in der externen Zone der europäischen Weltwirtschaft befunden hatten und nun im Zeitraum zwischen 1733 und 1817 mehr oder weniger zeitgleich und in ähnlich strukturierten Verläufen in die arbeitsteilige Weltwirtschaft eingebunden wurden: die Inkorporierung des indischen Subkontinents, des Osmanischen Reichs, des Russischen Reichs und Westafrikas.

Der zeitlich ausgedehnte Prozess der Inkorporierung neuer Gebiete lässt sich generell in drei Phasen einteilen (die sich überlappen und miteinander verknüpfen können). In der ersten Phase befindet sich ein zu inkorporierendes Gebiet noch in der Umwelt des Systems, in der externen Zone der kapitalistischen Weltwirtschaft, bei der es sich um eine eigenständige Weltwirtschaft handeln kann. Zwischen einer kapitalistischen Weltwirtschaft und der externen Zone können durchaus lebhafte Handelsbeziehungen bestehen, doch handelt es sich dabei um Handel zwischen Einheiten mit getrennten Systemen der Arbeitsteilung. In der Phase der Inkorporierung wird die externe Zone in die arbeitsteiligen Strukturen der kapitalistischen Weltwirtschaft integriert und übernimmt darin, systemrelevante Funktionen: die Versorgung der Zentren mit agrarischen und mineralischen Rohstoffen und im Gegenzug die Abnahme von industriellen Gütern aus den Zentrumsländern sowie die Bereitstellung von Standorten für weltmarktorientierte Unternehmen. Der (entbehrliche) Handel zwischen System und Umwelt mutiert zu einem (unentbehrlichen) Handel zwischen interdependenten Komponenten *eines* umfassenden Systems. In der dritten Phase kommt es zur Peripherisierung, bei der die lokalen Strukturen dergestalt transformiert und flexibilisiert werden, dass sie grundsätzlich auf die Bedürfnisse des Zentrums ausgerichtet sind, gleichwohl aber auch auf veränderte Bedingungen der Weltwirtschaft reagieren können. In dieser Phase wird die Peripherie integraler Bestandteil des systembestimmenden Prozesses der Akkumulation von Kapital, bekanntlich „ein Prozess, der im gesamten System, in der Peripherie ebenso wie im Zentrum wirkt, der in der Tat beide Pole gleichermaßen umformt, bestimmte Produktionsaktivitäten verlagert, beide fortwährend verbindet und zugleich trennt" (Hopkins/Wallerstein 1979: 161).

Obwohl die Inkorporierung „in der unbedingten Notwendigkeit der Weltwirtschaft begründet [lag], ihre Grenzen auszuweiten – eine Notwendigkeit, die wiederum selbst Folge der inneren Widersprüche dieser Weltwirtschaft war" (Wallerstein 2004b: 184) – handelte es sich dabei nie um einen bloß ökonomischen, sondern immer auch um einen politischen Prozess: „Die Inkorporierung in die Weltwirtschaft bringt notwendigerweise auch die Einflechtung der jeweiligen politischen Strukturen in das Staatensystem mit sich. Das bedeutet, dass jene ‚Staaten', die in den zu inkorporierenden Gebieten bereits bestehen, entweder a) sich in ‚Staaten innerhalb des Staatensystems' zu verwandeln haben; b) durch neue, dem Staatensystem entsprechende politische Strukturen ersetzt werden; oder c) von anderen Staaten, die sich bereits innerhalb des Staatensystems befinden, einverleibt werden. [...] Am Ende eines Inkorporierungsprozesses sollte man auf ‚Staaten' treffen können, die intern über einen ausreichend starken Staatsapparat verfügen, um zumindest in mancherlei Hinsicht auf den Produktionsprozess Einfluss zu nehmen, und die gleichzeitig nach außen hin mit den vorherrschenden Währungssystemen und diplomatischen Netzwerken des Staatensystems verbunden sind" (Wallerstein 2004b: 247).

Bei seiner Analyse der Inkorporierung des indischen Subkontinents, des Osmanischen Reiches, des Russischen Reiches und Westafrikas verbindet Wallerstein historisierende Längsschnittanalyse mit vergleichender Querschnittsanalyse. Hinter seinem teilweise etwas verwirrendem Narrativ ist eine Art von Matrix erkennbar, deren Spalten aus den drei genannten Phasen des Inkorporierungsprozesses (externe Zone, Inkorporierung, Peripherisierung) bestehen und deren Zeilen aus vier dabei zu lösenden Problemen bestehen: der Transformation der Handels- und Produktionsstrukturen in den zu inkorporierenden Regionen; der Organisation der zwischen Zentrum und Peripherie beziehungsweise Weltmarkt und lokaler Produktion vermittelnden „Entscheidungsstrukturen"; der Anpassung der Arbeitsformen und Kontrollmethoden in der Peripherie sowie der Ausgestaltung der politischen Herrschaftsverhältnisse und der Veränderungen im internationalen Staatensystem. Mit diesem methodischen Kunstgriff wird der historische Ablauf zum Zwecke vergleichender Analysen immer wieder unterbrochen. Er erleichtert das Erkennen von Gemeinsamkeiten und Unterschieden im Hinblick auf kritische Aspekte der Inkorporierung, erschwert durch die Zerstückelung und Versetzung der Prozesse aber auch deren Gestaltwahrnehmung.

„Obwohl sich die Inkorporierungs-Prozesse in jedem dieser Gebiete im Einzelnen etwas unterschieden, trugen sich die vier großen Inkorporierungs-Abläufe mehr oder weniger zeitgleich zu und wiesen in ihren wesentlichen Merkmalen beträchtliche Ähnlichkeiten auf" (Wallerstein 2004b: 184). Auf die zwischen Historikern umstrittenen Periodisierungsprobleme – Wallerstein schlägt den Zeitraum 1750 bis 1850 vor – sei hier nicht eingegangen. Unter soziologischen Aspekten interessieren mehr die strukturellen Aspekte. Wenn wir uns an die vier Merkmale zur Beschreibung des Strukturwandels im Prozess der Inkorporierung halten, können folgende langfristige Trends unterschieden werden:

1. Die erhebliche Ausweitung der *cash-crops* produzierenden, weltmarktorientierten Landwirtschaft geht einher mit einer Verringerung beziehungsweise Beseitigung lokaler Produktionstätigkeiten im verarbeitenden Bereich. Bei der Transformation der Agrarverhältnisse lässt sich ein generelles Muster räumlicher Spezialisierung in den peripheren Regionen erkennen: einige Landeinheiten spezialisieren sich auf die *cash-crop*-Produktion für den Export, andere auf den *food-crop*-Anbau für den lokalen Markt und wieder andere auf den „Export von Wanderarbeitern" für die Beschäftigung in beiden Bereichen. Was die *cash-crop*-Produktion für den Export betrifft, so konzentrierte sich Indien auf Indigo (pflanzlicher Farbstoff für Textilien), Baumwolle (Schlüsselfaktor der ersten Industrialisierungswelle), Seide und Opium (für den Export nach China). Im Osmanischen Reich dominierte der Export von Baumwolle (zunächst für die französische Industrie) und Getreide (nach Großbritannien und Österreich). Russlands Hauptexportgüter waren Hanf und Flachs, zeitweise auch Eisen und später vor allem Weizen. Westafrikas Beitrag basierte vor allem auf dem Sklavenhandel, daneben nahm auch der Export von Primärgütern wie Palmöl und Erdnüssen zu.

Während es in der *cash-crops* produzierenden Landwirtschaft zu einer erheblichen Ausweitung der Produktion und einer Konzentration auf die ertragreichsten Gebiete (teilweise auf Kosten der lokalen Versorgung) kam, geriet das verarbeitende Gewerbe unter den Druck der technisch überlegenen Industrie der Zentrumsländer, der oftmals noch durch politischen Druck verstärkt wurde. Das drastischste Beispiel für die Zerstörung peripherer Verarbeitungsstrukturen findet man auf dem indischen Subkontinent. Indien war vor 1800 vermutlich der weltweit größte Produzent von Baumwolltextilien; wenige Jahrzehnte später war das Land weitgehend deindustrialisiert. Wallerstein zitiert ein Statement im britischen Unterhaus aus dem Jahr 1830, in dem es heißt: „Wir haben die Hersteller aus Indien durch hohe Prohibitivzölle aus England ausgeschlossen und gleichzeitig der Einführung unserer eigenen Erzeugnisse nach Indien jede denkbare Unterstützung zuteil werden lassen. Durch unsere eigennützige Politik (ich verwende das Wort mit einer gewissen Bosheit) haben wir die heimischen Hersteller aus Dakka und anderen Orten zugrunde gerichtet und ihr Land mit unseren Waren überschwemmt" (Wallerstein 2004b: 215 f.). Ähnliche Deindustrialisierungsprozesse fanden auch im Osmanischen Reich statt, obwohl es im Unterschied zu Indien keine Kolonie war. Russland vermochte der Deindustrialisierung, nicht zuletzt aus Gründen der Ausrüstung seiner großen Armee, besser zu widerstehen.

2. Exportgüterorientierte Primärgüterproduktion ist nur erfolgreich, wenn sie in der Lage ist, auf Marktveränderungen zu reagieren, und dazu bedarf es relativ großer Unternehmen, die zwischen dem Weltmarkt und der lokalen Produktion vermitteln und diese an jene anpassen. Wallerstein benennt zwei derartige „Entscheidungs-Einheiten": Plantagen, die die landwirtschaftliche Primärproduktion zu großen Einheiten zusammenführten, und Großkaufleute *(large-scale merchants)* oder Bankiers-Händler *(merchant-banker)*, die zahlreiche Kleinproduzenten unter ihre finanzielle Kontrolle brachten und die Vermarktung ihrer Produkte beherrschten. In Indien kann man die Inkorporierung am Wandel der (Handels-)Faktoreien festmachen: „Diese entwickelte sich vom Ankauf und Verkauf an Bord von Schiffen zur Erteilung von speziellen Aufträgen, zur Finanzierung dieser Aufträge durch Vorschüsse, zur Nutzung dieser Vorschüsse im Sinn eines Produktionsanreizes sowie letztlich hin zur Organisierung der Produktion durch ein Verlagssystem und zum Betreiben eigener Werkstätten" (Wallerstein 2004b: 221 f.). Diese Tendenz zur schrittweisen Kontrolle aller Stufen des Produktionsprozesses im Interesse der Kapitalakkumulation lässt sich auch in anderen Ländern beobachten.

3. Durch den vom Zentrum auf die Peripherie ausgedehnten Prozess der Akkumulation kam es zu einer erhöhten Anwendung von Zwang gegenüber den Arbeitskräften in der Produktion. In Indien war die Arbeitskraft so billig, dass sie mit der Sklavenarbeit in Amerika konkurrieren konnte. In Russland kam es zu einer Verschärfung von Leibeigenschaft und Fronverpflichtung, wobei die Arbeitsbedingungen in den Hüttenwerken des Ural oft noch um vieles schlimmer waren als in der ländlichen Leibeigenschaft. Was die Sklaverei Westafrikas betrifft, kann man

einen Prozess beobachten, der mit der Haussklaverei beginnt und über Sklavenjagd und Sklavenhandel auf den Plantagen Amerikas endet. „Die Jagd auf Sklaven erlangte zuerst mit dem Eintritt Westafrikas in die externe Zone Bedeutung und wurde späterhin, während sie weiter an Bedeutung zunahm, zu einem Modus der eigentlichen Inkorporierung" (Wallerstein 2004b: 237).

4. Der Prozess der Inkorporierung ist erst dann abgeschlossen, wenn ein Gebiet nicht nur über Produktionsnetzwerke und Warenketten in die Weltwirtschaft eingebunden ist, sondern wenn es in irgendeiner Form von Staatlichkeit auch in das internationale Staatensystem integriert ist. Das Kontinuum der politischen Inkorporierung reicht also von prinzipiell gleichberechtigten Staaten der Peripherie über Formen informeller oder indirekter Herrschaft von Zentrumsstaaten bis hin zu Kolonialismus und Imperialismus. Von den vier zu inkorporierenden Regionen verfügte Russland zweifellos über den stärksten Staat. Umstritten ist, ob Russland zu Europa gehörte und wann es in das europäische Staatensystem integriert wurde. Gegen Kritiker wie Nolte besteht Wallerstein darauf, „dass Russland erst im 18. Jahrhundert zu einem gänzlich integrierten Mitglied des (europäischen) Staatensystems wurde" (Wallerstein 2004b: 267). „Um sicherzustellen, dass es nicht als semiperipherer Staat und nicht als peripherisiertes Gebiet inkorporiert wurde, baute Russland sowohl politisch als auch ökonomisch auf seine expansionistische Politik im ‚Osten'" (Wallerstein 2004b: 271). Das Osmanische Reich war das erste nicht-christliche Land, das am europäischen Staatensystem partizipierte. Seine Inkorporierung vollzog sich unter Bedingungen eines räumlich schrumpfenden Reiches und politisch-militärisch schwächer werdenden Staates, der schließlich unter den „Schutz" der britischen Hegemonialmacht geriet. Die Inkorporierung des indischen Subkontinents „sollte bis spätestens 1857 die völlige Beseitigung sowohl des Mogulreiches als auch der anderen kleineren politischen Gebilde des indischen Subkontinents zeitigen und zur Verdrängung dieser Strukturen in ihrer Gesamtheit durch eine einzige (wiewohl komplexe) Einheit führen, die jedoch nicht mehr souverän war: Indien" (Wallerstein 2004b: 258). Westafrika gehörte vor seiner Inkorporierung weder zu einem Weltreich noch zu einer Weltwirtschaft. Hier bestand das Problem darin, politische Strukturen aufzubauen, die im Stande waren, „den Handelsfluss zwischen *cash-crop*-Produktion und Weltwirtschaft zu gewährleisten" (Wallerstein 2004b: 274). Diese führten wie in Indien letztlich zur Kolonialherrschaft.

Schließlich sei noch angemerkt, dass die Inkorporierung eines bestimmten Gebietes in die kapitalistische Weltwirtschaft oftmals auch Auswirkungen auf benachbarte Gebiete beziehungsweise auf die externe Zone hat. Zum Beispiel „wurde China in jenem Moment Teil der externen Zone, als Indien inkorporiert wurde; und Teile des Fruchtbaren Halbmonds und des Maghrebs gelangten dann in die externe Zone, als der Balkan, Anatolien und Ägypten einen Inkorporierungsprozess durchliefen; gleichfalls geriet Zentralasien (und sogar China) in die externe Zone, als das europäische Russland inkorporiert wurde; und schließlich traten auch die westafrikanischen Savannengebiete dann in die externe Zone ein, als die Küstengebiete Westafrikas die Inkorporierung durchmachten" (Wallerstein 2004b: 242).

Im vierten und letzten Kapitel behandelt Wallerstein einen der folgenreichsten Umbrüche im Weltsystem: die Umwandlung von Kolonien in unabhängige souveräne Staaten. Bei der „siedlergetragenen Dekolonialisierung der Amerikas", der ersten von mehreren Dekolonialisierungswellen im Weltsystem, handelt es sich nicht nur um Auseinandersetzungen zwischen Peripherie und Zentrum, zwischen Kolonien und ihren Mutterländern, sondern gleichzeitig auch um Auseinandersetzungen zwischen rivalisierenden Kolonialreichen um Vorteile im Weltsystem. Schauplatz der beiden miteinander verwobenen Konflikte waren die beiden Amerikas, die sich um die Mitte des 18. Jahrhunderts überwiegend im Kolonialbesitz Großbritanniens, Frankreichs, Spaniens und Portugals befanden.

Ähnlich wie bei der Schilderung der Inkorporierung externer Regionen organisiert Wallerstein seine Darstellung der Dekolonialisierung wieder in einer Kombination von Längsschnitt- und Querschnittanalysen, bei der die Analyse historischer Verläufe immer wieder durch punktuelle Vergleiche unterbrochen wird. Mit dieser Kombination von historischer Prozess- und soziologischer Strukturanalyse versucht Wallerstein die Ertragskraft seiner Studien zu steigern, verlangt mit den damit hervorgerufenen Unterbrechungen und Sprüngen dem Leser aber auch viel ab und mag hier und da eher Verwirrung als Klärung erzeugen. So wie es von Wallerstein gehandhabt wird, ist es gewiss kein Verfahren zur Reduktion von Komplexität.

Die Längsschnittanalysen beginnen mit dem Frieden von Paris 1763, der die Dominanz Großbritanniens in der westlichen Hemisphäre festschrieb; sie enden mit dem Jahr 1833, in dem sich alle Kolonien der Neuen Welt in unabhängige Staaten verwandelt hatten. Wichtigste Arena der Dekolonialisierung ist Nordamerika, wo aus den Auseinandersetzungen zwischen der Kolonial- und Hegemonialmacht Großbritannien und den nordamerikanischen Siedlern, die Vereinigten Staaten als erfolgreichste neue Nation hervorgehen sollten. Daneben und damit verwoben, werden aber auch die Dekolonialisierungsprozesse in Lateinamerika und in der Karibik untersucht.

Die in diesem Zeit-Raum stattfindenden Veränderungen in den Beziehungen zwischen Kolonialherren und Siedlern versucht Wallerstein mit der von Braudel übernommenen Trias der historischen Zeiten: kurzfristigen Ereignissen, mittelfristigen Konjunkturen und langfristigen Tendenzen zu beschreiben und zu erklären. Während Braudel in einer Art von stereometrischer Analyse von der „langen Dauer" auf die Ebene der regelmäßigen konjunkturellen Schwankungen und von dort auf die Oberfläche der flüchtigen Ereignisse „aufsteigt" (paradigmatisch in seiner Weltgeschichte des Mittelmeers), geht Wallerstein bei der Analyse der Dekolonialisierungsprozesse von der Ebene der wirtschaftlichen und politischen Konjunkturen aus, d. h. von der neuerlichen Expansion der Weltwirtschaft und dem Aufstieg Großbritanniens zur Hegemonialmacht. In Auseinandersetzung mit der Historiographie zur Revolution in den 13 nordamerikanischen Kolonien verwirft er Erklärungsmuster, die die tieferen Ursachen der amerikanischen Revolution aus den ökonomischen, sozialen und ideologischen Langzeitentwicklungen herleiten, und bevorzugt stattdessen eine Erklärungsstrategie, die von der Ebene zyklischer Bewegungen in Wirtschaft und Politik ausgeht und dann „immer spezifischere Faktoren", situative Besonderheiten, bestimmte Interessen- und Handlungskonstellationen, unvorhergesehene Ereignisse usw. einführt.

„Die wichtigste allgemeine Veränderung konjunktureller Art im 18. Jahrhundert war die erneute Expansion der kapitalistischen Weltwirtschaft sowie die Tatsache, dass Großbritannien den gegen Frankreich geführten Kampf um die Hegemonie für sich entscheiden konnte" (Wallerstein 2004b: 280). „Das Ergebnis des Siebenjährigen Krieges bestand darin, dass Großbritannien Frankreich mit Erfolg aus der westlichen Hemisphäre verdrängt hatte. Dieser Umstand allein reichte aus, um Spanier und Portugiesen an dem Versuch zu hindern, die erneute Expansion der Weltwirtschaft zu ihrem Vorteil zu nutzen und über ihre amerikanischen Kolonien eine wirkliche ökonomische Kontrolle durchzusetzen (bzw. wiederzuerlangen)" (Wallerstein 2004b: 276). Im Kampf um die Kontrolle der amerikanischen Peripherie lagen also alle Vorteile auf Seiten Großbritanniens, aber diese komparativen Vorteile konnten den Verlust der amerikanischen Kolonien nicht verhindern. Um dies zu verstehen, muss man die Beziehungen zwischen den britischen Kolonialherren und den amerikanischen Siedlern genauer untersuchen, und auch in diesem kleineren Kontext bilden die konjunkturellen Wechsellagen den Ausgangspunkt für die Analyse des Dekolonialisierungsprozesses.

Wie Wallerstein (2004b: 280) anmerkt, gab es „auch konjunkturelle Entwicklungen, die speziell die Situation in den britischen Nordamerikakolonien betrafen". So hatte der ökonomische Aufschwung in den Kolonien nach 1745 dort nicht nur zu einem sprunghaften Anstieg der Vermögenskonzentration und nachlassendem sozialen Zusammenhalt geführt, sondern auch zu einer zunehmenden Rivalität zwischen den Wirtschaftsinteressen der Kolonien und denen des Mutterlandes. Der Abschwung nach dem Siebenjährigen Krieg erfasste dann alle Gruppierungen der amerikanischen Gesellschaft, das Handelskapital und die großen Pflanzer ebenso wie die kleinen Farmer und die Arbeiter. Und als die Briten daran gingen, den Kolonialhandel stärker zu regulieren und die Kolonien stärker an den Kosten des Kolonialreiches zu beteiligen, erhöhten sich die Spannungen zwischen ihnen und den Siedlern. „Die Briten trachteten nach einer ‚Rationalisierung' ihres Reiches und versuchten deshalb, die Kontrolle zu erhöhen. Was den Briten als vernünftiges Ziel erschien – das Erfordernis einer ‚strafferen Organisation des Empire' zur

Absicherung ihrer Erfolge –, war für die Siedler ein grundlegender Angriff auf die innerhalb des Empire bestehende moralische Ordnung. Wenngleich eine Sezession nicht unvermeidbar war – ein Aufeinanderprallen von Kolonie und Mutterland war sehr wohl unumgänglich" (Wallerstein 2004b: 279).

Wallerstein (2004b: 327) verwirft Erklärungen, denen zufolge die „Freiheitsliebe" der Siedler und „Beurteilungsfehler der metropoletanen Mächte" die Auseinandersetzungen bestimmt hätten. Vielmehr hätten „beide Seiten im Kontext der gerade entstehenden britischen Weltordnung immer häufiger und mit immer klareren Ergebnissen Kosten-Nutzen-Kalküle [angestellt]." „Tatsache ist, dass die Siedler sich nicht rebellisch zeigten, solange sie die konkreten Vorteile des Empire genossen. Ihre politische und folglich auch ideologische Haltung wandelte sich jedoch, als sich mit dem Ende des Siebenjährigen Krieges die Lage grundlegend veränderte" (Wallerstein 2004b: 294) – als die von Großbritannien durchgesetzten merkantilistischen Regulierungen, die kommerziellen Spielräume der Siedler einengten. Die ökonomische Interpretation der Voraussetzungen und Ursachen der Dekolonialisierung wird ein wenig relativiert, indem konzediert wird, dass es sich dabei „gewiss nicht nur um kühle Berechnung" handelte, sondern dass neben der erwähnten „ideologischen Haltung" auch ein „Unabhängigkeitsdrang der Siedler" im Spiel war, der „einmal entfesselt" [...] seine eigene Dynamik entwickeln und Ergebnisse zeitigen [sollte], die häufig über das beschränkte Kalkül von Kollektivinteressen hinausgingen" (Wallerstein 2004b: 327).

Damit ist die Ebene der laufenden Ereignisse erreicht, die Abfolge von Aktionen und Reaktionen der Kolonialherren und Siedler, die schließlich eher ungeplant in die Unabhängigkeit mündeten. Angesichts der Alternative, entweder eine lückenlose Verkettung von Ereignissen (in Form eines Trends oder eines Zyklus) zu konstruieren oder einzelne Ereignisse als symptomatische oder katalytische, kritische oder entscheidende Momente des Prozesses herauszuheben, entscheidet sich Wallerstein für die zweite Variante. Er untersucht eine Reihe von Maßnahmen und Gesetzen der Kolonialregierung, die die Siedler als Zumutungen empfanden und ihren Widerstand herausforderten, wie z. B. die Umsetzung einer schon 1758 gegenüber den Indianern eingegangenen Verpflichtung, das Ohiotal im Westen als Schutzgebiet für Indianer einzurichten und damit für Siedler zu sperren, oder die im *Quebec Act* von 1774 verfügte Verfassung für die ursprünglich von katholischen französischen Siedlern geprägte und nun noch territorial erweiterte Provinz im Norden, wodurch sich die Ostküstenkolonien von einer Einschließung vom Norden und vom Westen her, von Franzosen und Indianern, bedroht sahen. Anstatt eine geschlossene Verkettung der Ereignisse von seinem *terminus a quo*, dem Frieden von Paris, zum *terminus ad quem*, der Unabhängigkeit der Vereinigten Staaten, zu beschreiben, – den ereignisgeschichtlichen historischen Verlauf des amerikanischen Unabhängigkeitsprozesses setzt Wallerstein bei seinen (amerikanischen) Lesern wohl voraus), – konzentriert er sich auf die Diskussion kritischer Momente, die den Dekolonialisierungsprozess charakterisieren, ihm eine Richtung gaben, ihn beschleunigten oder verlangsamten. Der zeitliche Rahmen, in dem die Dekolonialisierung betrachtet werden muss, ist also ziemlich begrenzt, möglicherweise zu kurz, um darin langfristige Tendenzen am Werk zu sehen – wie etwa im Fall der Französischen Revolution, deren Entstehungszusammenhang weit in das *ancien régime* zurückreicht (das es in Amerika nicht gab). Der räumliche Kontext der Dekolonialisierung wird von Wallerstein umso weiter definiert; er umfasst alle Kolonialreiche innerhalb des Weltsystems, das britische, französische, spanische, portugiesische und niederländische, einschließlich ihrer wechselseitigen Beziehungen und Interventionen. Anstatt nun Wallersteins Analysen der Dekolonialisierungsprozesse in den verschiedenen Regionen Amerikas nachzugehen, sei abschließend versucht, einige der von ihm herausgearbeiteten Gemeinsamkeiten und Unterschiede in den beiden wichtigsten Sphären der Dekolonialisierung, der britischen und der spanischen, zusammenzufassen.

1. Gemeinsamer Ausgangspunkt der siedlergetragene Dekolonialisierungsprozesse der Amerikas ist der Friede von Paris 1763, in dem Großbritannien zwar Frankreich aus der westlichen Hemisphäre verdrängt und Spanien in die Defensive gedrängt hatte, der aber nicht verhinderte, dass die Franzosen die amerikanischen Siedler in ihren Auseinandersetzungen mit dem britischen Kolonialherren zuerst heimlich, dann offen unterstützten. Auch Spanien war an einer Schwächung der Briten in den Amerikas interessiert, im Unterschied zu den Franzosen aber nicht an einem Erfolg der nordamerikanischen Unabhängigkeitsbewegung, die seine nordamerikanischen Besitzungen gefährden und im eigenen, bereits geschwächten Kolonialreich Schule machen könnte. Die Position Spanien war also ambivalent, zögerlich und relativ schwach.

2. Beide Kolonialmächte, das starke Großbritannien und das geschwächte Spanien, standen in ihren Kolonien vor ähnlichen Herausforderungen durch die jeweiligen Siedler, die die kolonialen Gesetze – zunehmend ungestraft – missachteten. So konnten die Briten die Ausdehnung der Siedler nach Westen ebenso wenig eindämmen, wie die Spanier die Fortsetzung des enormen Schmuggels in der Karibik. „Als Reaktion auf diese Entwicklung gingen sowohl die britische als auch die spanische Regierung nach 1763 zum verstärkten Einsatz von staatlichem Zwang über. Das zweite Problem, vor dem beide Regierungen standen, waren die steigenden Kosten für den Staatsapparat. Beide versuchten nach 1763 deshalb, die Steuern in den Kolonien zu erhöhen; die Kolonien beider Länder wiederum reagierten in ähnlicher Weise. Während britische Siedler im Jahr 1770 Tee in das Hafenbecken von Boston warfen, kippten spanische Siedler in Socorro im Jahr 1781 Branntwein aus und verbrannten Tabak. Diese Gegenwehr brachte die Briten und die Spanier

aber nicht von ihrem Vorhaben ab. So wurden die entsprechenden Verordnungen durchgesetzt – was in beiden Kolonialgebieten gleichermaßen Unmut hervorrief, der in beiden Fällen im Namen früherer dezentralistischer Traditionen vorgebracht wurde" (Wallerstein 2004b: 308).

3. Eine weitere Gemeinsamkeit bezog sich auf die Führungsgruppen und Exklusionstendenzen im Dekolonialisierungsprozess. „Die Dekolonialisierung der Amerikas erfolgte unter Ausschluss nicht nur der indigenen Bevölkerung, sondern auch der dorthin verschleppten Afrikaner (obwohl diese beiden Gruppen in vielen der neuen souveränen Staaten einen wesentlichen Teil, wenn nicht die Mehrheit der Bevölkerung bildeten) und lag somit ausschließlich in der Hand der europäischen Siedler" (Wallerstein 2004b: 276). Eine Ausnahme bildete die ehemalige französische Kolonie St. Domingue, das nachmalige Haiti, deren Dekolonialisierung weniger von weißen Siedlern, als vielmehr von rebellierenden schwarzen Sklaven getragen wurde und in die erste schwarze Republik des modernen Weltsystems mündete.

4. Welche soziale Gruppe auch immer die Unabhängigkeitsbewegung anführte, sie war fast immer in der Minderheit und sah sich einer Mehrheit von unentschlossenen und loyal bleibenden Bevölkerungsgruppen gegenüber. „Zu Beginn der Amerikanischen Revolution hatte sich, wie in den meisten revolutionären Situationen, nur eine Minderheit entweder der einen oder der anderen Seite mit Leib und Seele verschrieben. Die Mehrheit war unschlüssig, ängstlich, unsicher und schwankend" (Wallerstein 2004b: 342 ff.). Revolutionäre standen gegen Loyalisten, und nur 13 Kolonien beteiligten sich am Unabhängigkeitskrieg gegen Großbritannien, während 17 Kolonien loyal blieben. Weit komplexer waren die Spannungen und Spaltungen in Spanisch-Amerika, deren Ursachen in den dort stärker ausgeprägten rassischen Verwerfungen zu suchen sind.

5. Neben wirtschaftlichen und politischen Interessen haben auch ethnische Unterschiede und Zuschreibungen die Unabhängigkeitsbewegungen geprägt, und auch hier lässt sich ein signifikanter Unterschied erkennen. Wallerstein (2004b: 324) zufolge war die Situation in den britischen Kolonien Nordamerikas „relativ fest umrissen. Es gab Schwarze und es gab Weiße; die Barrieren zwischen diesen beiden Gruppen waren äußerst starr. Den Indianern wurde zwar mit Verachtung begegnet, doch sie befanden sich weitgehend außerhalb des Wirtschaftssystems. Mulatten indes galten als Schwarze. Unter den Weißen wiederum wurden die Unterschiede im Wesentlichen entlang von Klassenlinien festgelegt und kaum durch ethnische Zugehörigkeit überlagert. [...] In Spanisch-Amerika waren (genauso wie in den portugiesischen und französischen Kolonien) die ethnischen Zugehörigkeiten wesentlich komplexer. Dort bestand anstatt einer simplen Zweiteilung in Schwarz und Weiß (bzw. Nichtweiß) eine komplizierte Stufenhierarchie. Die

Auswirkungen des über drei Jahrhunderte üblichen Sexualverhaltens hatten dazu geführt, dass die Europa-Spanier als ‚reine Weiße' galten, während die Kreolen nicht in gleichem Ausmaß als weiß anerkannt wurden". Das Entfremdungsgefühl der Kreolen gegenüber dem Mutterland, aus dem ihre Vorfahren einst ausgewandert waren, und der Gegensatz zu den „Europa-Siedlern" sind für Wallerstein Hauptgründe des Unabhängigkeitsdrangs.

6. In alle Unabhängigkeitsbewegungen mischten sich von außen dritte Parteien ein, und in allen Unabhängigkeitsbewegungen kam es zu Allianzen zwischen den revolutionären Gruppen und ausländischen Helfern und Verbündeten. In die nordamerikanische Unabhängigkeitsbewegung mischten sich vor allem Frankreich, aber auch Spanien ein. Wie erwähnt ging Frankreich, im Interesse Großbritannien zu schwächen, im Verlauf der amerikanischen Unabhängigkeitsbewegung von heimlicher Unterstützung der Revolutionäre zum offenen Krieg gegen Großbritannien über – der dann Frankreichs Staatsfinanzen ruinierte und zum Sturz des Regimes beitrug. Spanien folgte Frankreich und trat ein Jahr später eher halbherzig in den Krieg gegen Großbritannien ein, musste das geschwächte spanische Kolonialreich doch den Eindruck vermeiden, koloniale Revolten zu billigen. Auch Spanien musste für seine Teilnahme am Krieg einen hohen Preis zahlen: viele Verbindungen zwischen Spanisch-Amerika und dem Mutterland wurden gekappt, die Einnahmen aus dem Kolonialhandel sanken und zusammen mit den Kriegsausgaben erschöpften sie die spanische Staatskasse und schwächten den Staat. Es kam zu einer starken Inflation, die letzten Endes sowohl für den Einfall Napoleons in Spanien wie für die Unabhängigkeitsbewegungen in der Peripherie zu einem wichtigen Faktor wurde.

7. Die weltsystemischen Konsequenzen der Dekolonialisierungsprozesse liegen vor allem darin, dass Spanien, wie Frankreich und Portugal, als bedeutende Kolonialmacht ausgeschaltet wurde, während Großbritannien, das, was es als Kolonialmacht einbüßte, kommerziell, als Handelsmacht, mehr als kompensieren konnte. Wallerstein schließt das Kapitel mit der Einschätzung: „Keine der großen Revolutionen des späten 18. Jahrhunderts – die so genannte industrielle Revolution, die Französische Revolution und die siedlergetragenen Unabhängigkeitsbewegungen in den Amerikas – verkörperte eine grundlegende Herausforderung für das kapitalistische Weltsystem. Vielmehr bedeuteten sie dessen weitere Konsolidierung und Verfestigung. Die Volksbewegungen wurden unterdrückt und ihr Potenzial wurde durch die politischen Transformationen eher eingeschränkt denn entfesselt" (Wallerstein 2004b: 371 f.). Von der Zerschlagung der alten Kolonialreiche und der weiteren Ausdifferenzierung des Systems unabhängiger Staaten konnte das kapitalistische Weltsystem nur profitieren.

Das moderne Weltsystem III

In Abbildung 2 sind die Stadien in der Entwicklung des modernen Weltsystems synoptisch dargestellt.

Abbildung 2 Stadien in der Entwicklung des modernen Weltsystems

Stadium I Das lange 16. Jhdt. (1450–1640)	Stadium II Das lange 17. Jhdt. (1650–1730)	Stadium III Das lange 18. Jhdt. (1730–1840)
Entstehungszusammenhang des kapitalistischen Weltsystems	Konsolidierung des kapitalistischen Weltsystems	Expansion des kapitalistischen Weltsystems
von der Krise des Feudalismus zur Entstehung des (Agrar-)Kapitalismus überseeische Expansion Europas in Asien und Amerika Ausdifferenzierung eines kompetitiven Staatensystems	Stärkung der Staatsapparate Merkantilismus als Wirtschaftsdoktrin Hegemonialkämpfe im Zentrum und in Peripherien Suche nach gesellschaftlichen Kompromissen	Industrielle Revolution Französische Revolution Hegemonialkämpfe im Zentrum Aufstieg Englands Inkorporierung neuer Regionen als Rohstoffquellen und Absatzmärkte
Z e n t r u m : Norditalien (Venedig, Genua) Niederlande (Brügge, Antwerpen)	Z e n t r u m : Niederlande, Frankreich England,	Z e n t r u m : England, Frankreich, Niederlande
P e r i p h e r i e Atlantikinseln als Agrarkolonien Handelsstützpunkte in Westafrika Häfen und Besitzungen in Asien	P e r i p h e r i e (zusätzlich:) Osteuropa (Polen, Ungarn) Spanisch-Amerika, Karibik	P e r i p h e r i e (zusätzlich:) Lateinamerika indischer Subkontinent, Osmanisches Reich, Russisches Reich, Westafrika

3.4 Ausblick auf die Entwicklung des kapitalistischen Weltsystems nach 1840

Wallersteins (bisher) dreibändiges *Modernes Weltsystem* endet also in der Mitte des 19. Jahrhunderts. In einigen kleineren Schriften hat er Skizzen für die Fortschreibung seines großen Werks geliefert. Ein kleiner, bis weit in das 20. Jahrhundert hineinreichender Ausblick auf die weitere Entwicklung findet sich in einem programmatischen Aufsatz über „*Aufstieg und künftiger Niedergang des kapitalistischen Weltsystems*", der allerdings vor dem Abschluss des dritten Bands des *Modernen Weltsystems* publiziert wurde und somit möglicherweise als überholt gelten könnte. In diesem Beitrag lässt Wallerstein (1979: 39) das vierte Stadium des modernen Weltsystems, das „zweifellos ein Stadium des revolutionären Umbruchs, aber zugleich – ein scheinbares Paradox – das Stadium der Konsolidierung der industriekapitalistischen Weltwirtschaft" war, mit der russischen Oktoberrevolution von 1917 beginnen. Da das dritte, expansive Stadium des modernen Weltsystems (im dritten Band) in den 1840er Jahren zu Ende geht, das vierte Stadium aber erst 1917 beginnt, haben wir es mit einer zeitlichen Lücke von fast 80 Jahren zu tun.

In einer neueren Publikation befasst sich Wallerstein (2002: 20 ff.) genauer mit der Zeit nach 1848 und tendiert dazu, den revolutionären Umbrüchen der 1840er Jahre im Hinblick auf die langzeitlichen Auswirkungen auf das kapitalistische Weltsystem größere Bedeutung beizumessen als der russischen Oktoberrevolution von 1917. Während sich die russische Oktoberrevolution als Revolution eines semiperipheren Landes „innerhalb" des kapitalistischen Weltsystems ereignete und dem „Primat des Wertgesetzes" keinen Abbruch tat, handelte es sich bei der Revolution von 1848 nach seiner Auffassung um eine „Weltrevolution" beziehungsweise eine „Revolution des Weltsystems", denn der Kampf zwischen Konservativen und Liberalen fand zwischen 1815 und 1848 in allen größeren Staaten statt und zeitigte langfristige Auswirkungen auf das Weltsystem, insbesondere auf seine politische und ideologische Infrastruktur. In der Periode nach 1848 tauchen Wallerstein (2002: 26 f.) zufolge zwei ideologische Muster mit weltweiten Auswirkungen auf: „Auf der einen Seite finden wir eine ideologische Triade – Konservative, Liberale, Sozialisten –, die politisch fast überall miteinander konkurrieren; auf der anderen Seite wurde der zentristische Liberalismus weltweit zur beherrschenden Ideologie, und zwar gerade weil die Programme der Konservativen wie der Sozialisten dazu tendierten, bloße Varianten des grundlegenden liberalen Themas einer technokratisch verwalteten Reform zu werden. Beide Muster sollten sich nicht nur bis 1917/18, sondern bis 1968 halten" – als es wiederum zu einer „Weltrevolution" kam, bei der der Liberalismus seine Rolle als „Geokultur des Weltsystems" einbüßte.

Unter politisch-ideologischen Aspekten scheinen also die 1848er Jahre eine sinnvolle Zäsur zu bilden; aber was wäre unter ökonomischen Aspekten ein sinnvoller Beginn für das vierte Stadium, das nicht nur eines des revolutionären Umbruchs, sondern auch eines der Konsolidierung des Industriekapitalismus war? Wenn man Hobsbawm (1977: 9) folgt, beginnt um 1848 die „Blütezeit des Kapitals", und „das Hauptthema dieser Epoche" ist für ihn „die Ausbreitung der kapitalistischen Wirtschaft über den gesamten Erdball [...]." Im Unterschied zu Wallerstein handelt es sich bei Hobsbawm also um eine Phase der Expansion des kapitalistischen Weltsystems. Allerdings kommt es schon 1874 zur „Großen Depression", mit der dann wiederum eine neue Epoche eröffnet wird, die Hobsbawm (1989) „das imperiale Zeitalter" nennt. Dieses dauert bis zum Ersten Weltkrieg, mit dem das „kurze 20. Jahrhundert" anbricht, das bis zum Ende der Sowjetzeit reicht.

Anstatt weiter den vertrackten Problemen der Periodisierung nachzugehen, ist es vielleicht ergiebiger, den methodologischen Regeln Wallersteins entsprechend, den langfristigen Trends und zyklischen Mustern nachzuspüren, die dem kapitalistischen Weltsystem nach 1840 bei allen Umbrüchen eine gewisse Kontinuität verleihen und seinen Rhythmus bestimmen.[10] Exemplarisch und ohne Anspruch auf Vollständigkeit können vier säkulare Trends benannt werden, die sich alle bereits vor 1840 herausgebildet haben und bis in die unmittelbare Gegenwart fortwirken. Es sind dies:

1. die Fortsetzung der Auseinandersetzungen um die Hegemonie im Weltsystem, in denen sich die Vereinigten Staaten gegen Großbritannien (als Verbündete in gemeinsamem Kampf gegen das deutsche Kaiserreich) durchsetzten;
2. der von den Ländern des Zentrums ausgehende Trend zur Ausbreitung der Industrialisierung auf Semiperipherien und Peripherien, in dem immer mehr Länder das „*take-off*" zu einem sich selbst tragenden Wirtschaftswachstum schaffen;
3. die von Europa ausgehende Verbreitung des Nationalstaates als Form der politischer Organisation;
4. der von einer Bündelung mehrerer Trends getragene Aufstieg des Westens, der sich aber schon um die Wende vom 19. zum 20. Jahrhunderts abschwächt und teilweise in sein Gegenteil verkehrt;
5. die zunehmende Ungleichheit im Weltsystem.

---

[10] Osterhammel (2007: 124 ff.) unterscheidet im Verlaufe des 19. Jahrhunderts sechs langfristige Trends: 1. Industrialisierung eines nordatlantischen Zentrums innerhalb expandierender Strukturen globalen Austauschs (124); 2. demographischer Aufstieg des Westens (125); 3. Ausdifferenzierung von Nationalstaaten nach dem Zerfall von Großreichen (125 f.); 4. bürgerliches Jahrhundert gekennzeichnet durch Trend zur Kommerzialisierung mit Chancen für Spezialisierung auf Handelsdienstleistungen, Aufstieg der akademischen Berufe und Aufstieg einer transatlantischen kosmopolitischen Bourgeoisie (126 f.); 5. Jahrhundert der Siedlungsexpansion (128 f.); 6. Jahrhundert der Emanzipation und neuer Exklusion (129 f.).

Alle diese langfristigen Trends gingen vom Zentrum der Weltwirtschaft aus und haben sich von dort aus – nicht ohne erhebliche Widerstände und Modifikationen – auf Semiperipherie und Peripherie ausgebreitet. Einige dieser Trends haben in Laufe der Zeit ihre Durchschlagskraft und Wirkungsrichtung verändert; und in einigen Fällen ist es nicht leicht, wie von Wallerstein gefordert, zwischen Trend und Zyklus zu unterscheiden, da einige der genannten Trends auch als zyklische Verläufe interpretiert werden können.

1. Fortsetzung der Auseinandersetzungen um die Hegemonie im Weltsystem
Wie die folgende Übersicht zeigt, setzt sich der seit der Entstehung des modernen Weltsystems zu beobachtende Trend des Wettbewerbs von Staaten des Zentrums um die Hegemonie im Weltsystem im 19. und 20. Jahrhundert fort. Nach Wallerstein lassen sich vier Hegemonialzyklen unterscheiden, von denen jeder einzelne Zyklus zwar einen diskontinuierlichen Verlauf zeigt, die vier Zyklen in ihrer fast lückenlosen Abfolge – von dem hegemonialen Interregnum zwischen den Niederlanden und Großbritannien zwischen 1672 und 1798 abgesehen – dem modernen Weltsystem aber eine gewisse Kontinuität verleihen.

Tabelle 1   Abfolge der Hegemonialzyklen im modernen Weltsystem

	Habsburger	Niederlande	Großbritannien	USA
ascending hegemony	1450–	1575–1590	1798–1815	1897–1913/20
hegemonic victory		1590–1620	1815–1850	1913/20–1945
hegemonic maturity	–1559	1620–1650	1850–1873	1945–1967
declining hegemony	1559–1575	1650–1672	1873–1897	1967–?

Quelle: Hopkins/Wallerstein 1982: 118

Wie bereits im dritten Band des *Modernen Weltsystems* dargestellt, setzte sich Großbritannien im 19. Jahrhundert gegen Frankreich als Erbe der niederländischen Hegemonie durch und konsolidierte seine Position auf dem Wiener Kongress von 1815. Die britische Hegemonie manifestierte sich im Wesentlichen in der Durchsetzung des Freihandels in Form eines umfassenden, prinzipiell für alle Länder offenen Systems bilateraler Handelsverträge, wobei die internationalen Austauschbeziehungen durch ein System fester Wechselkurse in Form des Goldstandards stabilisiert und durch die weltweit operierende *Royal Navy* militärisch abgesichert wurden. Die absolute Übermacht der britischen Flotte hatte sich in den Kriegen gegen Frankreich herausgestellt; der Goldstandard wurde bereits 1815 eingeführt; die Serie der bilateralen Freihandelsverträge begann mit dem Cobden-Chevalier-

Vertrag von 1860 zwischen Großbritannien und Frankreich (James 1997: 27 ff.; Kennedy 1989: 240 ff.).

Für Wallerstein markiert die Weltwirtschaftskrise von 1873 den Beginn des hegemonialen Niedergangs Großbritanniens, in dessen Folge das Land seinen wirtschaftlichen Vorsprung gegenüber den anderen Ländern des Zentrums zunehmend einbüßte, von den Vereinigen Staaten wirtschaftlich überholt und von Deutschland wirtschaftlich, politisch und militärisch herausgefordert wurde (Bairoch 1982: 292, 299, 296, 304). Die Zeit vom Ausbruch des Ersten Weltkriegs bis zum Ende des Zweiten Weltkriegs kann nach Wallersteins Zählweise als vierte Phase der Auseinandersetzungen im Zentrum des modernen Weltsystems verstanden werden, in der sich die Vereinigten Staaten als ökonomisch führende Nation gegen ihre militärischen Herausforderer, das nationalsozialistische Deutschland und das Japanische Kaiserreich, durchsetzten und ihre hegemoniale Position begründeten. In der anschließenden Phase der hegemonialen Reife setzten die USA ein internationales liberales Ordnungsmodell durch, das mit seinen vier Säulen: dem Internationalen Währungsform als Weltwährungsregime, der Weltbank als Weltentwicklungsregime, dem GATT mit seiner späteren Überführung in die WTO als Welthandelsregime und dem weltweiten System von Militärstützpunkten zur Absicherung dieser Ordnung in Grundzügen der vorausgehenden *Pax Britannica* entspricht. Ein entscheidender Unterschied liegt darin, dass in der *Pax Americana* internationale Organisationen die von den USA in internationalen Konferenzen (zuerst 1944 im Amerikanischen Bretton Woods) durchgesetzten Regelwerke verwalten und ihr mit der Beteiligung der Mitgliedsländer an den Beschlussfassungen der Leitungsorgane eine gewisse demokratische Legitimation verleihen.

Als fünfte Phase der Auseinandersetzungen im Zentrum des modernen Weltsystems kann der von 1947 bis 1991 dauernde Kalte Krieg zwischen den Siegern des Zweiten Weltkriegs, den Vereinigten Staaten und der Sowjetunion, um die Durchsetzung ihres jeweiligen Ordnungsmodells und die Kontrolle von Territorien betrachtet werden. Die Spaltung der Welt in rivalisierende Blöcke, hat nach Wallersteins Auffassung nicht zur Ausgrenzung des Ostblocks aus dem modernen Weltsystem geführt. Die sozialistischen Länder hätten kein eigenes System oder gar ein Weltsystem miteinander gebildet, sondern seien trotz Staatseigentums an den Produktionsmitteln, in einer Abart des klassischen Merkantilismus in Form „kollektiver kapitalistischer Firmen", dem viele unterschiedliche Arbeitsformen und Produktionsverhältnisse umfassenden kapitalistischen Weltsystem verhaftet geblieben (vgl. Imbusch 1990: 117 ff.).

Nach ihrem Sieg im Kalten Krieg und dem Zusammenbruch der Sowjetunion befanden sich die Vereinigten Staaten Wallerstein zufolge längst in der Phase ihres hegemonialen Abstiegs, deren Beginn er auf die wirtschaftliche, politische, militärische und ideologische Aspekte umfassende Krise am Ende der 1960er Jahre festmacht. Da der hegemoniale Abstieg der USA Wallerstein zufolge noch andauert, kommt ihm unmittelbare Aktualität zu und wird demzufolge im nächsten Kapitel ausführlicher behandelt.

2. Die Industrialisierung der Welt

Zu den bereits im 18. Jahrhunderten entstandenen, immer noch wirksamen Trends gehört die im Rahmen einer kapitalistischen Wirtschaft sich vollziehende Umwandlung einer überwiegend von landwirtschaftlicher Produktion und Handarbeit getragenen Agrargesellschaft in eine auf maschineller, fabrikmäßiger und marktorientierter Produktion basierenden Industriegesellschaft. Wallerstein (2004b: 11) hält den von Rostow geprägten Begriff des „*take-off*" für „eine Metapher, die das grundlegende Modell der industriellen Revolution in der Tat treffend widerspiegelt (gleichgültig, in welchem Ausmaß Rostows detaillierte Hypothesen und Periodisierungsvorschläge Gegenstand heftiger Debatten gewesen sein mögen)." Unbestreitbar ist, dass die wie auch immer im Einzelnen definierte Industrialisierung (mit der sich Wallerstein im dritten Band seines *Modernen Weltsystems* ausführlich auseinandergesetzt hat) von Großbritannien aus immer mehr Länder dieser Welt erfasst hat; nach Rostow (1978: 47 ff.) waren dies zuerst Großbritannien (1783–1802), Frankreich (1830–1860), die Vereinigten Staaten (1850–1870) und Deutschland (1850–1873). Dabei hat sich gezeigt, dass die Industrialisierung der Wirtschaft in sehr unterschiedlichen Formen des Kapitalismus erfolgen und – zumindest zeitweise – auch in nichtkapitalistischen Regimes gelingen kann, wie das *take-off* des kommunistischen Chinas um 1950 zeigt.

Die Ausbreitung der Industrialisierung auf immer mehr Länder dieser Welt hat dann auch zu einer Veränderung des Musters der internationalen Arbeitsteilung zwischen Zentrum, Semiperipherie und Peripherie geführt: Das alte Muster des Tauschs von Fertigprodukten aus Zentrumsländern gegen Rohstoffe aus Ländern der Peripherie löst sich auf zugunsten eines Trends, in dem der Anteil der Industrieprodukte an den Exporten der Entwicklungsländer tendenziell ansteigt; er ist beispielsweise von 20 Prozent um 1960 bis auf 84 Prozent in 1996 gestiegen (World Bank 1995: 4; OECD 1998: 34).

Industrialisierung kann nicht nur als säkulare Tendenz beschrieben werden, sondern auch als Abfolge von Konjunktur- beziehungsweise Kondratieff-Zyklen. Seit Beginn der Industrialisierung lassen sich, wie bereits dargestellt, in Anlehnung an und Fortsetzung von Schumpeter fünf oder sechs lange Wellen oder Kondratieff-Zyklen unterschieden (Freeman/Louca 2001: 141; Dicken 1998: 148). Der erste, auch als „wassergetriebene Mechanisierung der Industrie" charakterisierte Kondratieff-Zyklus (Aufschwung 1780er–1815; Abschwung 1815–1848) basierte im Wesentlichen auf der mechanisierten und fabrikmäßigen Verarbeitung von Baumwolle. Träger des zweiten Kondratieff-Zyklus (Aufschwung 1848–1873; Abschwung 1873–1895) waren Dampfmaschine und Eisenbahn. Den dritten Kondratieff-Zyklus (Aufschwung 1895–1918; Abschwung 1918–1940), in dem die industrielle Nutzung wissenschaftlichen Wissens sprunghaft an Bedeutung gewann, dominierten die elektrotechnische und die chemische Industrie. Im vierten Kondratieff-Zyklus (Aufschwung 1941–1973; Abschwung 1973–1990) verdrängte der Verbrennungsmotor die Dampfmaschine, das Mineralöl die Kohle und das Automobil die Eisenbahn. Der um 1990 aufschwingende fünfte Kondratieff-Zyklus wird erstmals nicht von Energie, sondern von Information und Kommunikation bestimmt. Die Industriegesellschaft wird von der Informationsgesellschaft überlagert und an wirtschaftlicher Dynamik übertroffen. Nefiodow (2001: 96 ff.) sieht bereits einen sechsten Kondratieff-Zyklus im Zeichen von Biotechnologie und Gesundheit heraufziehen.

Alle bisherigen Kondratieff-Zyklen hatten ihren Ursprung in den Ländern des Zentrums, aber mit jedem Zyklus war eine geographische Erweiterung und Schwerpunktverschiebung innerhalb dieser Ländergruppe verbunden. Der erste *(„early mechanization")* Kondratieff hatte seinen Schwerpunkt in Großbritannien, Frankreich und Belgien; im zweiten *(„steam power and railway")* Kondratieff kamen Deutschland und die USA hinzu, die im dritten *(„electrical and heavy engineering")* Kondratieff die früheren Länder übertrumpften; auch im vierten *(„Fordist mass production")* Kondratieff dominieren die USA und Deutschland, aber der Kreis erweitert sich um andere Ländern der EWG, Japan, Schweiz, Schweden und andere EFTA-Länder, Kanada, Australien; im fünften *(„information and communication")* Kondratieff schiebt sich mit Japan erstmals ein nichtwestliches Zentrumsland an die Spitze und neben den USA, Deutschland und anderen EWG- und EFTA-Ländern, Schweden, Taiwan, Korea, Kanada, Australien (Dicken 1998: 148). Hier tauchen also erstmals semiperiphere Länder Südostasiens in der Spitzengruppe auf.

Zwar entstanden alle großen Innovationen bisher regelmäßig in den kapitalistischen Zentrumsländern, aber an ihrem Zustandekommen waren auch Länder der Peripherie beteiligt. Im ersten Kondratieff-Zyklus spielte die Baumwolle exportierende Peripherie eine wichtige Rolle (Hobsbawm 1968: 47 ff.; Pomeranz/ Topik 2006: 216 ff., 228 ff.). Im zweiten und dritten Kondratieff-Zyklus ging die Bedeutung der Peripherie als Rohstofflieferant relativ zurück, um dann in vierten Kondratieff-Zyklus, vor allem als Erdöllieferanten, erneut anzusteigen (Zündorf 2008: 59 ff.). Generell kommen von einer gewissen Ausreifung der Produktion an, weniger entwickelte Länder als Produktionsstandorte und Absatzmärkte stärker ins Spiel und exportieren zunehmend arbeitsintensive und technisch einfachere Massenprodukte in die Länder des Zentrums.[11]

---

[11] Nach der auf Schumpeter aufbauenden Theorie des Produktlebenszyklus beginnt der Lebensweg eines neuen Produktes in der Regel in forschungs- und entwicklungsintensiven Unternehmen der am höchsten entwickelten Industrieländer, zumeist solchen der USA. In der Einführungsphase kommt es vor allem auf die Kommunikation zwischen innovativen Unternehmen und einkommensstarken

Die industriewirtschaftlichen Kondratieff-Zyklen sind also als ein weltweites Phänomen zu betrachten, und die geographische Verlagerung der Ursprungsregionen der aufeinander folgenden Kondratieff-Zyklen – von Großbritannien und Kontinentaleuropa zu den Vereinigten Staaten und verschiedenen asiatischen Ländern – scheint mit einer gleichgerichteten Verlagerung der Machtzentren verbunden zu sein. Es spricht also einiges dafür, den industriewirtschaftlichen Kondratieff-Zyklus als Grundmechanismus des Hegemonialzyklus zu betrachten (Zündorf 2008: 100 ff.).

3. Die weltweite Verbreitung des Nationalstaates als Form der politischen Organisation

Eine weitere Tendenz ist die weltweite Verbreitung des Nationalstaates als Form der politischen Organisation. Um 1850 gab es etwa 50 Staaten, hundert Jahre später war die Zahl auf 81 angestiegen und hatte sich bis 1991 mit 167 Staaten mehr als verdoppelt (Held u. a. 1999: 54). Heute gehören den Vereinten Nationen rund 200 Staaten an und ihre Zahl wird vermutlich weiter ansteigen. „Die meisten Nationalstaaten der heutigen Welt gingen aus dem Zerfall von Großreichen hervor. Vier Wellen der postimperialen Entstehung von Nationalstaaten sind zu verzeichnen: die revolutionäre Phase in der westlichen Hemisphäre von der Unabhängigkeit der 13 nordamerikanischen Kolonien bis zu der von Bolivien im Jahr 1825; die unmittelbare Nachkriegszeit nach 1918 (als etwa Irland und Ägypten ihre Unabhängigkeit erlangten); die Hauptphase asiatischer und afrikanischer Entkolonialisierung ungefähr zwischen 1946 und 1962; der Zerfall der Sowjetunion im Jahr 1991" (Osterhammel 2007: 125 f.).

Der moderne Staat ist zwar in Europa entstanden, von hier aus in die Welt „exportiert" worden und stellt heute die normale politische Organisationsform der gesamten Menschheit dar, doch wurde er, wie Reinhard (1999: 482) feststellt, in der außereuropäischen Welt zumeist nur formal, kaum je mit all seinen Merkmalen übernommen; „was in Wirklichkeit vorliegt, sind – mit Bedacht biologisch gesprochen – Hybridbildungen, die durch Kreuzungen von europäischer Staatlichkeit mit einheimischer politischer Kultur zustande kamen."

Kunden an, die von Anfang an auch im Ausland gesucht werden, so dass der Export schon in der Einführungsphase beginnt. Der Erfolg des innovativen Unternehmens mobilisiert Imitatoren im eigenen Land und in anderen Industrieländern. Dort kommt es zu einer allmählichen Importsubstitution, die in einen zunehmenden Export übergeht. Infolge des zunehmenden Wettbewerbs zwischen dem Innovations- und den Imitationsunternehmen sinken die Marktpreise und steigt entsprechend die Bedeutung der Stückkosten, insbesondere der Lohnkosten. Nun können Entwicklungsländer ihre Kostenvorteile ausspielen. Mit zunehmender Ausreifung des Produktes werden die Unternehmen der Industrieländer immer weniger wettbewerbsfähig. Die Produktion verlagert sich in Entwicklungsländer, die ihre Exporte in die Industrieländer kräftig steigern können. Dort findet dann eine Exportsubstitution durch Importe aus den Entwicklungsländern statt. (Vgl. Dicken 1998: 161 f., 183 f.).

Nach Reinhards (1999: 509) Einschätzung hat das Wachstum der Staatsgewalt mit der Entwicklung zur Demokratie, zum Nationalstaat, zum Sozialstaat und zum totalen Staat offensichtliche Obergrenzen ihres möglichen Wachstums erreicht. „Seit den siebziger Jahren des 20. Jahrhunderts scheint das säkulare Wachstum der Staatsgewalt zu Ende zu sein, und zwar nicht vorübergehend, wie bisweilen schon früher, sondern endgültig, weil es sich um einen grundlegenden Wandel der politischen Kultur handelt. Zwar sind die formalen Befugnisse der Staatsgewalt kaum beeinträchtigt, und auch das politische System des modernen Staates funktioniert noch. Aber faktisch muss die Staatsgewalt ihre Souveränitätsrechte längst mit internationalen Organisationen, ihre Befugnisse im Inneren mit verschiedenen Verbänden teilen. Ihre Ressourcen schrumpfen, so dass sie ihre ungeheuer erweiterten Aufgaben nicht mehr vollständig wahrnehmen kann. Und immer neue Gruppen von Untertanen beginnen, ihr die Loyalität zu entziehen" (Reinhard 1999: 26).

Eine Krise beziehungsweise Transformation des Staates ist nicht nur in Europa zu beobachten, sondern auch in der außereuropäischen Welt. Dort erweist sich die scheinbare Erfolgsgeschichte des europäischen Staates als äußerst fragwürdig. Fragwürdig ist es aber auch, „Staatsversagen" am Idealtyp des europäischen Staats zu messen, zumal sich auch hier die Realität vom Modell entfernt. Vielleicht ist es, so raisoniert Reinhard (1999: 509), der weltgeschichtliche Normalfall, dass der Staat für die Bereicherung und andere Zwecke der politischen Klasse da ist, während Zugewinne für das Gemeinwohl eher eine europäisch-nordamerikanische Ausnahme darstellen. Wallerstein könnte dem wohl zustimmen.

4. Expansion und Kontraktion des Westens

Für Wallerstein ist das moderne Weltsystem von Anfang an ein westliches Weltsystem in dem Sinne, dass es im Westen Europas entstand, dass westliche Staaten immer die (selbstbewussten) Zentren und (teilweise unbeabsichtigten) Trendsetter der in andere Kulturräume expandierenden Weltwirtschaft gewesen sind. Wie Bayly (2006: 27) schreibt, war der Westen „für einige Zeit [...] sowohl ein *Muster* als auch eine *Kontrollinstanz* der Modernität." Was wäre unter „einiger Zeit" zu verstehen? Wann begannen diese „aufwärts" gerichteten Prozesse und wann änderten sie ihre Richtung? Wann der wirtschaftliche Aufstieg des Westens als säkulare Tendenz begonnen hat, wann er seinen Höhepunkt erreichte und in einen tendenziellen Niedergang umschlug, lässt sich an Zeitreihen über seinen Anteil am Bevölkerungswachstum, an der territorialen Ausdehnung und Kontrolle, an Anteilen an der Weltindustrieproduktion, am Welthandelsaufkommen, am Welteinkommen usw. ablesen.[12]

---

[12] In Kapitel 4.2.2 sind Zeitreihen über die Entwicklung des Bruttoinlandsprodukts verschiedener Länder und Regionen, über deren Anteile am globalen Bruttoinlandsprodukt sowie deren Wachstumsraten wiedergegeben. Weitere instruktive Zeitreihen über die Anteile verschiedener Länder an

Im Hinblick auf die Bevölkerungsentwicklung im 19. Jahrhundert spricht Osterhammel (2007: 125) von einem „demographischen Aufstieg des Westens." „Nach allem, was wir über die Bevölkerungsentwicklung in der Welt in den letzten Jahrhunderten wissen – und das ist wenig genug –, wuchs in der Neuzeit bis zu Beginn des 20. Jahrhunderts die europäische und europastämmige Bevölkerung schneller als die asiatische und afrikanische. Um 1750 stellt Europa schätzungsweise ein Fünftel der Weltbevölkerung, um 1920 ein Drittel, d. h., das Bevölkerungswachstum fand vor allem in den Zentren der Weltwirtschaft statt. Heute ist es umgekehrt. Seit einigen Jahrzehnten wächst die Bevölkerung schneller in der Peripherie, d. h. in Regionen, die nicht den aktiven Kern einer integrierten Weltwirtschaft bilden; in den Zentren tendiert sie zur Stagnation [...]. Immerhin ist inzwischen der Anteil der Europäer und der europastämmigen Bevölkerung an der Weltbevölkerung auf rund ein Sechstel gesunken" (Fischer 1998: 209).

Gravierender als die Schrumpfung ist wohl die Überalterung der Bevölkerung im Westen, in Europa mehr als in Amerika. Wenn ein zunehmender Anteil an alten, aus dem Produktionsprozess ausgeschiedener Menschen von einem schrumpfenden Anteil junger, beruflich aktiver Menschen getragen werden muss, erhöht das den Druck auf die Steigerung der Arbeitsproduktivität und wirkt sich auf die Mentalität der jüngeren Generationen und die Struktur der Wirtschaft aus. Die Kombination von Überalterung der Gesellschaft und Überbeanspruchung der wirtschaftlich aktiven Generationen birgt erhebliche Entwicklungsrisiken.

Mit dem rapiden Bevölkerungswachstum Europas bis zu Beginn des 20. Jahrhunderts ist eine erhebliche Auswanderung verbunden. „Zwischen 1820 und 1930 wanderten über 50 Millionen Europäer in die neo-europäischen Überseegebiete aus. Das entspricht ungefähr einem Fünftel der Gesamtbevölkerung Europas in dieser Zeit" (Crosby 1991: 12). „In unterschiedlichen Teilen der Welt wurden mobile Lebensformen von bewaffneten Siedlern mit Hilfe des Staates und später der Eisenbahn zurückgedrängt. *Frontiers* [d. h. bewegliche Grenzen; meine Hinzufügung, L. Z.] konnten fast überall außerhalb Westeuropas gefunden werden: in Nordamerika, Brasilien und den argentinischen Pampas, in Australien und Neuseeland, in den östlichen Teilen des Zarenreiches, in Südafrika, in Indien, im kolonialen Burma und im China der Quing-Dynastie [...]. Die Helden des indigenen Widerstandes waren kämpfend untergegangen oder hatten sich an die andere Seite verkauft. Die Siedlungsgrenzen – um die Ausdrucksweise der Zeit zu verwenden – ‚schlossen sich'" (Osterhammel 2007: 129). Während im 19. Jahrhundert zahlreiche Menschen aus den Ländern des Zentrums in die Peripherien abwanderten, kehrte sich die Migrationsrichtung im 20. Jahrhundert nach dem

---

der gewerblich-industriellen Weltproduktion *("total world manufacturing output")* und über das „pro-Kopf-Niveau der Industrialisierung" (Wirtschaftspotentiale *pro Kopf* der Bevölkerung) finden sich in Bairoch (1982: 296, 304; 294, 302).

Zweiten Weltkrieg um, als immer mehr Menschen aus der Peripherie in die Länder des Zentrums einwanderten, und sie zunehmend in multiethnische Gesellschaften verwandelten (Held u. a. 1999: 290, 298, 306 ff.).

„Am Vorabend des Ersten Weltkriegs beherrschten Großbritannien, Frankreich, Belgien, Holland und Deutschland – die zusammen weniger als ein Prozent der Landfläche bedeckten und weniger als acht Prozent der Weltbevölkerung stellten – über rund ein Drittel der übrigen Welt und ein Viertel ihrer Bevölkerung. Ganz Ozeanien, 90 Prozent von Afrika und 56 Prozent von Asien befanden sich in irgendeiner Weise unter europäischer Herrschaft, ebenso sämtliche Inseln der Karibik sowie des Indischen und Pazifischen Ozeans. Und obwohl nur noch etwa ein Viertel des amerikanischen Kontinents, nämlich Kanada, in solcher Abhängigkeit lebte, war der gesamte Rest im 17. und 18. Jahrhundert zeitweise von Europa beherrscht worden. Sowohl im Norden als auch im Süden waren die Gemeinwesen der amerikanischen Republiken zutiefst von der kolonialen Vergangenheit geprägt" (Ferguson 2004: 211). Der Anteil des vom Westen politisch kontrollierten Territoriums ist nach Angaben von Huntington (1996: 121, 123) im letzten Jahrhundert von 38,7 Prozent in 1900 auf 24,2 Prozent in 1993 gesunken. „Auf dem Höhepunkt seiner territorialen Ausdehnung, im Jahre 1920, beherrschte der Westen etwa 66 Millionen Quadratkilometer oder annähernd die Hälfte der Landoberfläche der Erde. Bis 1993 halbierte sich diese territoriale Kontrolle auf rund 32,9 Millionen Quadratkilometer. Der Westen war wieder bei seinem ursprünglichen europäischen Kern angelangt, plus seinen weiträumigen, von Siedlern bevölkerten Ländereien in Nordamerika, Australien und Neuseeland."

Der Anteil des Westens an der Weltindustrieerzeugung stieg nach den Daten von Bairoch (1982: 296, 304,294, 302) von 18,2 Prozent in 1750 auf 84,2 Prozent in 1928 (seinem historischen Hoch) und sank danach auf 57,8 Prozent in 1980 (Huntington 1996: 127). Während die Weltproduktion zwischen 1800 und 1913 schätzungsweise um das 2,2fache stieg, nahm der Welthandel um das 25fache zu. In der zweiten Hälfte dieses Zeitraums entfielen etwa zwei Drittel des Welthandels auf Europa und mehr als Drei Viertel auf die atlantische Wirtschaft (Fischer 1998: 41). Nach dem Zweiten Weltkrieg erhöhte sich der Anteil Europas von 31,5 Prozent in 1948 auf 45,4 Prozent in 1973 und verharrt seitdem auf diesem Niveau. Nach den Daten von Maddison (2007: 381) erreichte Westeuropa den größten Anteil am weltweiten BIP mit ca. 33 Prozent zwischen 1870 und 1913, ein Anteil der danach ständig sank und um 2003 nur noch 16,5 Prozent betrug. Die USA erreichten ihren Höhepunkt um 1950 mit 37,3 Prozent, um danach ebenfalls bis auf 20,6 Prozent in 2003 abzunehmen. Der Westen insgesamt, bestehend aus Westeuropa, den USA und den *„western offshoots"* (Ableger des Westens), erreichte seinen höchsten Anteil ebenfalls um 1950 mit einem Anteil von 56,8 Prozent, der sich bis 2003 auf 42,9 Prozent verringerte.

An diesen Zeitreihen lässt sich eine zunehmende Dominanz des Westens *grosso modo* bis zur Wende vom 19. zum 20. Jahrhunderts ablesen. Danach ändern diese Tendenzen ihre Wirkungsrichtung und die nachfolgende Entwicklung deutet darauf hin, dass der Westen – Europa mehr und früher als Amerika – seine expansive Energie allmählich verliert, zunehmend unter Druck gerät und sich mit geringeren Anteilen an der Weltwirtschaft begnügen muss.

5. Zunehmende Ungleichheit im Weltsystem

Vieles spricht für einen langfristigen Trend zunehmender Ungleichheit sowohl zwischen den Ländern der Welt als auch innerhalb sehr vieler Länder. Um 1700 herrschte – auf niedrigem Niveau – weitgehende Gleichheit im Pro-Kopf-Einkommen der Weltbevölkerung. Dreihundert Jahre später, im Jahr 2000, hatte sich, am BIP pro Kopf gemessen, eine gewaltige Ungleichheit zwischen dem reichsten und dem ärmsten Land der Welt im Verhältnis von ungefähr 140 : 1 eingestellt (Thurow 2004: 35). Während der Einkommensunterschied zwischen den 20 Prozent der Weltbevölkerung, die in den reichsten Ländern leben und den 20 Prozent, die in den ärmsten Ländern leben, zwischen 1870 und 1913 von 7 : 1 auf 11 : 1 stieg, erhöhte sich die Quote bis zum Jahr 1960 auf 30 : 1 und stieg bis zum Jahr 1997 auf 74 : 1 (Nye 2003: 153, 274).

Die Antwort auf die Frage, ob die Ungleichverteilung der Einkommen zu- oder abgenommen hat, hängt dem Weltentwicklungsbericht von 2006 zufolge davon ab, welches Ungleichheitskonzept man verwendet: „länderübergreifende Ungleichheit (in der Verteilung ungewichteter Ländermittelwerte), internationale Ungleichheit (in der Verteilung von Ländermittelwerten, gewichtet nach der Bevölkerungsgröße) oder globale Ungleichheit (in der Verteilung der individuellen Einkommen). [...] Zusammenfassend kann man sagen: Während die Welt immer reicher wurde, ist über einen langen Zeitraum gesehen (1820–1992) die Einkommensungleichheit – relativ und absolut, international und global – enorm gestiegen. Weniger klar umrissen stellt sich das Bild in einem kürzeren Zeitrahmen dar. In der Zeit nach dem zweiten Weltkrieg ist die länderübergreifende Ungleichheit (ungewichtet) weiter angestiegen, während sich die internationale Ungleichheit (gewichtet nach der Bevölkerung) vermindert hat. Die internationale Ungleichheit ging in den letzten Jahrzehnten des 20. Jahrhunderts deshalb zurück, weil die ungleichheitsreduzierenden Effekte des Einkommenszuwachses in China und Südostasien die ungleichheitssteigernden Effekte des anhaltenden und stetigen Einkommenszuwachses in den heutigen entwickelten Ländern und der rückläufigen Einkommen in den Ländern südlich der Sahara mehr als ausglichen" (Weltbank 2006: 74 f., 78). Vergleicht man die Wachstumsraten der entwickelten Länder (die „fortgeschrittenen kapitalistischen Länder") mit den noch in der Entwicklung begriffenen Ländern, dann findet man eine Konvergenz innerhalb der ersten Ländergruppe und eine erhebliche Divergenz der Einkommensentwicklung in der Gruppe der unterentwickelten Länder. Innerhalb gibt es zudem eine erhebliche Spanne zwischen Ländern mit explosivem Wachstum und anderen mit implosivem Rückgang.

Betrachtet man die Entwicklung der Einkommen innerhalb von Zentrumsländern, z. B. innerhalb des größten und dynamischsten Zentrumslandes, den Vereinigten Staaten, und innerhalb des größten und dynamischsten Entwicklungs- oder Schwellenlandes, China, dann zeigt sich, dass die Ungleichheit der individuellen Einkommen in beiden Ländern in den letzten Jahrzehnten zugenommen hat. In den USA sind seit den frühen 1970er Jahren die Realeinkommen der obersten 10 Prozent der Beschäftigten um 30 Prozent gestiegen, während die Einkommen der Durchschnittsverdiener um 8 Prozent gesunken sind. Die Einkommensdifferenz zwischen beiden Gruppen hat sich mehr als verdoppelt (Thurow 2004: 71). Im Jahr 2005 lag der Anteil der obersten zehn Prozent am Gesamteinkommen ohne Kapitalerträge bei 44,3 Prozent, der Anteil des obersten ein Prozent bei 17,4 Prozent (Krugman 2008: 23). „Wären die Produktivitätsgewinne gleichmäßig auf die Beschäftigten verteilt worden, wäre das Einkommen eines typischen Arbeitnehmers heute um 35 Prozent höher als Anfang der siebziger Jahre. Doch infolge der Einkommensumverteilung nach oben bekam der typische Arbeitnehmer einen weit kleineren Zuwachs. [...] Die wirklich großen Zuwächse gingen an die wirklich ganz Reichen" (Krugman 2008: 143).

In China bestand „zu Beginn der Marktreformen [...] eine 4 : 1-Lücke zwischen dem oberen und dem unteren Fünftel der chinesischen Bevölkerung. Dieser Abstand hat sich nun auf 13 : 1 ausgeweitet. Ein großer Teil davon ist auf den Unterschied zwischen Land und Stadt zurückzuführen. Die ländlichen Einkommen stagnieren und sind von 58 auf 38 Prozent der städtischen Bezahlungen gefallen. Zwischen der reichsten und der ärmsten Provinz Chinas gibt es einen Abstand von 14 : 1" (Thurow 2004: 227). Sowohl in den demokratischen USA als auch im kommunistisch regierten China setzte sich in den letzten Jahrzehnten eine Tendenz zunehmender sozialer Ungleichheit durch.

4 Kritik und Aktualität der Weltsystemanalyse

Nachdem schon zu Beginn des letzten Kapitels einige Argumente im Hinblick auf die Aktualität des *Modernen Weltsystems* diskutiert wurden, geht es in diesem Kapitel zunächst um eine mehr ins Grundsätzliche zielende Kritik des Wallersteinschen Forschungsprogramms, seiner Annahmen, seines Begriffsapparates und seines empirischen Gehalts. Im umfangreicheren zweiten Teil dieses Kapitels wird der Versuch fortgesetzt, Wallersteins historisch-empirische Weltsystemanalyse bis in die Gegenwart auszudehnen und auf aktuelle Problemlagen anzuwenden: den Niedergang der USA als Hegemonialmacht, den Aufstieg Chinas aus der Peripherie ins Zentrum sowie Ursachen, Erscheinungsformen und Folgen der aktuellen Weltwirtschaftskrise. Wir folgen damit Wallersteins wiederholt geäußerter Aufforderung zur „Fortsetzung der Diskussionen über Themen der Empirie". Wie weit tragen Wallersteins theoretische Begriffe und methodologische Regeln bei der Definition und Explikation aktueller Problemlagen?

4.1 Zur Kritik der Weltsystemanalyse

Eurozentrismus
Unter den metatheoretischen Annahmen der Weltsystemanalyse ist der Vorwurf des Eurozentrismus von besonderer Aktualität. Das Konzept des Eurozentrismus hat eine historisch-empirische und eine methodologisch-theoretische Dimension. Er bezieht sich einerseits auf die Platzierung Europas als historischen Ausgangspunkt und langzeitliches Zentrum bei der Entwicklung der Welt als globales soziales System, andererseits auf die Theoriebildung und Methodologie der Wirtschafts- und Sozialwissenschaften, die ihre Begriffe, Typologien und Erklärungsweisen der europäischen Erfahrung entnimmt und andere Kulturen und Regionen unter dem Aspekt untersucht, was diesen im Vergleich zu Europa fehlt und welche Faktoren ihre Entwicklung behindert haben.

Die vielleicht schärfste Kritik am Eurozentrismus Wallersteins kommt aus dem eigenen Lager, von André Gunder Frank (1998, 2005), der zwar den begrifflichen Apparat Wallersteins weitgehend übernimmt, aber vehement gegen die von Wallerstein vertretene Auffassung argumentiert, Europa habe in einem welthistorischen Sonderweg erstmals eine kapitalistische Weltwirtschaft aufgebaut. Mit seinem polemisch vorgetragenen Anti-Eurozentrismus wendet sich Frank nicht nur gegen Wallerstein, sondern in einem Rundumschlag gegen so unterschiedliche Autoren wie Adam Smith, Karl Marx, Max Weber, Fernand Braudel, David Landes, Eric Jones und viele andere. Gegen Adam Smith (1999: 615), für den „die Entdeckung Amerikas und die einer Route nach Ostindien um das Kap der Guten Hoffnung [...] die zwei größten und bedeutendsten Ereignisse [waren], welche die Geschichte der Menschheit verzeichnet", wendet Frank (1998: 12 ff.) ein, dass diese für Europa epochalen Ereignisse für Ostindien lange Zeit von eher geringer Bedeutung waren. Die Portugiesen hätten sich in ein seit langem existierendes und hoch entwickeltes Handelsnetz eingeklinkt und darin eine eher marginale Rolle gespielt. Die Spanier hätten Amerika nur zufällig entdeckt und nur dank des „amerikanischen Geldes" ihre imperialen Pläne verfolgen können. Auch die von Karl Marx (1977: 12) am Beispiel Englands formulierte Tendenz, bei der „das industriell entwickeltere Land [...] dem minder entwickelten nur das Bild der eigenen Zukunft [zeigt]", wird von Frank als eurozentrisch abgelehnt. Das gleiche Verdikt betrifft Max Webers (1988: 1 ff.) Herleitung des rationalen okzidentalen Kapitalismus als einer „Verkettung von Umständen", die „auf dem Boden des Okzidents, und nur hier" Kulturerscheinungen von „universeller Bedeutung und Gültigkeit" erlangten. Europa verdanke seine Dominanz auch keiner einzigartigen Konstellation geographischer, wirtschaftlicher, politischer und kultureller Faktoren, wie Eric Jones (1991) nachzuweisen versucht. Europa habe keinen „Sonderweg" eingeschlagen, und auch Braudels Konzeption, der zufolge die Europäer um sich selbst herum eine Abfolge von Weltwirtschaften mit wechselnden Zentren (innerhalb Europas) hervorgebracht haben, führe in die Irre. Nicht Europa machte die Welt, sondern „it was the world that made Europe" (Frank 1998: 3).

Aus der fundamentalen Kritik am eurozentrischen Paradigma der Wirtschafts- und Sozialwissenschaften heraus, dessen Begriffe, Modelle und Erklärungsweisen ausschließlich der europäischen Erfahrung entstammen, fordert Frank (2005: 25) eine grundlegende Reorientierung der Theoriebildung und der Forschungsthematik. Frank hält das in der soziologischen Klassik verwurzelte eurozentrische Paradigma für einen Irrweg und fordert einen „kritischen Neubeginn" in vier Punkten: „wirklich den Osten erforschen; den Westen neu erforschen; Westen und Osten vergleichen sowie einen Schritt in mehr Holismus tun, indem sie beide aus der Perspektive der ‚Weltwirtschaft' und des ‚Weltsystems' betrachten [...]."

Der Aufruf zur wirklichen Erforschung des Ostens läuft auf die Anerkennung der Jahrhunderte währenden Überlegenheit Asiens bis in die Mitte des 19. Jahrhunderts hinaus – eine empirisch überprüfbare Hypothese, die in der historischen Forschung umstritten ist. Die Aufforderung zu einer Neuerforschung des Westens zielt auf eine Relativierung wenn nicht Negierung der kulturell-institutionellen Perspektive, der zufolge Europa aus sich selbst heraus als Lösung für seine spezifischen Probleme institutionelle Neuerungen in Wirtschaft, Politik und Gesellschaft hervorgebracht hat; zumindest aber wird in Frage gestellt, ob diejenigen Werte und Institutionen, die für den Aufstieg Europas entscheidend waren, universelle

Gültigkeit beanspruchen können. Auch mit der harmlos klingenden Forderung nach einem Vergleich zwischen Westen und Osten ist eine Überwindung des methodologischen Eurozentrismus gemeint, der seine Vergleichskriterien der europäischen Erfahrung entnimmt und seine vergleichenden Analysen auf die Identifizierung der Defizite des Ostens im Vergleich zum Westen ausrichtet. Mit der Aufforderung zu mehr Holismus und Übernahme einer weltwirtschaftlichen oder weltsystemischen Perspektive liegt Frank auf der Linie von Wallerstein, allerdings mit der wesentlichen Einschränkung, dass die Weltsystemanalyse ihren eurozentrischen Blick auf die Welt endlich aufgeben müsse.

Ökonomischer Reduktionismus
Der ökonomische Reduktionismus Wallersteins kommt in zwei zentralen, miteinander zusammenhängenden Thesen seines Werks zum Ausdruck. Erstens in der These, dass sich das moderne Weltsystem als kapitalistische Weltwirtschaft konstituierte, und zweitens in der These „dass kumulativer und selbst tragender Wandel in Gestalt eines unaufhörlichen Akkumulationsdrangs das Leitmotiv der kapitalistischen Weltwirtschaft seit seiner Entstehung im 16. Jahrhundert ausgemacht hat" (Wallerstein 2004b: 35).

Mit der Gleichsetzung von „modern" mit „kapitalistisch", mit der Reduktion des „modernen Weltsystems" auf die „kapitalistische Weltwirtschaft" werden nicht-ökonomischen Ordnungen oder „Wesenheiten" (Braudel) wie Kultur, Gesellschaft und Politik oder „Potenzen" (Burckhardt) wie Staat, Religion und Kultur nicht als konstitutive Elemente, sondern nur als konditionierende Faktoren des Weltsystems betrachtet, deren Bedeutung mit der Entfaltung des Kapitalismus tendenziell abzunehmen scheint.[13] So wird dem Staat eine primär ökonomische Funktion (innerhalb des Weltsystems) zugeschrieben. Der Staat fungiert als Instrument der herrschenden Klassen, die die den bürokratischen Apparat einsetzen, um ihre Akkumulationschancen im Inneren und nach außen hin aufrechtzuerhalten oder zu vergrößern. Auch Kultur erscheint als ein mehr oder weniger abgeleitetes Phänomen. Laut Wallerstein (1998: 72) sind Kulturen „die Formen, in die Menschen ihre politisch-ökonomischen Interessen und Triebe kleiden – um sie auszudrücken, zu verstecken, räumlich und zeitlich auszudehnen und die Erinnerung an sie wachzuhalten." Kultur fungiert in Wallersteins Bezugssystem nicht wie

---

[13] Braudel (1986c: 44, 47) vertritt einen gemäßigteren Ökonomismus. Er hält es zwar für „verfehlt, sich die Weltwirtschaft als eine die gesamte Gesellschaft beherrschende und deren andere Ordnungen allein bestimmende Ordnung vorzustellen. [...] Auf dem gleichen Boden und im selben Raum existieren und entfalten sich noch andere Wesenheiten – Kultur, Gesellschaft, Politik –, die sich ohne Unterlass teils fördernd, teils störend ins Wirtschaftsleben einschalten. [...] Dennoch fällt seit Beginn der Neuzeit der Vorrang der Wirtschaft immer stärker ins Gewicht. Sie lenkt, stört und beeinflusst die anderen Ordnungen, verschärft die Ungleichheit, hält die an der Wirtschaft Beteiligten in Armut oder Reichtum gefangen und weist ihnen, wie es scheint, auf sehr lange Sicht ihre Rolle zu."

bei Weber als unabhängige Potenz, als geistig formende Kraft des Kapitalismus, sondern wie bei Marx als Ideologie, die dazu dient, die herrschenden Verhältnisse zu rechtfertigen. Wallerstein interessiert sich weniger für die Bedeutung von Weltreligionen oder religiösen Sekten bei der Herausbildung einer kapitalistischen Wirtschaftsgesinnung, als vielmehr für die legitimierende Kraft der großen Ideologien, des Liberalismus, des Konservatismus und des Sozialismus, als „Metasprachen" des Weltsystems und Begründungsmuster seiner Erhaltung oder seines Wandels. Ökonomischer Reduktionismus manifestiert sich auch in der Ablehnung einer systemtheoretischen Ausdifferenzierung von Funktionssystemen mit jeweils eigener Logik und der Postulierung einer einzigen Logik, die alle Gesellschaftsbereiche erfasst und bestimmt: die Akkumulationslogik des Kapitals.

Theoretischer Eklektizismus
Der theoretischen Einfalt des ökonomischen Reduktionismus steht die Vielfalt der theoretischen Anleihen gegenüber, derer sich Wallerstein bei der Erklärung historisch-empirischer Zusammenhänge bedient. Er argumentiert primär systemanalytisch, und zwar systemisch-holistisch, wenn er auf den Vorrang des Ganzen gegenüber den Teilen abhebt, systemisch-strukturalistisch, wenn er den Vorrang der Strukturen gegenüber dem Handeln betont, systemdeterministisch, wenn er zu zeigen versucht, wie die Funktionsregeln des Systems die Entwicklungschancen der Komponenten bestimmen. Dabei wird ihm vorgehalten, dass die Linien der Determination bei ihm immer nur in eine Richtung verlaufen, vom Ganzen zu den Teilen und von den Strukturen zum Handeln (Frank 1998: 48 ff.), und dass soziale Systeme überwiegend als Zwangssysteme interpretiert werden. Es fehlt zumeist die jeweilige Gegenbewegung, die Erklärung von Systemen, Strukturen und Regelmechanismen als beabsichtigte oder unbeabsichtigte Wirkungen des Handelns interdependenter Akteure, wie sie z. B. von Elias (1976: 221, 314) postuliert wird.

Wallerstein ist aber zugute zu halten, dass er in seinen konkreten Analysen keinen durchgängigen und einseitigen Systemdeterminismus unterstellt und situationsabhängige Handlungsspielräume zulässt. Auch wenn die Handlungsdispositionen der Akteure durch ihre Position in den Sozialstrukturen des Systems vorgeformt sind, gibt es doch immer alternative Handlungsmöglichkeiten. Das Weltsystem definiert Handlungsweisen, determiniert aber keine bestimmten Handlungen. In seinen konkreten Analysen wägt Wallerstein zumeist zwischen den Zwängen des Systems und den Interessen der sozialen Gruppen und korporativen Akteure ab. Dabei fallen ihm aufgrund seiner holistisch-systemischen Einstellung aber regelmäßig bessere Gründe und Argumente zugunsten systemischer und struktureller Faktoren ein. Schließlich kann es unter bestimmten Bedingungen auch zu Handlungsweisen kommen, die von der Systemlogik her nicht zu erwarten gewesen wären. Dies trifft vor allen für Phasen zu, in denen ein System unter gravierenden strukturellen Widersprüchen und Funktionsstörungen leidet und an

Legitimation verliert. Unter derartigen Bedingungen kann es zu „antisystemischen Bewegungen" und (Welt-)Revolutionen kommen.

An manchen Stellen bevorzugt Wallerstein funktionalistische Erklärungen, indem er den Komponenten des Weltsystems bestimmte Aufgaben zuweist, die zur Ausbildung entsprechender Strukturen führen (womit autonome Entwicklungen stark begrenzt, wenn nicht ausgeschlossen werden) oder wenn er von „Erfordernissen" des Systems spricht, denen auf irgendeine Weise entsprochen werden muss, wobei angesichts alternativer Handlungsmöglichkeiten dann – handlungstheoretisch – zu erklären wäre, warum gerade eine davon realisiert wurde.

Wenn es um die Erforschung sozialen Wandels geht – und davon handelt letztlich das *Moderne Weltsystem* – argumentiert Wallerstein regelmäßig marxistisch. Er hebt dann auf die internen Widersprüche des System ab, auf die Widersprüche zwischen Arbeit und Kapital, die zum Klassenkampf führen können, zwischen Angebot und Nachfrage, die zyklische Krisen hervorbringen und zur Überproduktionstendenz des Weltkapitals führen, auf den Widerspruch zwischen der Einheit der Weltwirtschaft und der Fragmentierung der Staatenwelt, der einerseits für die Entfaltung des Kapitalismus unerlässlich ist, anderseits eine Quelle systemischer Spannungen und Probleme ist. Diese strukturellen Widersprüche treiben – mehr als alle Akteure und Aktionen – den Wandel des Systems und verursachen mit ihrer Verschärfung letztlich seine Zersetzung.

Systemdeterminismus und marxistische Teleologie werden in neueren Arbeiten durch theoretische Anleihen bei der naturwissenschaftlichen Theorie komplexer Systeme aufgelockert. Inspiriert durch Prigogines Begriff des Verzweigungspunkts (der ein Moment bezeichnet, an dem eine Bewegung, die lange Zeit einer bestimmten Gesetzmäßigkeit folgte, aus dem Gleichgewicht gerät und eine neue Richtung einschlägt), versucht Wallerstein (1995: 41 ff., 320 ff.) zu erklären, wie und warum unter Bedingungen systemischer Krisen zufällige Ereignisse langfristige Trends mit weitreichenden Folgen auslösen können. Leider hat Wallerstein die wirtschaft- und sozialwissenschaftliche Theorie der pfadabhängigen Entwicklung nicht zur Kenntnis genommen. Sie hätte ihm den Umweg über die Naturwissenschaften erspart und mit einer differenzierten Begrifflichkeit und reichhaltigen Forschungsergebnissen versorgen können. Auf Wallersteins theoretischen Eklektizismus trifft in gewisser Weise zu, was Charles Tilly (1984: 73) für den ebenfalls mit unterschiedlichen Theorieelementen jonglierenden Braudel festgestellt hat: „He approaches a problem by enumerating its elements; fondling its ironies, contradictions, and complexities; confronting the various theories scholars have proposed; and giving each theory its historical due. The sum of all theories is, alas, no theory".

Kritisch zu hinterfragen sind unter dem Aspekt ihrer Aktualität auch Wallersteins erkenntnisleitende Begriffe. Sind seine Definitionen von Zentrum und Peripherie, internationaler Arbeitsteilung und ungleichem Tausch, Kapitalismus und Staat, geeignet, Sachverhalte der Gegenwart adäquat zu bezeichnen? Kann man mit den gleichen Begriffen Realitäten verschiedener historischer Epochen adäquat erfassen?

Ungleicher Tausch
Der Begriff des ungleichen Tauschs ist das vielleicht problematischste Element in Wallersteins Weltsystemansatz. Es basiert auf einem Vergleich von Weltmarktpreisen für Güter mit Arbeitslöhnen in den miteinander Handel treibenden Ländern. Stimmen die Preise der auf dem Weltmarkt getauschten Güter nicht mit den Werten der zu ihrer Produktion aufgewendeten Arbeit überein, dann werden diejenigen Länder begünstigt, die für ihre Waren einen Preis erzielen, der über dem Wert der aufgewendeten Arbeit liegt (Zentren); hingegen werden diejenigen Länder benachteiligt, die ihre Waren unter Wert verkaufen müssen (Peripherien). Somit kommt es zu einem Werttransfer (Surplus-Transfer) von den Peripherien zu den Zentren.

Dieses Konzept ist in vieler Hinsicht fragwürdig. Erstens misst die zugrunde gelegte Marxsche Arbeitswerttheorie den Wert der Arbeit ausschließlich an der aufgewendeten Zeit und berücksichtigt weder Unterschiede in der Arbeits- beziehungsweise Kapitalintensität der Produktion, noch in der Qualifikation und Motivation der Arbeitenden, noch in der Effizienz der Produktionstechnologien und der Produktivität der Arbeit. Zweitens wird nicht hinreichend zwischen Staaten und Unternehmen bei der Aneignung des Mehrwerts unterschieden. Nicht „das Zentrum" eignet sich den Surplus „der Peripherie" an, sondern vielmehr die zwischen den Staaten operierenden und ihren Austausch organisierenden Unternehmen, die ihre Gewinne mit mehr oder weniger großen Freiheitsgraden international transferieren. Drittens bleiben handelsspezifische Funktionen, d. h. die Organisation des Warenwegs und des gegenläufigen Zahlungswegs mit ihren erheblichen Transaktionskosten und Risiken unberücksichtigt. Viertens bereitet die Operationalisierung des ungleichen Tauschs etwa in Form der *terms of trade* und deren empirische Erfassung über längerfristige Zeiträume erhebliche Probleme (Kohlhammer 1993: 26 ff.).

Zudem trifft die Parallelisierung der Unterscheidungen von Zentrum/Peripherie einerseits und Fertigwaren-/Rohstoffexport andererseits zwar für die formative Phase des kapitalistischen Weltsystems zu, wird mit der Ausweitung der Industrialisierung auf immer mehr Länder der Welt aber zunehmend obsolet. Die Exportstruktur der Entwicklungsländer hat sich in den 80er und 90er Jahren stark zugunsten von Halb- und Fertigwaren erhöht, während der Anteil der Rohwaren um mehr als die Hälfte zurückgegangen ist. Für die Industrieländer sind Halb- und Fertigwarenimporte aus Entwicklungsländern längst bedeutsamer als Importe agrarischer und mineralischer Rohstoffe und Nahrungsmittel (Hauchler 1995: 210 ff.).

Kapitalismus

Auch Wallersteins Begriff des Kapitalismus ist allzu einfach konzipiert. Wallerstein betrachtet den Kapitalismus als ein „horizontales" Phänomen, das nach einer unablässigen Erweiterung seines Akkumulationsraums durch Inkorporierung externer Regionen in die Kreisläufe der arbeitsteiligen Produktion und des weltweiten Handels tendiert. Es fehlt die „vertikale" Dimension, die Verankerung des Kapitalismus in der materiellen Zivilisation und in der Marktwirtschaft, Braudel zufolge diejenigen Ebenen des Wirtschaftslebens, aus denen der Kapitalismus hervorgegangen ist, über die er sich erhoben hat, und die er seiner Herrschaft zu unterwerfen sucht. Der Kapitalismus verkörpert nur die oberste Ebene des Wirtschaftslebens, nicht aber die Wirtschaft insgesamt. Unterhalb des Kapitalismus existiert eine nach anderen Regeln ablaufende Marktwirtschaft, bestehend aus einer Vielzahl kleiner und mittlerer Unternehmen, die untereinander nach Marktregeln verkehren und wegen des mehr oder weniger starken Wettbewerbs nur relativ geringe Gewinnspannen erzielen können. Kapitalistische Unternehmen bedienen sich zwar des Marktes (in der Terminologie von Hayeks) als „Entdeckungsverfahren" für die Produktion und Vermarktung neuer Güter, versuchen aber gleichzeitig mit Macht, sich seinen Zwängen zu entziehen. Es gibt zwar eine starke Tendenz, die „unsichtbare Hand des Marktes" durch die „sichtbare Hand" des Managements zu verdrängen (Chandler 1977), aber es gibt auch einen Strom aus der materiellen Zivilisation herauswachsender Unternehmen, die versuchen, deren Möglichkeiten zu nutzen und Begrenzungen zu überwinden.

Das Verhältnis von Kapitalismus und Staat

Problematisch ist auch Wallersteins Auffassung des Kapitalismus als wesentlich *politischer* Kapitalismus. Gegen „kapitalistische Theoretiker in der Nachfolge von Adam Smith, die ‚Intervention' der Staaten auf den Märkten verabscheut und geltend gemacht [haben], dass diese Intervention die Profitraten negativ beeinflusst hat," behauptet Wallerstein (2002: 46, 55): „Ohne starke staatliche Strukturen, vor allem in den Zonen des Zentrums, können sie [gemeint sind transnationale Unternehmen; meine Hinzufügung, L. Z.] nicht überleben. Starke Staaten sind ihre Garantie, ihr Lebensblut und das entscheidende Element bei der Erzielung großer Profite". Zudem „brauchen die kapitalistischen Produzenten die Staaten weit mehr, als es die Arbeiter tun, und ihr langfristiges Grundproblem wird nicht darin bestehen, dass die staatlichen Strukturen zu stark sind, sondern dass sie sich zum ersten Mal in 500 Jahren im Prozess der Abschwächung befinden."

Nun ist aber nicht die Stärke der Staaten entscheidend, sondern die Art ihrer Politik, die Frage also, wie und in wessen Interesse sie ihre Machtpotentiale einsetzen. Wallerstein unterstellt eine Parallelität der Interessen von kapitalistischen Unternehmern und Inhabern der Staatsgewalt und begründet dies klassentheoretisch: Als herrschende Klasse bedienen sich die Kapitalbesitzer der staatlichen

Apparate, um ihre Profitinteressen durchzusetzen – was Klassenkompromisse keinesfalls ausschließt. Diese Annahme ist in einer von multinationalen Unternehmen bestimmten, offenen Weltwirtschaft aber immer weniger akzeptabel. Aus der Tatsache, dass multinationale Unternehmen überwiegend aus Zentrumsländern stammen und dort auch ihre Hauptquartiere unterhalten, darf nicht auf eine prinzipielle Interessenkonvergenz oder ein wechselseitiges Begünstigungsverhältnis zwischen (Zentrums-)Staat und dort ansässigen (multinationalen) Unternehmen geschlossen werden (Reich 1993: 152 ff.). Für multinationale Unternehmen, die die Ressourcen vieler Länder nutzen, ihre Produktionsprozesse international aufgliedern und ihre Produkte weltweit vermarkten, ist ihr Stammland nur noch ein Standort unter vielen, der sich der internationalen Standortkonkurrenz stellen muss und aus betriebswirtschaftlicher Sicht nach komparativen Vorteilen bewertet wird.[14]

Hinzu kommt, dass die weltsystemische Einteilung von Ländern in Zentren und Peripherien sich aus der Sicht privater Unternehmen ganz anders darstellen kann. Im Zuge der Internationalisierung kann das angestammte Zentrumsland für den Wertschöpfungsprozess eines multinationalen Unternehmens an Bedeutung verlieren, während umgekehrt ursprünglich peripherere Gebiete als Rohstofflieferanten, Produktionsstandorte und Absatzmärkte immer wichtiger werden. Treten solche Verlagerungen und Umwertungen massenhaft auf, bringen sie die Interpretation von multinationalen Unternehmen als Agenten des Surplus-Transfers von Peripherien zu Zentren ins Wanken.

Auf der anderen Seite haben die Nationalstaaten kein unbedingtes Interesse mehr, „ihre" multinationalen Unternehmen im Weltsystem zu unterstützen, vor allem dann nicht, wenn die Unternehmen staatliche Begünstigungen „mitnehmen", um ihre Produktionsstandorte international zu optimieren, d. h. Produktionen und Arbeitsplätze dort anzusiedeln, wo sie die größte betriebswirtschaftliche Rendite abwerfen. Dies gilt vor allem für demokratische Staaten, auf deren Agenda die Sicherung und Vermehrung inländischer Arbeitsplätze weit oben stehen. Statt international mobile Unternehmen zu fördern, macht es politisch und ökonomisch mehr Sinn, das zu fördern, was innerhalb der eigenen Grenzen verbleibt: das auf Gesundheit, Bildung und Kreativität basierende Arbeitskräftepotential der Gesellschaft.

Empirischer Gehalt
Der gemischten Einstellung zu großer Theorie entspricht eine ebensolche ambivalente Haltung gegenüber der Empirie. Einerseits erscheint eine zunehmende Quantifizierung der wissenschaftlichen Ergebnisse wünschenswert und ein Hauptanliegen der modernen Sozialwissenschaft, andererseits sollte die Verfüg-

---

[14] Dieser Zusammenhang lässt sich mit Hirschmans Begriffen von *exit*, *voice* und *loyalty* genauer analysieren; vgl. dazu Zündorf (1999: 35 ff.).

barkeit empirischen Materials nicht die Auswahl der Forschungsprobleme bestimmen. „Schon nach kurzem Überlegen sollte klar sein, dass dies eine Umkehrung des wissenschaftlichen Verfahrens ist. Die Begriffsbildung sollte die Forschungsinstrumente determinieren, wenigsten meistens, nicht umgekehrt" (Wallerstein MWS I: 20). Allerdings tut Wallerstein wenig, um auf dem etwa von Lazarzfeld (1967: 106 ff.) vorgeschlagenen „Weg von Begriffen zu Messverfahren" fortzuschreiten. Viele Aussagen ließen sich als empirisch überprüfbare Hypothesen formulieren, ließen sich im Rückgriff auf historisch-empirische Daten und Zeitreihen, wie sie etwa Bairoch (1982) und Maddison (2001, 2007) seit vielen Jahren ständig erweitert und präzisiert haben, zumindest ansatzweise überprüfen. Aber es bleibt bei der oben getroffenen Feststellung, dass wir beim gegenwärtigen Forschungsstand von einer adäquaten soziologischen „Vermessung der Welt" noch weit entfernt sind.

4.2 Aktualität und Aktualisierung der Weltsystemanalyse: Empirische Analysen aktueller Problemlagen

Trotz der kritischen Einwände bleibt Wallersteins Weltsystemanalyse konzeptuell, methodologisch und empirisch aktuell – und was vielleicht noch wichtiger ist: sie ist ohne grundsätzliche Veränderungen ihres paradigmatischen Kerns, mit einigen begrifflichen Modifikationen und hypothetischen Spezifizierungen, *aktualisierbar* im Hinblick auf gegenwärtige Problemstellungen. Dies sei nun am Beispiel von vier miteinander verwobenen weltsystemischen Problemlagen der Gegenwart versucht: dem Niedergang der amerikanischen Hegemonialmacht und ihres globalen Ordnungsmodells, dem Aufstieg Chinas aus der externen Zone beziehungsweise Peripherie ins Zentrum der Weltwirtschaft; der gegenwärtigen Weltfinanz- und -wirtschaftskrise (die diese Veränderungen im Weltsystem möglicherweise beschleunigt) und dem Problem des Zusammenbruchs der kapitalistischen Weltwirtschaft. Mit der Analyse dieser Problemlagen, in denen sich langfristige Trends, zyklische Bewegungen, strukturelle Widersprüche und krisenhafte Ereignisse miteinander verquicken, kann auch wieder an die Epoche angeschlossen werden, mit der der dritte Band des *Modernen Weltsystems* endet.

4.2.1 Der Niedergang der USA als Hegemonialmacht

In seinem Buch über *„Absturz oder Sinkflug des Adlers"* thematisiert Wallerstein (2004c) – wie im Untertitel angegeben – den *„Niedergang der amerikanischen Macht"*. Seine These lautet: „Die wirtschaftlichen, politischen und militärischen Faktoren, die zur Hegemonie der USA beigetragen haben, sind die gleichen, die unaufhaltsam den kommenden Niedergang der USA hervorbringen werden." Diese Annahme der Spiegelbildlichkeit von Aufstieg und Niedergang einer Hegemonialmacht impliziert, dass man ihren Niedergang nur verstehen kann, wenn man zuvor ihren Aufstieg untersucht hat, zumindest aber so weit zurückgeht, bis man die Phase und den Kontext des krisenhaften Umschlags der verschiedenen Dimensionen hegemonialer Macht in den Blick bekommt. Dabei stellen sich folgende Fragen: Haben alle vier Größen (Wirtschaft, Politik, Militär und Ideologie) ihren Verlauf gleichgerichtet verändert? Ereigneten sich ihre Richtungswechsel ungefähr zur gleichen Zeit oder in einem größeren Zeitraum? Gibt es einen inneren Zusammenhang zwischen den Veränderungen auf den verschiedenen Dimensionen hegemonialer Macht?

Betrachten wir zunächst kurz den Aufstieg der USA zur Hegemonialmacht oder genauer: die drei Phasen, die dem hegemonialen Niedergang vorausgehen: *ascending hegemony* (1897–1913/20), *hegemonic victory* (1913/20–1945) und *hegemonic maturity* (1945–1967). „Der Aufstieg der Vereinigten Staaten zur globalen Hegemonie war ein langer Prozess, der verstärkt 1873 mit der weltweiten Rezession einsetzte. Zu dieser Zeit begannen die USA und Deutschland, sich einen wachsenden Anteil an den globalen Märkten zu sichern, hauptsächlich auf Kosten der stetig schwächer werdenden britischen Wirtschaft. Beide Staaten hatten gerade erst eine stabile politische Basis erlangt – die USA durch die erfolgreiche Beendigung des Bürgerkriegs und Deutschland durch die Reichsgründung und den Sieg über Frankreich im Deutsch-Französischen Krieg. Von 1873 bis 1914 wurden die Vereinigten Staaten und Deutschland zu führenden Produzenten in bestimmten wichtigen Sektoren: die USA in der Stahl- und später Automobilindustrie, Deutschland in der chemischen Industrie" (Wallerstein 2004c: 19).

Der *hegemoniale Sieg* der Vereinigten Staaten ist Wallerstein zufolge Ergebnis eines mit Deutschland ausgetragenen „dreißigjährigen Kriegs" um die Hegemonie im Weltsystem, in dem Deutschland versuchte, das Weltsystem in ein („tausendjähriges") Weltreich zu verwandeln. „Dieser Weg der imperialistischen Eroberung war innerhalb der Grundstruktur der kapitalistischen Weltwirtschaft nie ein gangbarer Weg zur Vorherrschaft, wie zuvor Napoleon erfahren hatte. Der Vorstoß zur Eroberung eines Weltreichs hat kurzfristig den Vorteil der militärischen Dynamik und Schlagkraft. Mittelfristig hat er den Nachteil, sehr teuer zu sein und alle Kräfte gegen sich zu vereinigen. Wie die konstitutionelle und quasiliberale Monarchie von Großbritannien sich gegen Napoleon mit dem autokratischen zaristischen Russland zusammengetan hatte, so tat sich die quasiliberale repräsentative Republik der Vereinigten Staaten gegen Hitler mit der stalinistischen Sowjetunion zusammen [...]" (Wallerstein 2004c: 36). Man kann zur Erklärung des „europäischen Bürgerkriegs", wie die Zeit vom Anfang des Ersten und Ende des Zweiten Weltkriegs auch genannt wurde, die Logik des europäischen Staatensystems anführen, demzufolge ein nach Hegemonie oder imperialer

Herrschaft strebender Staat die anderen Länder des Systems – zu denen in diesem Falle auch die Vereinigten Staaten und die Sowjetunion als „Flügelmächte" des europäischen Staatensystem gehören – zur Bildung von Gegenmacht in Form einer Allianz der sich bedroht fühlenden Staaten führt, nach deren Sieg dann in den anschließenden Friedensverträgen ein ungefähres Gleichgewicht im Staatensystem wiederhergestellt wird (Dehio 1996).

Nach dem gewonnen Zweiten Weltkrieg, in der Phase ihrer *hegemonialen Reife*, stellte sich den USA das Problem, einerseits eine neue, stabile Weltordnung zu schaffen, die den Wiederaufbau der ruinierten Weltwirtschaft ermöglichte, und anderseits einen Ausgleich mit der Sowjetunion, der zweiten Siegermacht, die zwar wirtschaftlich stark geschwächt war, aber eine den USA konträre Ideologie vertrat, zu finden. Die Lösung für den ersten Problemkomplex war der unter dem Dach der neu gegründeten Vereinten Nationen entwickelte Komplex der internationalen Organisationen beziehungsweise internationalen Wirtschaftsregime, bestehend aus IWF als Weltwährungsregime, der Weltbank als Weltentwicklungsregime und dem GATT als Welthandelsregime. (Letzteres ist zwar keine formale Unterorganisation der UNO, gehört aber zum Gefüge der internationalen Wirtschaftsorganisationen.) Der zweite Problemkomplex wurde Wallerstein (2004a: 20 f., 49) zufolge im Jalta-Abkommen zwischen den USA, der Sowjetunion und Großbritannien geregelt, in dem die Welt informell zwischen einem größeren US-amerikanischen und einem kleineren sowjetischen Machtbereich aufgeteilt wurde, deren Trennlinie dort verlief, wo am Ende des Zweiten Weltkriegs die jeweiligen Truppen standen. Somit wurde der Status quo festgeschrieben, aus dem im Kalten Krieg von 1947 bis 1991 das „Gleichgewicht des Schreckens" zwischen den beiden großen Atommächten hervorging.

Der *Niedergang* der US-Hegemonie soll nun über Wallersteins (2004c) ziemlich kursorische Ausführungen hinaus – er verweist hier auf „vier Symbole", die für den zum „Ende" der US-Hegemonie führenden Prozess stehen sollen: „der Krieg in Vietnam, die Revolutionen von 1968, der Fall der Berliner Mauer 1989 und die Terrorattacken vom September 2001" – im Bezugssystem des Hegemonialzyklus mit seiner Differenzierung von Phasen und Dimensionen hegemonialer Macht in größerem zeitlichen und systematischen Zusammenhang analysiert werden.

1. Niedergang der wirtschaftlichen Stärke
Nach Wallersteins Auffassung ging der Niedergang der US-Hegemonie mit dem Abschwung des vierten Kondratieff-Zyklus einher, und wie bei allen vorhergehenden Hegemonialzyklen ging er mit dem Schwinden der (im Aufschwung aufgebauten) komparativen Vorteile zuerst in der industriellen Produktion, dann im Welthandel und schließlich im Bereich der globalen Finanzen einher.

Im Bereich der industriellen Produktion geriet das amerikanische Modell der Massenproduktion unter den Druck des japanischen Modells der schlanken

Produktion und des europäischen Modells der flexiblen Spezialisierung und verlor diesen gegenüber an internationaler Wettbewerbsfähigkeit (Priore/Sabel 1985). Die sich seit längerem anbahnende Krise des amerikanischen Produktionsparadigmas, die nach der Logik des Kondratieff-Zyklus vorhersehbar und unvermeidlich war, wurde durch den unvorhersehbaren, wenn auch vermeidbaren, weil durch amerikanische Mineralölkonzerne und ungeschickte Regierungspolitik bedingten, Ölpreisschock von 1973, der die Wirtschaft der USA und der anderen Industrieländer in Rezession und Stagflation stürzte, faktisch verstärkt und mental dramatisiert.

Empirisch ablesbar ist die allmähliche Erosion der amerikanischen Industrieproduktion einerseits an ihrem anteilsmäßigen Rückgang an der weltweiten Industrieproduktion seit dem historischen Hoch von 1953, anderseits an dem Anstieg des Warenimports und des Außenhandelsdefizits. Seit den 1970er Jahren sind negative Handelsbilanzen in vielen wichtigen Industriezweigen und mit nahezu allen bedeutenden Volkswirtschaften zu verzeichnen. Das Außenhandelsdefizit der USA ist von 1971 bis 2005 auf über 500 Milliarden Dollar pro Jahr angestiegen. Im Handel mit China betrug das Defizit 2005 rund 200 Milliarden Dollar, mit Europa über 120 Milliarden Dollar und mit Japan gut 80 Milliarden Dollar. Damit sind die USA *vom größten Exporteur zum größten Importeur* der Welt geworden.

Dem Defizit in der Handelsbilanz steht ein ebenso großer Netto-Kapitalimport gegenüber. Da die Sparquote der privaten Haushalte in der Vergangenheit extrem niedrig war, konnte die Kapitalbildung fast nur in den Banken und Unternehmen stattfinden. Über die Wall Street, in der zwei Drittel des weltweiten Börsenhandels abgewickelt werden, investiert die Welt in die amerikanische Volkswirtschaft und finanziert somit in erheblichem Umfang den Konsum der US-Bürger und die Staatsausgaben der Regierung. Man kann somit eine *Verlagerung von der Produktion zum Konsum* erkennen. Durch die Inanspruchnahme des Kapitals vieler Länder schwächen die Amerikaner deren Entwicklungschancen und damit letztlich auch die der Weltwirtschaft.

Infolge der zunehmenden Defizite in der Handels- und Dienstleistungsbilanz – letztere ist vor allem durch Nettozahlungen von Zinsen und Dividenden an das Ausland ebenfalls enorm gestiegen – wurden die Vereinigten Staaten *vom größten Gläubiger zum größten Schuldner* der Welt. Unter Verweis auf die Auslandsverschuldung der USA im Umfang von rund 3.000 Milliarden Dollar und Bruttoforderungen gegenüber den USA von rund 8.000 Milliarden Dollar spricht Ferguson (2004: 342 ff.) vom „verschuldeten Imperium". Inzwischen ist die Staatsverschuldung infolge der Weltwirtschaftskrise auf rund 80 Prozent des BIP angestiegen. Die immense Auslandsverschuldung begrenzt den Bewegungsspielraum der amerikanischen Politik und schwächt ihre hegemoniale Position.

Trotz dieser prekären Verschiebungen erwies sich der Anteil der USA am globalen Bruttosozialprodukt als erstaunlich konstant. Von kurzen Ausnahmen abgesehen „steuerten die Vereinigten Staaten über einen Zeitraum von hundert

Jahren kontinuierlich etwa ein Viertel zur Weltwirtschaftsleistung bei (32 Prozent im Jahr 1913, 26 Prozent im Jahr 1960, 22 Prozent im Jahr 1980, 27 Prozent im Jahr 2000 und 26 Prozent im Jahr 2007)" (Zakaria 2009: 212 f.). „Die Wachstumsrate des Bruttoinlandsprodukts, des Endgewinns, betrug im Schnitt der letzten 25 Jahre über 3 Prozent und liegt damit deutlich höher als in Europa. (Die japanische Wirtschaft wuchs im gleichen Zeitraum um durchschnittlich 2,3 Prozent pro Jahr)" (Zakaria 2009: 215). Ein Niedergang der wirtschaftlichen Stärke ist aus diesen Zeitreihen nicht abzulesen. Insgesamt gesehen fällt die weltwirtschaftliche Bilanz der Vereinigten Staaten also eher gemischt als eindeutig aus.

2. Niedergang der Ordnungsmacht
Politische Macht äußert sich in der Fähigkeit, Ordnungsmodelle und Regelwerke auch gegen Widerstreben durchzusetzen. Wenn man sich an Wallersteins Begriff des „starken Staates", die Fähigkeit, Politik gegen Widerstand im Inneren und Opposition von außen durchzusetzen, hält, dann umfasst politische Macht nicht nur die Fähigkeit, nationale Interessen zu definieren, Klassengegensätze zu überwinden und gesellschaftliche Kräfte zu bündeln, sondern auch die Fähigkeit, nationale Interessen im internationalen System durchzusetzen. Hauptmerkmal einer Hegemonialmacht ist nach Wallersteins (2002b: 357) Definition die Durchsetzung einer internationalen Ordnung auf der Grundlage kollektiv verbindlicher Regelwerke. Wallerstein scheint zu unterstellen, dass in einem internationalen Staatensystem eine kollektiv verbindliche Ordnung ohne einen starken (Zentrums-) Staat nicht möglich ist.[15]

Gründe für den Niedergang einer internationalen Ordnung können demzufolge einerseits in Veränderungen des internationalen Systems, insbesondere im relativen Machtverlust des hegemonialen Staates gegenüber anderen Staaten mit anderen Interessen liegen, und anderseits im Versagen der Regelwerke beim Ausgleich der Interessen und der Bewältigung von Problemen in den internationalen Beziehungen und in der Weltwirtschaft. Modelski (1987), der ebenfalls dem Weltsystemparadigma zugeordnet werden kann, unterscheidet zwischen der *De-*

---

[15] Damit befände er sich in Übereinstimmung mit der Theorie der hegemonialen Stabilität: „Sie besagt im Kern, dass nur eine Hegemonialmacht imstande ist, den Ordnungsrahmen für eine offene Weltwirtschaft herzustellen und zu sichern. Im 19. Jahrhundert habe die *Pax Britannica* die Expansion des Welthandels ermöglicht. Nach dem Zweiten Weltkrieg seien es die Vereinigten Staaten gewesen, die mit Erfolg die Führungsrolle bei der Reorganisation der Weltwirtschaft eingenommen hätten. Ein (absoluter oder relativer) Machtverlust des Hegemons untergrabe die Stabilität der von ihm geschaffenen Regime. Die Befolgung liberaler ‚Spielregeln' lasse nach. Nationalismus und Protektionismus entfalteten ihre desintegrierenden Wirkungen. Auf den ersten Blick schien damit eine überzeugende Erklärung für die weltwirtschaftlichen Krisenprozesse in den siebziger Jahren gefunden zu sein, weil diese als Folgen und Begleiterscheinungen eines zunehmenden Machtverlusts der USA interpretiert werden konnten" (Kreile 1989: 91 f.).

konzentration der Staatenwelt und der *Delegitimierung* des Ordnungssystems. Der Begriff der *Dekonzentration* bezieht sich auf die relative Schwächung der Hegemonialmacht durch andere aufstrebende Staaten, wobei es zu einem Wandel von einem unipolaren zu einem multipolaren Staatensystem kommt; der Begriff der *Delegitimierung* bezieht sich auf die schwindende Akzeptanz der hegemonialen Ordnung in der Staatenwelt bei der Regelung internationaler Beziehungen und Probleme.

Der Prozess der Dekonzentration in der Staatenwelt, der Umverteilung der politischen Macht auf eine größere Anzahl von Staaten, zeichnet sich bereits in der Phase der hegemonialen Reife der USA von 1950 bis 1973 ab, als Japan und die Bundesrepublik Deutschland mit 9,4 beziehungsweise 5,9 Prozent der jährlichen Durchschnittsrate des Wachstums des Bruttosozialprodukts zu konstanten Preisen bessere Werte erzielten als die Vereinigten Staaten, deren Wachstumsrate sich auf 3,7 Prozent belief. Großbritannien kam in dieser Phase auf lediglich 3,0 Prozent (Maddison 1989: 228). Nach Wallersteins (2004c: 50) Einschätzung „war die wirtschaftliche Erholung und anschließende Blütezeit von Westeuropa und Japan der härteste Schlag gegen die USA, der am schwersten aufzufangen war."

Ein weiteres Indiz für die Dekonzentration der Staatenwelt ist *„Der Aufstieg der anderen"* (Zakaria 2009: 21 f., 30, 48). Damit sind aufstrebende Länder der Semiperipherie gemeint, insbesondere die sogenannten BRIC-Staaten: Brasilien, Russland, Indien und China, die seit vielen Jahren höhere Wachstumsraten aufweisen als die etablierten Industrieländer und inzwischen mehr zum Wachstum der Weltwirtschaft beitragen als diese.

Schließlich spiegelt sich die Dekonzentration der politischen Macht und der Trend zu einer multipolaren Welt auch in der schrittweisen Erweiterung der informellen Gruppe der „Großen" der Weltwirtschaft wider. Auf dem ersten, auf Initiative des deutschen Bundeskanzlers Helmut Schmidt und des französischen Staatspräsidenten Valérie Giscard d'Estaing im Jahr 1976 einberufenen Weltwirtschaftsgipfel sprach man von der Gruppe der „G-6" (USA, Japan, Deutschland, Großbritannien, Frankreich, Italien). Ein Jahr später wurde der Kreis um Kanada auf G-7 erweitert. 1998 wurde Russland als achtes Mitglied aufgenommen. Eine entscheidende Zäsur war der Weltwirtschaftsgipfel 2008 in Washington, auf dem die Anzahl der Teilnehmer durch die Aufnahme Australiens und einer Reihe von Schwellenländern wie Brasilien, Indien, Südkorea, Mexiko, Türkei, Indonesien, Südafrika, Saudi-Arabien und Argentinien auf zwanzig angestiegen war.

Einer Tendenz zur Delegitimierung der *Pax Americana* scheint die Entwicklung der von den Vereinigten Staaten geschaffenen internationalen Regierungsorganisationen zu widersprechen, ist doch die Zahl der Mitglieder, die im Lauf der Jahre den Vereinten Nationen und den drei großen internationalen Wirtschaftsorganisationen, dem Internationalen Währungsfonds, der Weltbank und der Welthandelsorganisation, freiwillig beigetreten sind, in der Phase der hegemonialen Reife (und auch darüber hinaus) stark gestiegen. Die Zahl der UN-Mitglieder hat sich von 26 Gründungsstaaten über 144 Mitgliedsstaaten in 1975 auf heute 191 Staaten erhöht. Der Internationale Währungsfonds zählte bei seiner Gründung 29 Mitgliedsstaaten, 1975 waren es 126, heute umfasst er 184 Staaten. Die Weltbank ist von ursprünglich 38 Staaten über 124 Mitglieder auf heute 180 Staaten angewachsen. Das GATT zählte bei seiner Gründung 1947 23 Länder, deren Zahl seitdem mit jeder „Handelsrunde" – Genf (1947), Annecy (1949), Torquay (1950/51), Genf (1955/56), Genf (1961/62, so genannte Dillon-Runde), Kennedy-Runde (1963–1967), Tokio-Runde (1973–1980) – anstieg. Auf dieser letzten Handelsrunde der betrachteten Epoche nahmen 83 Staaten teil, und weitere 25 Staaten entsandten Beobachter. Ihre Nachfolgeorganisation, die WTO, umfasst heute 149 Staaten.

Von der zunehmenden Repräsentanz von immer mehr Staaten in den internationalen Regierungsorganisationen ist nicht auf eine zunehmende Akzeptanz der Regelwerke zu schließen. Die Mitgliedschaft kann von dem Motiv bestimmt sein, die Regeln zum eigenen Vorteil zu verändern oder durch Ausnahmebestimmungen aufzuweichen. Betrachtet man die Leistungsfähigkeit der internationalen Organisationen unter dem Aspekt der Stabilisierung des Weltsystems und der Bewältigung von Problemen, sind eine Reihe von Defiziten und Fehlschlägen zu verzeichnen, die zu Recht oder zu Unrecht den Vereinigten Staaten angelastet wurden und die die Legitimation der Hegemonialmacht wie die der von ihnen durchgesetzten Ordnung nachhaltig beschädigt haben. Der erste große Rückschlag war die Aufkündigung der 1944 in Bretton Woods konstituierten Weltwährungsordnung im Jahre 1971, als sich der amerikanische Präsident Nixon gezwungen sah, zur Lösung der Finanzierungsprobleme des Vietnamkriegs das System der festen Wechselkurse, in dem alle Währungen an den Dollar und dieser an das Gold gebunden war, und das entscheidend zur Nachkriegsprosperität beigetragen hatte, außer Kraft zu setzen. Die Freigabe der Wechselkurse führte zu einer Destabilisierung des Weltwährungssystems. Es bildeten sich schnell wachsende Devisenmärkte, auf denen die Währungen der verschiedenen Länder getauscht wurden. Die erheblichen Schwankungen der Außenwerte der verschiedenen Währungen (Volatilität) waren für international tätige Unternehmen und Investoren mit erheblichen Risiken verbunden, gegen die sie sich absicherten. Für Banken eröffnete sich mit den *Hedge*-Geschäften ein neues, expandierendes Geschäftsfeld, für das sie neue, oftmals risikoreiche Finanzinstrumente entwickelten. Die Volatilität an den Devisenmärkten zog zahlreiche Spekulanten an, die auf steigende oder fallende Devisenkurse setzten und die Schwankungen der Kurse vielfach noch verstärkten. Inzwischen ist der tägliche weltweite Umsatz im Devisenhandel auf etwa 3.000 Milliarden Dollar angewachsen, von dem mehr als die Hälfte auf den Finanzplatz London entfällt. Die Grenzen zwischen Absicherungsgeschäften, Investment und Spekulation sind fließend; vermutlich entfallen nur 20 bis

30 Prozent dieser Summe auf Absicherungsgeschäfte mit Unternehmen, der Rest ist mehr oder weniger spekulativ.

Diesem durch immense Spekulation getriebenen, das internationale Währungssystem tendenziell destabilisierenden Devisenhandel steht der Internationale Währungsfonds relativ hilflos gegenüber. 1944 gegründet, um temporäre Zahlungsbilanzprobleme zwischen den entwickelten Industrieländern zu beseitigen, ist er seit den 1970er Jahren, als man den Ausgleich der Währungen dem Devisenmarkt und der Finanzindustrie überließ, weitgehend funktionslos geworden. Der IWF hat aber eine neue Rolle als eine Art von Weltzentralbank bei der Sicherung der Zahlungsfähigkeit von weniger entwickelten Ländern in Finanzkrisen gefunden. Als globaler Krisenmanager war er nach Meinung vieler Experten aber nur mäßig erfolgreich und hat die Krisen oftmals zumindest vorübergehend noch verstärkt. Die Reaktionen des Internationalen Währungsfonds und der Weltbank auf die großen Krisen der 1980er und 1990er Jahre – Lateinamerika (1982), Südostasien (1997) und Russland (1998) – haben erhebliche Zweifel an seiner Effizienz geweckt und seine Akzeptanz nachhaltig erschüttert (Stiglitz 2002; Krugman 2008: 41–141). Die Kritik richtet sich vor allem gegen die auf dem so genannten *Washington Consensus* – zwischen IWF, Weltbank und US-Schatzministerium – basierenden, von der neoliberalen Wirtschaftstheorie inspirierten Problemlösungsstrategien, die die Besonderheiten der einzelnen Länder zu wenig berücksichtigen und ihnen umstrittene Strukturanpassungsprogramme aufzwingen. Die Standardlösungen bestanden im Kern aus einer Kürzung des Budgets (die die Zinsen hochtrieb, Investitionen verteuerte und die Schaffung von Arbeitsplätzen erschwerte), einer Liberalisierung des Handels (in deren Folge oftmals einheimische Unternehmen verdrängt und Arbeitsplätze vernichtet wurden) und der Privatisierung staatlicher Unternehmen (die nicht selten zur Entstehung neokapitalistischer Oligarchien führte).

Um den berüchtigten Strukturanpassungsprogrammen des IWF zu entgehen, haben immer mehr Länder nach alternativen Finanzierungsmöglichkeiten gesucht. Anstatt Kredite bei Weltbank oder IWF aufzunehmen, haben sie den freien Kapitalmarkt genutzt oder eigene regionale Entwicklungsbanken und Währungsfonds aufgebaut (James 1997: 115 f.). Dies ist vor allen in den aufstrebenden Staaten Asiens und Lateinamerikas zu beobachten. Dadurch ist die Bedeutung des IWF rückläufig und darauf angewiesen, seine Politik grundlegend zu verändern. Ähnliches gilt für die mit dem IWF eng verbundene Weltbank. (Ein Staat kann beiden Organisationen nur gleichzeitig beitreten; beide sind Unterorganisation der Vereinten Nationen mit Sitz in Washington; und beide sind stark von amerikanischen Ordnungsideen und Wirtschaftsinteressen geprägt.) Ursprünglich war der Weltbank die Aufgabe zugewiesen, den Wiederaufbau Europas nach dem Zweiten Weltkrieg zu finanzieren. Dabei trat sie aber bald hinter den Marshall-Plan (1948–1951) zurück. Später konzentrierte sie sich auf die Finanzierung großer Infrastrukturprojekte in den Entwicklungsländern. Mit der Expansion der Weltkapitalmärkte ist diese Funktion zunehmend von privaten Finanzinstitutionen übernommen worden (World Bank 2008).

Weniger Kritik als das Weltwährungs- und Weltentwicklungsregime hat das Welthandelsregime mit dem früheren GATT und der jetzigen WTO auf sich gezogen, unter anderem auch deshalb, weil anders als in IWF und Weltbank die Stimmen der Mitglieder nicht nach ökonomischen Kriterien gewichtet sind, sondern jedes Land eine Stimme hat. Aufgrund des schnell wachsenden Welthandels, vom dem alle beteiligten Länder (wenn auch in unterschiedlichem Maße) profitierten, seiner offeneren und demokratischeren Arbeitsweise, bei der die Entwicklungsländer ihre Interessen besser zur Geltung bringen (wenn auch nur sehr begrenzt durchsetzen) konnten, und seinen wechselnden Verhandlungsorten (in die zunehmend auch Entwicklungsländer einbezogen wurden), bot es weniger Angriffsflächen als die Washingtoner Organisationen.

Insgesamt gesehen, kann man wohl von einem Paradigmenwechsel in der Politik der internationalen Wirtschaftsorganisationen sprechen. Während die in Bretton Woods vereinbarte Nachkriegsordnung auf kollektives politisches Handeln im Rahmen fester Institutionen bei der Bewältigung wirtschaftlicher Krisen und Krisenbewältigung ausgerichtet war, setzte der Konsens von Washington dreißig Jahre später auf die Kräfte des Marktes, die zu besseren Lösungen weltwirtschaftlicher Probleme und Krisen führen würden als politisches Handeln. Ob dieser von den USA durchgesetzte Paradigmenwechsel Ausdruck der Stärke oder der Schwäche der Hegemonialmacht ist, ist schwer zu beurteilen. Von dieser Neuausrichtung der internationalen Wirtschaftsorganisationen hat die amerikanische Finanzwirtschaft gewiss stärker profitiert als die jedes anderen Mitgliedslandes. Vieles spricht dafür, dass die Legitimation der *Pax Americana* zumindest in der Weltöffentlichkeit, wie nicht zuletzt „antisystemische Bewegungen" in Zentrum und Peripherie zeigen, unter diesem Paradigmenwechsel gelitten hat.

3. Niedergang der militärischen Überlegenheit?

Einen Niedergang der militärischen Überlegenheit könnte man darin sehen, dass die Vereinigten Staaten die rivalisierenden Zentrumsmächte Deutschland und Japan im Zweiten Weltkrieg vollständig besiegen und zur weitgehenden Übernahme ihres Ordnungsmodells bewegen konnten, nach dem Zweiten Weltkrieg aber große Schwierigkeiten mit externen und peripheren Staaten hatten. Im Koreakrieg mussten sie sich mit einem halben Sieg – oder einer halben Niederlage – zufrieden geben, als das Land zwischen den Kombattanten geteilt wurde; im Vietnamkrieg mussten sie eine demütigende Niederlage hinnehmen; in den beiden Golfkriegen führten schnell errungene Siege auf dem Schlachtfeld nicht zu Frieden und Ordnung im Land, und in Afghanistan scheint alles offen und ungewiss.

Das weltweite System von Militärstützpunkten und die asymmetrischen Kriege in peripheren Regionen werfen die Frage nach einer strategischen Überdehnung der Vereinigten Staaten als eine Ursache hegemonialen Niedergangs auf. Kennedy (1989: 12) zufolge hat seit der Neuzeit regelmäßig ein „*strategic overstretch*" entscheidend zum Niedergang von Großmächten beigetragen. „Wenn ein Staat sich strategisch überdehnt – zum Beispiel dadurch, dass er ausgedehnte Territorien erobert oder kostspielige Kriege führt [...] läuft er Gefahr, dass die potentiellen Vorteile dieser äußeren Expansion von den großen Kosten der ganzen Unternehmung überschattet werden – ein Dilemma, das akut wird, wenn die betroffene Nation in eine Phase relativen wirtschaftlichen Abstiegs eintritt." Ferguson (2004: 321) zufolge werden die USA nicht so sehr durch eine strategische als durch eine ihren Kern ausmachende „fiskalische Überdehnung" bedroht; allerdings sieht er den entscheidenden Grund hierfür weniger in den Ausgaben für das weltweite Militärsystem als in den „chronisch unausgeglichenen Inlandsfinanzen" (deren Lage mit der Weltfinanzkrise von 2007 nochmals dramatisch verschärft wurde).

Zakaria scheint die Gefahr strategischer beziehungsweise fiskalischer Überdehnung nicht zu sehen. Obwohl fast 50 Prozent der weltweiten Verteidigungsausgaben auf die USA entfallen, machen sie zur Zeit nur etwa 4,1 Prozent des Bruttoinlandsprodukts aus. Zakaria (2009: 213 f.) zufolge belaufen sich die Kosten für den Irak- und den Afghanistan-Einsatz auf zusammen 125 Milliarden Dollar jährlich, das ist weniger als ein Prozent des BIP. Die Zunahme des US-amerikanischen BIP lässt diese immensen Summen erschwinglich erscheinen. Eine strategische Überdehnung, die Kennedy (1989) zufolge wesentlich zum Fall der großen Mächte seit der Neuzeit beigetragen hat, scheint Zakaria nicht zu sehen. Er hat den historischen Niedergang Großbritanniens mit dem möglichen Niedergang der Vereinigten Staaten verglichen und kommt zu dem Ergebnis, dass den USA aufgrund ihrer scheinbar ungebrochenen Wirtschaftskraft und Innovationsfähigkeit kein dem Niedergang Großbritanniens ähnliches Schicksal droht. Demgegenüber hat ein französischer Beobachter bereits einen „Nachruf" auf die Weltmacht USA verfasst (Todd 2003).

4. Der Niedergang der ideologischen Macht
Wie Wallerstein (2007: 83 f.) zusammenfassend feststellt, hätte das moderne Weltsystem „ohne die Anwendung von Gewalt, um seinen Geltungsbereich zu erweitern und große Teile der Bevölkerung zu kontrollieren, nicht entstehen und institutionalisiert werden können. Dennoch ist überlegene Gewalt, selbst überwältigende Gewalt, niemals ausreichend gewesen, um Herrschaft nachhaltig zu etablieren. Die Mächtigen haben stets ein gewisses Maß an Legitimität benötigt, um die Vorteile und Privilegien, die ihnen mit der Herrschaft zufielen, zu rechtfertigen. [...] Um die Legitimation der Herrschaft zu sichern, war es entscheidend, das moralische Recht auf Herrschaft bestätigt zu bekommen. Und um dies zu erreichen, musste man demonstrieren, dass die *langfristige* Wirkung der Herrschaft den Beherrschten zugute kam, auch wenn die *kurzfristige* Wirkung negativ zu sein schien".

Wallerstein unterscheidet drei Legitimierungskonzepte, die allesamt Formen des europäischen Universalismus waren: das Recht, unter Berufung auf universalistische Werte im Weltsystem (gegen Barbaren) zu intervenieren („universelle Werte gegen Barbarei"); der Anspruch, unter Berufung auf Fortschritt und Modernisierung, kulturell erstarrten Ländern zur Entwicklung zu verhelfen („essentieller Partikularismus"); die Berufung auf wissenschaftlichen Universalismus als einzig sinnvollen Weg zum Verständnis der Welt („wissenschaftlicher Universalismus"). Das Recht zu Intervention wurde von Intellektuellen der ersten Hegemonialmacht im modernen Weltsystem, den spanischen Geistlichen Las Casas und Sepúlveda im Zusammenhang mit der Eroberung Amerikas im 16. Jahrhundert erstmals erörtert. Dabei ging es im Wesentlichen um die Rechte der spanischen Eroberer gegenüber den eingeborenen Bevölkerungen Amerikas und umgekehrt um die Rechte der Indigenen gegenüber den Kolonisatoren. Der essentielle Partikularismus bezog sich vor allem auf die orientalischen Kulturen. Der Kern des westlichen „Orientalismus" „bestand darin, dass selbst wenn es zutreffen sollte, dass die orientalischen ‚Kulturen' so reich und entwickelt wären, wie die westlich-christliche Kultur und damit in gewissem Sinn gleichwertige Partner sein sollten, sie dennoch einen kleinen, aber entscheidenden Defekt aufwiesen, und zwar in allen Fällen den gleichen. Man behauptete, etwas in ihnen mache sie unfähig, sich zur ‚Modernität' weiterzuentwickeln. Sie seien erstarrt, hätten eine Art kulturellen Starrkrampf erlitten, den man als Krankheit ihrer Kultur bezeichnen könne" (Wallerstein 2007: 87). Der wissenschaftliche Universalismus versucht, das Konzept der zwei Kulturen – die Unterscheidung zwischen Geisteswissenschaften, die den Werten des Guten nachspüren, und den Naturwissenschaften, die auf der Suche nach Wahrheit seien – zugunsten einer absoluten Dominanz der angeblich ideologisch neutralen, von Kultur und Politik getrennten naturwissenschaftlichen Methode zu überwinden. Für Wallerstein (2007: 89) sind die Naturwissenschaften „die subtilste Form der ideologischen Rechtfertigung der Mächtigen gewesen. Denn sie stellen den Universalismus als ideologisch neutral dar, da er nicht Teil der ‚Kultur' und insbesondere der politischen Arena sei und seine Rechtfertigung in erster Linie von dem Nutzen ableite, den er der Menschheit durch die Anwendung des theoretischen, von Wissenschaftlern erarbeiteten Wissens zu bieten habe."

Es liegt auf der Hand, dass die amerikanische Hegemonialmacht sich auf alle drei Legitimierungskonzepte berufen hat. Sie hat im Namen universeller Werte gegen „Barbaren" in anderen Zentrumsländern und peripheren Regionen interveniert; sie hat gegenüber anderen Ländern eine „orientalistische" Position eingenommen und diese zur Übernahme von „Amerikanismen" aller Art gedrängt; und sie hat unter Berufung auf wissenschaftlichen Fortschritt und praktischen Nutzen zahllose technische Innovationen zum eigenen Vorteil durchgesetzt.

Nach Wallersteins Diagnose haben die Vereinigten Staaten seit der „Weltrevolution" von 1968 auf allen drei Dimensionen der Legitimation verloren. Der ihnen zugrunde liegende Universalismus ist innerhalb wie außerhalb der USA zunehmend bestritten worden. Den Hauptgrund für den Niedergang der ideologischen Macht der Vereinigten Staaten sieht Wallerstein im Widerspruch zwischen den universellen Werten, auf die sich die Vereinigten Staaten immer berufen haben, und den partikularen Interessen, die sie im Weltsystem verfolgen.

Auch Todd (2003: 131 ff.) sieht im „Rückgang des Universalismus einen der wichtigsten Gründe für den hegemonialen Niedergang der USA. Ähnlich wie Wallerstein erkennt auch er einen Widerspruch zwischen dem amerikanischen Universalismus, der in der Verschmelzung von Immigranten aus vielen Ländern der Welt zu einer universellen Nation zum Ausdruck kommt, und einer ebenso stark verwurzelten Tendenz zu radikaler Differenzierung, wie er sich in der Diskriminierung von Indianern, Afroamerikanern, Hispanos und anderen ethnischen Minderheiten zeigt oder auch im Umgang mit anderen Völkern. „Israel wird in Inneren wie in den Außenbeziehungen in das mentale System Amerikas integriert, die Araber bleiben wie die Schwarzen und die Mexikaner ausgeschlossen" (Todd 2003: 145). Mit dem Rückgang der egalitären und universalistischen Einstellungen hätten die Vereinigten Staaten „eine ideologische Ressource verloren, die für ein Weltreich unverzichtbar ist. Ohne die Vorstellung, dass alle Menschen und alle Völker gleich sind, kann Amerika über eine zu groß und zu verschieden gewordene Welt nicht herrschen. Das Wissen um Recht und Unrecht ist ein Herrschaftsinstrument, und Amerika besitzt es nicht mehr. Die unmittelbare Nachkriegszeit – der Zeitraum zwischen 1950 und 1965 – war in gewisser Weise der Höhepunkt des Universalismus in der amerikanischen Geschichte" (Todd 2003: 155).

Vor dem Hintergrund dieses umfassenden Konzepts lässt sich der Niedergang der ideologischen Macht der USA wie folgt zusammenfassen: Erstens ist der von den USA vertretene Universalismus kein wirklich universeller, sondern ein europäischer oder westlicher Universalismus. Zweitens ist der von den USA propagierte Universalismus (der kulturellen Werte) von (politischen) Partikularismen durchsetzt (z. B. im Bereich der Verfügung über Atomwaffen). Drittens berufen sich die USA auf Prinzipien und Werte, die sie selbst verletzen; derartige Doppelstandards tragen zu weltweitem Antiamerikanismus bei (vgl. Atlas der Globalisierung 2009: 38 f.). Viertens wird der westliche Universalismus durch Länder der Semiperipherie und Peripherie bestritten. Werte wie Freiheit, Gleichheit, Demokratie, Individualismus, Menschenrechte, Rechtstaatlichkeit und Privateigentum, die nach Huntington (2004: 70) das „Credo" der USA als „universeller Nation" bilden, werden von Ländern anderer Kulturkreise in Frage gestellt oder anders definiert und gewichtet.

Betrachtet man alle vier Dimensionen hegemonialer Macht in ihrem zeitlichen und kausalen Zusammenhang, dann lassen sich weder parallele Verlaufsmuster noch direkte Kausalitäten erkennen. Es gibt viele Indizien für einen relativen Niedergang der hegemonialen Macht der USA, aber daraus lässt sich – jedenfalls in unserem kursorischen Überblick – kein konsistentes Muster ausmachen. Um auf Wallersteins (2004c) Frage nach „Absturz oder Sinkflug des Adlers" zurückzukommen: die Metapher des Sinkflugs ist treffender als die des Absturzes; ein Absturz ist auf keiner Dimension erkennbar und es erscheint keineswegs ausgeschlossen, dass der Adler auch wieder Strömungen findet, die ihn nach oben tragen.

4.2.2 Der Aufstieg Chinas von der Außenarena ins Zentrum der Weltwirtschaft

Schon im ersten Kapitel des ersten Bands des modernen Weltsystems geht Wallerstein (2004a: 59 ff.) im Zusammenhang mit der überseeischen Expansion Europas auf die Bedeutung Chinas ein. Er zitiert den französischen Historiker Pierre Chaunu: „Dass Christoph Columbus und Vasco da Gama (...) nicht Chinesen waren, (...) ist wohl einige Augenblicke des Nachdenkens (...) wert. Denn schließlich war am Ende des 15. Jahrhunderts, soweit die historische Literatur uns ein Verständnis dafür ermöglicht, der Ferne Osten als eine dem Mittelmeerraum vergleichbare Entität (...) in keiner Hinsicht, zumindest oberflächlich, dem Fernen Westen des eurasischen Kontinents unterlegen."

Tatsächlich begannen die Chinesen ungefähr zur gleichen Zeit wie die Portugiesen mit ihren Übersee-Erkundungen. Auf Befehl des Kaisers Yung-lo wurden unter Leitung des Admirals *Cheng Ho* (oder Zheng He) von 1405 und 1433 sieben, im Durchschnitt zwei Jahre dauernde Expeditionen in die „westlichen Meere" mit insgesamt 3.800 Schiffen durchgeführt, darunter 1.350 Patrouillienboote und 1.350 Kampfschiffe, eine Hauptstreitmacht von 400 großen Kampfschiffen, sowie 400 Transportschiffe und mehr als 250 Langstrecken-Schatzschiffe, die mit 120 Metern Länge und fast 50 Metern Breite fünf Mal so groß waren wie die Schiffe, mit denen Vasco da Gama 1497/98 von Portugal nach Indien segelte (Maddison 2001: 68 f.). Nach nur 28 Jahren wurde die viel versprechende maritime Expansion Chinas abrupt abgebrochen und nie wieder aufgenommen.

Aus welchen Gründen die Überseeexpeditionen eingestellt wurden, ist für unsere Diskussion sekundär gegenüber der Tatsache, dass ein chinesischer Kaiser eine so weitreichende Entscheidung treffen konnte. Im dezentralen und kompetitiven Staatensystem Europas hätte der Entschluss eines einzelnen Herrschers keinesfalls die Einstellung der überseeischen Expansion bedeutet. Hätten beispielsweise die Portugiesen ihr maritimes Erkundungsprogramm eingestellt, hätten sich Spanier, Holländer, Engländer oder Franzosen dadurch kaum von ihren eigenen Plänen abbringen lassen; sie hätten die Expansion früher oder später auf eigene Faust fortgesetzt. Während der chinesische Ming-Kaiser Zhu Dides die maritime Expansionsphase abrupt beendete, begann unter Europäern ein Wettlauf um den Seeweg nach Indien, der nicht nur zur Erschließung Asiens, sondern auch zur Entdeckung und Eroberung Amerikas führte. Mit der Kolonialisierung der Neuen

Welt konnten die Europäer ihre wirtschaftliche Nutzfläche und ihren politischen und kulturellen Einflussbereich immens erweitern. Diese historische Weggabelung – die Einstellung der Überseeexpansion durch die Chinesen und ihre Forcierung durch die Europäer – macht den Unterschied zwischen einem zentralistischen Imperium und einem dezentralen Staatensystem schlagartig klar. Im ersten Falle beeinträchtigte eine vermutlich kurzsichtige Entscheidung der herrschen Elite, der Entwicklung des Binnenlandes absoluten Vorrang gegenüber jeglicher maritimen Expansion zu geben, die langfristigen Entwicklungschancen des Reiches. Im zweiten Falle stimulierte die internationale Staatenkonkurrenz die überseeische Expansion Europas und mit ihr, Wallerstein zufolge, die Überwindung der Krise des Feudalismus und die Entstehung des modernen kapitalistischen Weltsystems.

Aus Wallersteins eurozentrisch angelegter Weltsystemperspektive befand sich China die weitaus längste Zeit seiner Geschichte außerhalb des modernen, d. h. westlich geprägten Weltsystems und war für dessen wirtschaftliche Entwicklung daher von allenfalls marginaler Bedeutung. Für Wallerstein wird China erst wieder im Zusammenhang mit seiner Inkorporation in die Weltwirtschaft im 19. Jahrhundert interessant (vgl. Osterhammel 1989: 14 ff.). Demgegenüber vertritt (die ebenfalls weltsystemisch argumentierende) Janet Abu-Lughod (1989) die These, dass es bereits im 13. Jahrhundert ein Weltsystem gegeben hat, das Westeuropa und China als Subsysteme umfasste. In diesem frühen „afro-eurasischen" Weltsystem gab es kein dominierendes Zentrum; vielmehr war das aus einander überlappenden regionalen Ökonomien bestehende, von Fernhandelswegen durchzogene System polyzentrisch strukturiert. Über Abu-Lughod hinausgehend, die ihr Weltsystem des 13. Jahrhunderts als Vorläufer des von den Europäern im 16. Jahrhundert neu begründeten kapitalistischen Weltsystems sieht, behauptet André Gunder Frank eine Jahrhunderte lange Kontinuität dieses seiner Meinung nach schon vor 1250 bestehenden und bis ins 19. Jahrhundert hineinreichenden Weltsystems. Und im Unterschied zu Abu-Lughods vertritt Frank (1998: 52 ff.) die These, dass China in diesem Weltsystem immer eine dominierende Rolle gespielt hat, während Europa sich mit einer eher marginalen oder peripheren Position begnügen musste.

An Kenneth Pomeranz (2000) anknüpfend, behauptet Frank, dass es erst im 19. Jahrhundert zu einer „großen Divergenz" in den Entwicklungen Europas und Chinas kam, und dass die Ursachen für diesen späten Aufstieg Europas ins Zentrum der Weltwirtschaft in der zufallsbedingten Verfügung Europas über „Kohle und Kolonien" und in der seinerzeitigen Schwächeperiode Asiens zu suchen sei.

Unter Bezugnahme auf Abu-Lughod (1989), Pomeranz (2000), Bin Wong (1997), Blaut (1993), Chaudhuri (1990) und andere, fordert Frank eine *„Reorientierung"* der Weltsystemanalyse. Damit ist einerseits eine historische Neubewertung des Orients im Verhältnis zum Okzident im Rahmen der Weltgeschichte beziehungsweise des Weltsystems gemeint, und anderseits eine methodische Umorientierung weg von internationalen Vergleichen, die zumeist danach fragen, was der Osten im Vergleich zum Westen nicht hatte, was ihm fehlte und ihn hemmte, hin zu einer weltsystemischen Analyse, die beide als interagierende Komponenten eines umfassenden Systems mit sich verändernden Grenzen, Strukturen und Schwerpunkten begreift. Da Franks Aufruf zur Reorientierung der Weltsystemanalyse international stark diskutiert wird, erscheint es lohnend, auf diese aktuelle Revision der Weltsystemanalyse etwas näher einzugehen.[16]

Im Kern besteht Franks Reorientierungsprogramm für die Weltsystemanalyse also aus drei empirisch überprüfbaren Hypothesen:

1. Gegen Wallersteins eurozentrische Hypothese, der zufolge die Europäer im Zuge ihrer überseeischen Expansion das moderne Weltsystem geschaffen und darin immer eine zentrale Position behauptet hätten, stellt Frank (2005: 44) die sinozentrische Hypothese, dass es bereits im 13. Jahrhundert (und wahrscheinlich schon sehr viel früher) ein hoch entwickeltes „afro-eurasisches Weltsystem" gegeben habe, dessen Zentrum in Asien beziehungsweise China zu suchen sei, und innerhalb dessen Europa bis ins 19. Jahrhundert hinein eine periphere Position eingenommen habe.
2. Gegen die überkommene Hypothese, der zufolge es schon im 16. Jahrhundert, im Zuge der Entdeckung des Seewegs nach Asien und der Eroberung Amerikas, zu einer divergierenden Entwicklung zwischen Europa und China gekommen sei, stellt Frank die Hypothese, dass Europa erst im Zuge seiner Industrialisierung und dank seiner kolonialen Ressourcen eine hegemoniale Position im Weltsystem habe erringen können.
3. Mit einer dritten Hypothese erreicht Frank die Gegenwart, indem er gegen die Selbstgewissheit vieler Eurozentristen, dass westliche Länder ihre Führungsrolle in der Weltwirtschaft auf der Grundlage ihres überlegenen Wirtschafts- und Gesellschaftsmodells auch in Zukunft behaupten werden, eine Tendenz zur Rezentrierung der Weltwirtschaft in Asien erkennt, mit der die – relativ kurze – Dominanz des Westens enden werde.

Von diesen drei Hypothesen ist nicht nur die letzte aktuell, weil sie sich auf die unmittelbare Gegenwart und nahe Zukunft bezieht. Auch die beiden ersten Hypothesen sind aktuell, da sie Gegenstand neuerer Forschungen und aktueller wissenschaftlicher Kontroversen sind. Es erscheint also lohnend, sich mit allen drei Hypothesen empirisch und theoretisch auseinanderzusetzen.

---

[16] In deutscher Übersetzung erschien 2005 die kleine Monographie „*Von der Neuen Welt zum Reich der Mitte: Reorientierung im Weltsystem*", für 2011 ist eine Übersetzung des 1998 erschienenen Werks „*ReOrient: Global Economy in the Asian Age*" angekündigt.

124 Kritik und Aktualität der Weltsystemanalyse

Abbildung 3   Das Weltsystem des 13. Jahrhunderts

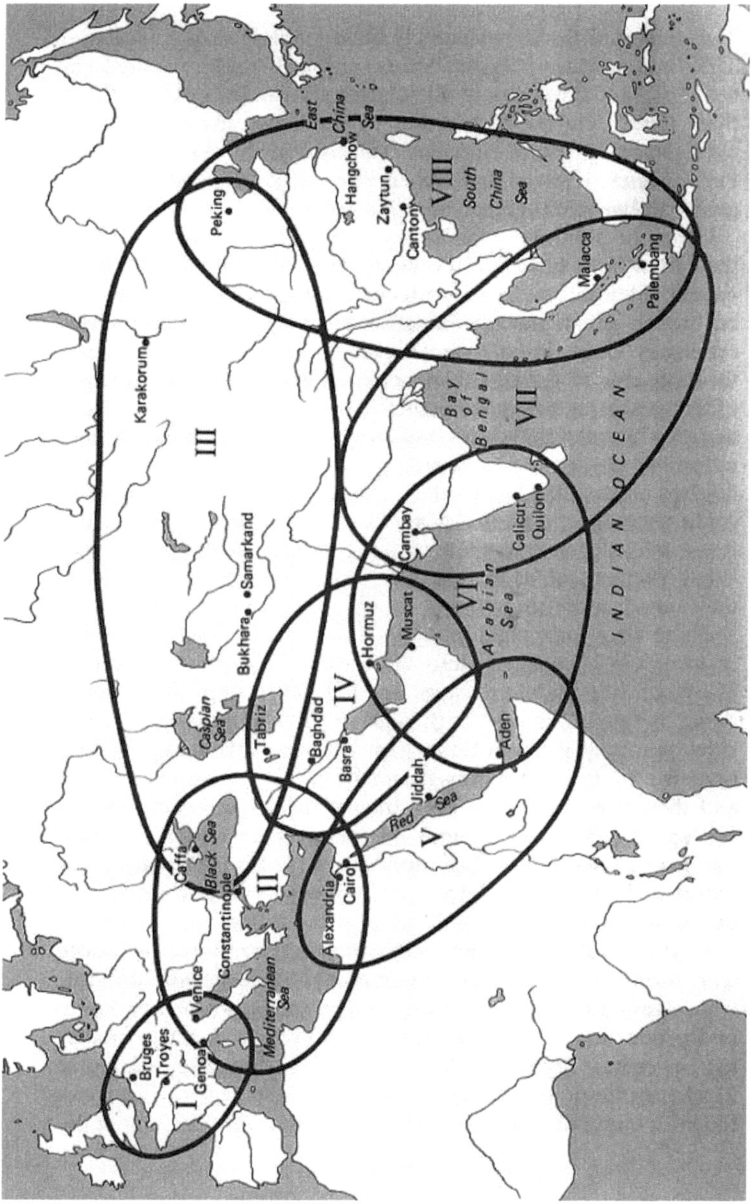

Quelle: Abu-Lughod 1989: 34.

1. Das Weltsystem des 13. Jahrhunderts

Beim Nachweis eines voreuropäischen und asiazentrierten Weltsystems stützt sich Frank auf Abu-Lughods (1989) Darstellung eines „afro-eurasisches Weltsystems", dessen Existenz von dieser Autorin für die Zeit von 1250 bis 1350 aufgezeigt und von Frank mit Modifikationen bis ins 18. Jahrhundert hinein verlängert wurde. Dieses schon im 13. Jahrhundert – also lange vor der maritimen Expansion Europas – ausgebildete Weltsystem bestand aus drei Hauptregionen oder Subsystemen: Europa, der Mittlere Osten und der Ferne Osten, die in acht einander überlappende Ellipsen *(„circuits")* oder Handelszonen aufgeteilt werden. Vom Westen nach Osten waren dies: Europa (von Südengland bis Norditalien), der Mittelmeerraum, die Regionen um das Rote Meer, der Persische Golf, das Arabische Meer, der Golf von Bengalen, das Südchinesische Meer und Zentralasien (vom Schwarzen Meer bis zum Ostchinesischen Meer). Die drei Subsysteme waren durch drei Haupthandelswege miteinander verbunden, die von Europa aus gesehen alle im östlichen Mittelmeer begannen. Der nördliche Weg verlief durch das Schwarze Meer, dann über Land durch das mongolische Reich bis nach China. (Diesen Weg benutzte Marco Polo Ende des 13. Jahrhunderts.) Ein mittlerer Handelsweg verlief über Bagdad zum Persischen Golf und weiter zum Indischen Ozean, der von der Expansion der islamischen Welt um 650 bis 1750 „die entscheidende Handelsdrehscheibe und Quelle merkantilen Reichtums in der Welt" war (Marks 2006: 60). Ein südlicher Weg verlief von Kairo (unter Herrschaft der Reichs der Mameluken) durch das Rote Meer zum Indischen Ozean.

Aus weltsystemischer Sicht stellen sich bei dieser Konstruktion u. a. drei Fragen: Kann man bei diesem Gebilde von einem System im soziologischen Sinn des Wortes sprechen? Lassen sich darin Zentren und Peripherien mit ungleichen Tauschbeziehungen identifizieren? Wie wichtig war der Fernhandel für die wirtschaftliche Entwicklung der involvierten Regionen, insbesondere für Europa und China?

Wenn man unter einem System einen Struktur- und Funktionszusammenhang versteht, in dem Veränderungen eines Elements (eines der drei Subsysteme oder einer der acht Handelszonen) die übrigen zur Anpassung oder zu anderen Formen des Wandels nötigten, stellen sich Zweifel an der Systemhaftigkeit dieses Gebildes ein. Wie Osterhammel (1989: 41) feststellt, bestand die Welt bis ins 18. Jahrhundert hinein „aus mehreren Zivilisationszonen, die sich zwar an den Rändern immer häufiger berührten und in einen immer engeren Kontakt miteinander traten, die aber noch nicht durch eine erdumspannende Weltwirtschaft, durch eine Weltpolitik im Sinne globaler Interventionsfähigkeit und Interventionswilligkeit einiger Großmächte […] dauerhaft miteinander verklammert waren. Zwar gab es wirtschaftliche, politische und kulturelle Interaktionen […]. Aber die Verbindungen zwischen ihnen hatten sich erst in wenigen Fällen zu festen Strukturen kristallisiert. Sie konnten ohne ernstlichen Schaden für die Beteiligten unterbrochen werden." Somit kann man bestenfalls von einem *lose gekoppelten* System in dem Sinne sprechen, dass Veränderungen in einer Systemkomponente die anderen Komponenten mit großen zeitlichen Verzögerungen und relativ schwachen konjunkturellen oder strukturellen Auswirkungen erreichen. Der Begriff „Welthandel" scheint die Sache besser zu treffen als der Begriff „Weltsystem". Wenn die entscheidende Ursache für die ausgedehnten Austauschprozesse unterschiedliche Preise sind, wenn das entscheidende Motiv darin besteht, begehrte Waren in der Ferne billig einzukaufen, um sie auf heimischen Märkten teuer zu verkaufen, wenn es also um Handelsgewinne geht, sollte man besser von „Handel" sprechen. Ließe sich hingegen eine Tendenz zu konvergierenden Preisen auf einem weltweiten Markt mit konkurrierenden Anbietern und Nachfragern feststellen, wäre der Begriff „Weltwirtschaft" oder besser noch: „Weltmarkt" angemessener.

Fraglich ist zweitens, ob in diesem Weltsystem oder dieser Handelswelt China (am östlichen Ende) als Zentrum und Europa (am westlichen Rand) als Peripherie definiert werden kann. Wenn man, wie in der Weltsystemanalyse üblich, unter Peripherie eine Region oder Zone versteht, die das Zentrum mit agrarischen und mineralischen Rohstoffen bedient und dafür im Gegenzug Fertigwaren aus dem Zentrum bezieht, so trifft dieses Muster gewiss nicht auf die Beziehungen zwischen Europa und China zu. Die von Europa aus dem Fernen Osten importierten Luxusgüter wie Gewürze, Seide und Edelsteine können ebenso wenig als Fertigwaren definiert werden, wie die als Zahlungsmittel verwendeten Edelmetalle als Rohstoffe. Ob es in dieser für Europa notorisch passiven Handelbilanz zu einem ungleichen Tausch zum Vorteil Chinas kam, ist schwer zu ermessen. Bayly (2006: 84) nimmt eher einen umgekehrten Einkommenstransfer an. „Es waren europäische Schiffe und Handelsgesellschaften, nicht die asiatischen oder afrikanischen Produzenten [...], die den größten ‚Mehrwert' abfangen konnten, als der Welthandel im 18. Jahrhundert wuchs. Denn sie waren es, die Transport und Verkauf auf den größten Märkten der Welt kontrollierten." Dieser Befund gilt mit Einschränkungen wahrscheinlich auch schon für das 17. und das 16. Jahrhundert. Zudem ging die Initiative bei der maritimen Verknüpfung Europas mit Asien nicht vom angeblich zentralen China, sondern vom vermeintlich peripheren Europa aus. Nicht die Chinesen suchten und entdeckten die direkte Seeverbindung zwischen den Kontinenten, sondern die Portugiesen, die den strategisch und kommerziell überaus wichtigen Indischen Ozean im 16. Jahrhundert unter ihre Kontrolle brachten und den profitträchtigen *country trade* zwischen seinen Anrainern dominierten. Für Abu-Lughod (1989: 361 ff.) begann damit – in Übereinstimmung mit Wallerstein und im Gegensatz zu Frank – die Hegemonie der Europäer, unter deren Einfluss es zu einer Restrukturierung des Systems und zu bisher unbekannten Formen des „bewaffneten Handels" *(trade-cum-plunder)* kam.

Fraglich ist drittens, ob der Fernhandel mit Luxusgütern für die wirtschaftliche Entwicklung der einzelnen Komponenten des System nicht wesentlich weniger

Gewicht hatte, als endogene Faktoren wie Bevölkerungswachstum, Urbanisierung, Regionalhandel, organisatorische und technische Fortschritte in Landwirtschaft und Handwerk (O'Brien 1990: 156 f.). Vor Beginn der Neuzeit war der Fernhandel für Charakter und Leistungsniveau der einzelnen Gesellschaften, für die Versorgung größerer Bevölkerungsgruppen wie für die Funktionsfähigkeit der „Volkswirtschaften" von untergeordneter Bedeutung. Anderseits kann man argumentieren, dass der Fernhandel die Luxusbedürfnisse der gesellschaftlichen Eliten bediente, die den Fernhandel und ihre Träger daher privilegierten, was bei diesen wiederum zu einer erheblichen Kapitalakkumulation führte. Für die Entwicklung des Handelskapitals in den Städten und Stadtstaaten Europas war der mittelalterliche Fernhandel trotz seines geringen Volumens von erheblicher Bedeutung.

Wie auch immer, Franks Hypothese, derzufolge es lange vor der Entstehung des modernen Weltsystems bereits ein hoch entwickeltes „afro-eurasisches Weltsystem" gegeben habe, das bis in das 18. Jahrhundert hinein bestanden habe, dessen Zentrum in Asien zu suchen sei und innerhalb dessen Europa bis ins 19. Jahrhundert hinein eine eher marginale oder periphere Position eingenommen habe, steht auf tönernen Füßen.

2. Divergierende Entwicklung Europas und Asiens

Die Frage, *wann* die große Divergenz zwischen Europa und China einsetzte und welchen *Verlauf* sie nahm, kann auf der Grundlage quantitativer Zeitreihen überprüft werden. Paul Bairoch (1982) und Angus Maddison (2001, 2007) haben zahllose Daten über die wirtschaftliche Entwicklung vieler Länder, teilweise vom Beginn unserer Zeitrechnung bis in die unmittelbare Gegenwart und darüber hinaus sogar noch in Form von Prognosen bis 2030, zusammengetragen, mit deren Hilfe diese Fragen empirisch beantwortet werden können. Auf die Dignität der Quellen, die Methoden der Datensammlung und -aufbereitung, die Gültigkeit und Verlässlichkeit dieser äußerst ambitiösen Kliometrie, kann hier nicht eingegangen werden (vgl. hierzu Maddison 2007: 249–332). Es seien aber in Auszügen einige Zeitreihen wiedergegeben, die für eine erste historisch-empirische Überprüfung von Franks Divergenz- und Rezentierungshypothese in Frage kommen.

Eine historisch-empirische Überprüfung der drei Hypothesen erfordert die Klärung von drei Vorfragen: 1. Was sind geeignete Indikatoren für die Messung des wirtschaftlichen Wohlstands beziehungsweise der wirtschaftlichen Entwicklung? 2. Was sind angemessene Vergleichseinheiten? 3. Welche historisch-empirischen Daten sind verfügbar, um langfristige Entwicklungstrends abzubilden? Als Indikatoren für die Messung des wirtschaftlichen Wohlstands beziehungsweise der wirtschaftlichen Entwicklung kommen (auf höchstem Abstraktionsniveau) Indikatoren auf der Basis des Bruttoinlandsprodukts (BIP) beziehungsweise des GDP *(Gross Domestic Product)* in Frage. Das von einem Land insgesamt erwirtschaftete BIP oder GDP ist wenig aussagekräftig für das Entwicklungsniveau eines Landes.

Ein wesentlich besserer Indikator ist das BIP oder GDP *pro Kopf.* Um das wirtschaftliche Gewicht eines Landes in der Weltwirtschaft abzubilden, eignet sich der Indikator „Anteile am Welt-BIP" (beziehungsweise Welt-GDP). Die Entwicklungsdynamik eines Landes lässt sich an den Wachstums*raten* dieser Variablen ablesen.

Die auf dem BIP oder GDP basierenden Zahlen geben Entwicklungsniveau oder Wohlstand eines Landes nur sehr grob wieder. Sie sagen nichts über die Verteilung des Wohlstands aus und nichts über die Lebensqualität der verschiedenen Bevölkerungsgruppen. Um das Alltagsleben der Menschen in Europa und China zu vergleichen, hat Pomeranz (2000: 29 ff.) die Verhältnisse in den beiden am höchsten entwickelten Regionen Europas und im 18. und 19. Jahrhundert, in England und im Jangtse-Delta, im Hinblick auf eine Vielzahl von Variablen wie Geburtsraten und Lebenserwartung, Ernährung und Gesundheit, Arbeitsverhältnisse und Marktbeziehungen, Technik und Kapitalakkumulation, Transport und Migration usw. genauer dokumentiert. Dabei ergab sich „eine Welt überraschender Ähnlichkeiten" vor der großen Divergenz.

Im Hinblick auf die Kombination von Indikatoren und Vergleichseinheiten gibt es also die Alternative, mit Maddison Westeuropa und China in Bezug auf GDP-Variablen sehr pauschal miteinander zu vergleichen oder sich mit Pomeranz auf ausgewählte Regionen zu konzentrieren und diese differenzierter zu analysieren. Beide Verfahren haben ihre Vor- und Nachteile, und es liegt auf der Hand, beide miteinander zu kombinieren, was aber keiner der Autoren systematisch tut. Beide Verfahren sind problematisch: wenn man China und Westeuropa als Untersuchungseinheiten wählt, vergleicht man ein Imperium mit einem Staatensystem, die wie wir wissen, nach jeweils unterschiedlichen Prinzipien funktionieren und daher nicht umstandslos miteinander verglichen werden können; wählt man als adäquate Vergleichseinheiten England und das Jangtse-Delta, vergleicht man tendenziell einen Staat mit einer Provinz. (England war zwar seit der Union mit Schottland 1707 formal nur noch Teil des Vereinigten Königreichs von Großbritannien, kann de facto aber als „Staat" betrachtet werden. Demgegenüber war das Jangtse-Delta zwar die am höchsten entwickelte Region Chinas, aber nicht dessen politisches Machtzentrum.)

Um langfristige Entwicklungstrends nachzeichnen zu können, muss man auf die GDP-basierten, bis zum Beginn unserer Zeitrechnung zurückreichenden Zeitreihen von Maddison (2001, 2007) zurückgreifen oder auch auf die Zeitreihen von Bairoch (1982), die von 1750 bis 1980 reichen und auf anderen Indikatoren basieren, wie dem „Pro-Kopf-Niveau der Industrialisierung" oder den länderbezogenen Anteilen am *„total word manufactoring output"* (jeweils ohne Berücksichtigung der so überaus wichtigen Landwirtschaft). Wir stützen uns im Folgenden auf die methodologisch wohl besseren Daten von Maddison, die in kaufkraftbereinigten Dollars angegeben sind, eine für langfristige Vergleiche angemessene Bezugsgröße (vgl. Thurow 2004: 16 f.).

Aktualität und Aktualisierung der Weltsystemanalyse 129

1. Vergleich der wirtschaftlichen Entwicklungsniveaus von Westeuropa und China

Tabelle 2   GDP pro Kopf

Year	1	1000	1500	1600	1700	1820	1870	1913	1950	1973	2003
Western European Average	576	427	771	889	997	1.202	1.960	3.457	4.578	11.417	19.912
UK	400	400	714	974	1.250	1.708	3.190	4.921	6.939	12.025	21.310
China	450	450	600	600	600	600	530	552	448	838	4.803
USA	400	400	400	400	527	1.257	2.445	5.301	9.561	16.689	29.037
World	467	450	566	596	616	667	873	1.526	2.113	4.091	6.516

Quelle: Auszug aus Maddison 2007: 382, Tab. A.7 World per Capita GDP.

Gemessen am Bruttoinlandsprodukt (GDP) pro Kopf, einem Indikator, der das Entwicklungsniveau eines Landes zum Ausdruck bringt, zeigt China zwischen 1350 und 1950 (über einen Zeitraum von 600 Jahren) ein ungefähr konstantes, um 600 kaufkraftbereinigte Dollar schwankendes Bruttoinlandsprodukt pro Kopf. Im gleichen Zeitraum wuchs das europäische Bruttoinlandsprodukt je Einwohner von 662 auf 4.578 Dollar, was einer Steigerungsrate von fast 700 Prozent entspricht. Entgegen der Behauptung von Frank beginnt sich die Schere zwischen Europa und China bereits im 14. Jahrhundert zu öffnen, um sich dann ab ca. 1850 bis in die 1970er Jahre dramatisch auszuweiten (vgl. Maddison 2001: 42).

Wenn Europa bereits vor seiner überseeischen Expansion auf der Überholspur war, dann kann der Kolonialismus kein auslösender Faktor für seinen wirtschaftlichen Aufstieg gewesen sein, dann muss man wohl auf interne, endogene Faktoren rekurrieren. Mit Braudel (1986c: 93 ff.) kann man auf die Dynamik der „ersten Weltwirtschaft Europas" verweisen, die ihre Energie aus dem Spannungsverhältnis zwischen den Wirtschaftsräumen des Nordens (Niederlande, Hanse) und des Südens (Venedig, Genua) mit den vermittelnden Messen der Champagne bezieht. Hierzu gehören auch die Ansätze kapitalistischer Wirtschaftsorganisation und Staatsorientierung in Venedig, dem Zentrum der europäischen Weltwirtschaft vor ihrer überseeischen Expansion.

Allerdings kann man annehmen, dass für die „große", sich beschleunigende Divergenz seit der Mitte des 19. Jahrhunderts die Verfügung über externe, großenteils koloniale Ressourcen und Absatzmärkte und die Nutzung heimischer Kohlevorkommen als energetisches Element„neuer Kombinationen" (Eisenerzeugung, Dampfmaschine, Eisenbahn) Europa komparative Vorteile im Weltsystem beschert hat.

2. Vergleich der weltwirtschaftlichen Gewichte
Die relativen Gewichte Chinas und Europas lassen sich an ihren jeweiligen Anteilen am Welt-GDP ablesen.

Tabelle 3   Anteile verschiedener Länder und Regionen am Welt-GDP

Year	1	1000	1500	1600	1700	1820	1870	1913	1950	1973	2003
Total Western Europe	13,7	9,1	17,8	19,8	21,9	23,0	33,1	33,0	26,2	25,6	19,2
UK	0,3	0,7	1,1	1,8	2,9	5,2	9,0	8,2	6,5	4,2	3,1
China	25,4	22,1	24,9	29,0	22,3	32,9	17,1	8,8	4,6	4,6	15,1
USA	0,3	0,4	0,3	0,2	0,1	1,8	8,9	18,9	27,3	22,1	20,6

Quelle: Auszug aus Maddison 2007: 381, Tabelle A.6. Die historischen Maxima sind unterstrichen.

Tabelle 3 erhärtet den Befund, dass die wirklich „große" Divergenz zwischen Europa und China um die Mitte des 19. Jahrhunderts begann. Vom Beginn unserer Zeitrechnung bis um 1820 (von einer Schwächeperiode um 1700 abgesehen) konnte China einen größeren Anteil des Weltbruttosozialprodukts auf sich vereinigen als Westeuropa, war also über einen sehr langen Zeitraum hinweg die größte „Volkswirtschaft" der Welt. Nach 1820 verliert China bis in die 1970er Jahre dramatisch an weltwirtschaftlichem Gewicht, während Europa seinen Anteil am weltweiten GDP bis um 1913 ebenso dramatisch erhöhen kann, um danach, immer noch weit über China liegend, an Gewicht zu verlieren. Nach 1820 kreuzen sich die Kurven von Chinas Abstieg und Europas Aufstieg. Wie Frank (2005: 55 f.) richtig bemerkt, tauschten Asien und Europa ihre Positionen im Welt(wirtschafts)system, wobei der Niedergang des Ostens und der Aufstieg des Westens im Kontext globaler Entwicklungen begriffen werden müssen.

Aktualität und Aktualisierung der Weltsystemanalyse 131

3. Vergleich der Entwicklungsdynamik

Die Entwicklungsdynamik Europas und Chinas lässt sich an den Wachstumsraten des GDP (Tabelle 4) und des GDP pro Kopf (Tabelle 5) ablesen.

Tabelle 4   Wachstumsraten des GDP

Year	1–1000	1000–1500	1500–1820	1820–1870	1870–1913	1913–1950	1950–1973	1973–2003
Total Western Europe	-0,03	0,28	0,40	1,68	2,11	1,19	<u>4,79</u>	2,19
USA	0,06	0,09	0,86	<u>4,20</u>	3,94	2,84	3,93	2,94
Japan	0,10	0,18	0,31	0,41	2,44	2,21	<u>9,29</u>	2,62
China	0,00	0,17	0,41	-0,37	0,56	-0,02	4,92	<u>7,34</u>
India	0,00	0,12	0,19	0,38	0,97	0,23	3,54	<u>5,20</u>
Total Asia (excl. Japan)	0,01	0,13	0,29	0,04	0,98	0,82	5,13	<u>5,71</u>

Quelle: Auszug aus Maddison 2007: 380, Tab. A.5. Die Phasen des jeweils stärksten Wachstums sind unterstrichen.

In Tabelle 4 sind neben Westeuropa und China die beiden anderen wirtschaftlich starken Länder Asiens, Japan und Indien, mit aufgeführt, um die (später diskutierte) Abfolge der wirtschaftlich führenden Staaten Asiens zu dokumentieren.

Von 1000 bis 1500 lagen die (relativ geringen) Wachstumsraten Westeuropas – ohne Verfügung über koloniale Ressourcen – deutlich über denen Chinas (und der anderen asiatischen Staaten). Zwischen 1500 und 1820 verzeichneten China und Europa etwa gleich große Wachstumsraten (wobei China Indien und Japan deutlich abhängte). China stand Europa vom Beginn der europäischen Expansion im 16. Jahrhundert bis zum weltwirtschaftlichen Umbruch im 19. Jahrhundert in seiner Wachstumsdynamik in nichts nach, obwohl es im Unterschied zu Europa nicht auf Kolonien zurückgreifen konnte. Von Stagnation kann in diesem Zeitraum auf gesamtwirtschaftlicher Ebene also keine Rede sein. Erst von 1820 bis 1950 stagnierte die chinesische Wirtschaft – abgesehen von einer Erholungsphase vor dem Ersten Weltkrieg, einer Phase, in der auch Europa eine große Dynamik entwickelte und in der die gesamte kapitalistische Weltwirtschaft unter britischer Hegemonie im Zeichen von Freihandel und Goldstandard einen konjunkturellen Aufschwung erlebte. Betrachtet man in Tabelle 5 die Wachstumsraten pro Kopf der Bevölkerung, sieht man, dass China vom Beginn unserer Zeitrechnung bis um 1950 kaum Fortschritte erzielte und somit eine überaus lang anhaltende Stagnationsperiode durchlebte. Entscheidende Ursache für diese säkulare Stagnation scheint das Bevölkerungswachstum zu sein, das immer wieder die landesweit erzielten Wohlstandsgewinne aufzehrte. Diese jahrhunderte alte Erfahrung erklärt vielleicht auch die Rigidität bevölkerungspolitischer Maßnahmen im kommunistischen China, die in der 1979 einsetzenden Ein-Kind-Politik gipfelte.

Tabelle 5   Wachstumsraten des GDP pro Kopf

Year	1–1000	1000–1500	1500–1820	1820–1870	1870–1913	1913–1950	1950–1973	1973–2003
Total Western Europe	-0,03	0,12	0,14	0,98	1,33	0,76	<u>4,05</u>	1,87
Japan	0,01	0,03	0,09	0.19	1,48	0,88	<u>8,06</u>	2,08
China	0,00	0,06	0,00	-0,25	0,10	-0,56	2,76	<u>5,99</u>
Indien	0,00	0,04	-0,01	0,00	0,54	-0,22	1,40	<u>3,14</u>
World	0,00	0,05	0,05	0,54	1,31	0,88	2,91	1,56

Quelle: Auszug aus Maddison 2007: 383, Tab. A.8. Die Phasen des jeweils stärksten Wachstums sind unterstrichen.

Insgesamt gesehen, legen die Zeitreihen von Maddison den Schluss nahe, dass Chinas traditionelle, vorindustrielle Ökonomie um die Mitte des 18. Jahrhunderts den Höhepunkt ihrer Leistungsfähigkeit erreicht hatte. Innerhalb weniger Jahrzehnte sankt China dann auf das Niveau der ärmsten Länder ab und verharrte dort bis zur Mitte des 20. Jahrhunderts. Im Unterschied zum Westen schaffte China lange Zeit nicht den Durchbruch zu einem Prozess des sich selbst tragenden Wirtschaftswachstums, wie er mit der von England eingeleiteten industriellen Revolution immer mehr Länder des Westens erfasste. Dieser Befund sollte aber nicht als Bestätigung der überkommenen Stagnationsthese gedeutet werden, denn China war im Rahmen der „biologischen alten Ordnung" (Marks) sehr erfolgreich bei Nutzung seiner Ressourcen. Wie Patricia Crone (1992: 193) schrieb, „ist China das Musterbeispiel einer erfolgreichen Zivilisation: Die Probleme der vorindustriellen Organisation waren mit solcher Könnerschaft gelöst worden, dass die Menschen hier mehr Wissen und mehr Reichtum anhäufen konnten als je zuvor, ohne dabei die herrschende Ordnung zu untergraben. Unter vorindustriellen Bedingungen erreichte China den Gipfel der möglichen Entwicklung und blieb dann stehen."

Theoretische Erklärung
Die Hypothese der großen Divergenz ist, was die Tendenz auseinander strebender Entwicklungsverläufe betrifft, bestätigt. Eine andere Frage ist, ob dies mit der Formel „Kohle und Kolonien" angemessen erklärt werden kann. In Auseinandersetzung mit der herrschenden, mehr oder weniger eurozentrischen Position, die die Bedeutung der internen Faktoren bei der Sonderentwicklung Europas hervorhebt, und der weltsystemisch-sinozentrischen Position von Frank, Pomeranz und anderen, arbeitet Bayly (2006: 78 ff., 105 ff.) kritisch abwägend die internen *und* externen Wettbewerbsvorteile Europas gegenüber China heraus. Er stimmt Pomeranz darin zu, dass Europa im Vergleich mit China (und Indien) über „ein wirklich riesiges Hinterland mit nicht genutzten Ressourcen, und zwar sowohl auf seinem eigenen Kontinent als auch in Amerika" verfügte. Amerika versorgte Europa mit vergleichsweise billigen, großenteils auf Sklavenplantagen produzierten landwirtschaftlichen Gütern und fungierte als Siedlungskolonie für dessen überschüssige Bevölkerung. Der rege Transatlantikhandel führte zu einer erheblichen Erweiterung und Verbesserung der Transportkapazitäten. Bayly akzeptiert auch die Bedeutung der Kohle und betont deren Bedeutung für eine Kette technischer Innovationen: Pumpen, Eisenguss, Dampfkraft usw.

Im Unterschied zu Pomeranz und Frank betont Bayly aber auch komparative Vorteile im sozialen und politischen Bereich: stabile staatliche Institutionen, die das Privateigentum garantierten und Investitionen lohnend machten; Finanzinstitutionen, wie Staatsschuld und Kapitalgesellschaft, die die Möglichkeiten politischen und wirtschaftlichen Handelns erweiterten; die durch kommerzielle Innovationen erweiterte militärische Macht, vor allem im Bereich der Seestreitkräfte, die für die Durchsetzung von Vorteilen im Welthandel entscheidend war. Einen weiteren Komplex komparativer Vorteile lieferte das europäische Staatensystem das wirtschaftliche und technische, politische und militärische Innovationen und ihre schnelle Diffusion innerhalb des Systems stimulierte. Europa profitierte also nicht nur von der eher zufälligen Schwäche Asiens in einem welthistorisch entscheidenden Moment, sondern auch von einer Reihe von Wettbewerbsvorteilen, die nicht zufällig zustande gekommen, sondern mühsam erarbeitet und erkämpft worden waren.

Nun bezieht sich der Begriff der Divergenz nicht nur auf eine Vergrößerung des Abstands zwischen makroökonomischen Größen auf der Basis des GDP, sondern auch auf die Frage nach dem Einschlagen unterschiedlicher Entwicklungswege. Vereinfacht und zusammengefasst lässt sich festhalten, dass China auf seinem sehr erfolgreichen, Land und Ressourcen schonenden Pfad im Rahmen der vorindustriellen Zivilisation, der „alten biologischen Ordnung", verbleibt und seinen Wohlstand durch eine Intensivierung der Arbeit aufrecht erhält.[17] Europa gerät innerhalb der unter materiellen Aspekten überall ähnlichen vorindustriellen Zivilisation sehr viel früher und in viel gravierender Weise als China an Grenzen, die innerhalb der bestehenden Ordnung nicht zu erweitern oder zu überwinden waren. Wie Wallerstein gezeigt hat, geriet Europa schon im Mittelalter in eine systemische Krise, in die Krise des Feudalismus, die nur durch die Zerstörung der alten Ordnung und durch das Einschlagen eines neuen Entwicklungspfads gelöst werden konnte. Aus Wallersteins Sicht ist die von Frank vertretene Hervorhebung historischer Zufälle bei der Erklärung der großen Divergenz nicht oder allenfalls als Randerscheinung akzeptabel; aus seiner Sicht sind die von Europa ausgehende Kolonialisierung großer Teile der Welt und die Industrialisierung der Wirtschaft säkulare Tendenzen, die in der Logik des Weltsystem angelegt sind und aus dem intendierten Handeln der herrschenden Klassen und des Kapitals resultierten.

3. Rezentrierung der Weltwirtschaft in Asien?

Die Hypothese einer tendenziellen Rezentrierung der Weltwirtschaft in Asien beziehungsweise China seit den 1950er Jahren kann ebenfalls anhand der Zeitreihen von Maddison überprüft werden. Indikatoren wären wieder das GDP pro Kopf (um die Entwicklungsniveaus der einzelnen Länder zu erfassen, die relativen Anteile am weltweiten Bruttoinlandsprodukt (um ihr jeweiliges weltwirtschaftliche Gewicht zu messen), sowie die Wachstumsraten der Länder insgesamt und pro Kopf (um ihre Entwicklungsdynamik festzustellen). Dabei kann auf die Tabellen 2 bis 5 Bezug genommen werden.

Die empirischen Befunde lassen sich wie folgt zusammenfassen:

(1) Wie Tabelle 2 zeigt, ist Chinas Bruttoinlandsprodukt pro Kopf seit den 1950er Jahren von einem sehr niedrigen Niveau aus bis heute rasant angestiegen und wird diesen Wachstumspfad wahrscheinlich fortsetzen. Trotz des spektakulären Aufholprozesses wird sich China aber noch lange Zeit auf dem Niveau von Entwicklungsländern bewegen.

---

[17] Im Anschluss an Jan de Vries (1994) spricht Bayly (2006: 19 ff., 70 ff., 78 ff.) von einer „Revolution des Fleißes", von einer *industrious revolution* in vorindustriellen Gesellschaften im Unterschied zur *„industrial revolution"*.

Auf der Basis der Zahlen von Maddison (2001) und eigener Extrapolationen hat Sachs (2005: 209) in Abbildung die langzeitliche Gesamtentwicklung Chinas – historisch und prognostisch – graphisch dargestellt. Er hat einen Quotient aus chinesischem zu westlichem pro-Kopf-Einkommen gebildet und dabei einen U-förmigen Verlauf ermittelt. Demzufolge würde China bis zum Jahr 2050 etwa die Hälfte des pro-Kopf-Einkommens von Westeuropa aufgeholt haben und damit seine relative Position zu Beginn der Industrialisierung wiederhergestellt haben.

Abbildung 4   Chinesisches Pro-Kopf-Einkommen im Verhältnis zu Westeuropa 1800–2075

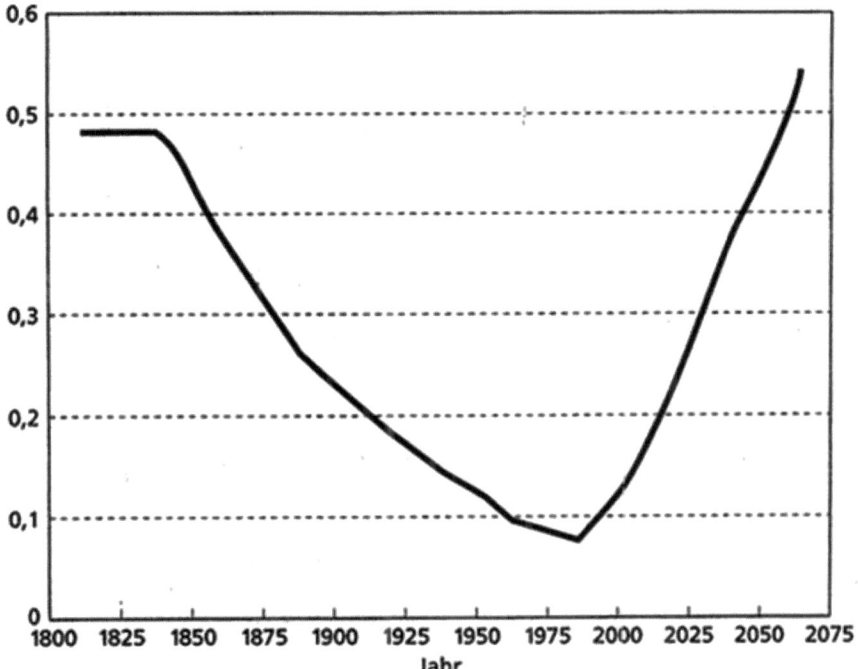

China wird somit noch lange Zeit ein relativ armes Land bleiben, aufgrund seiner Größe aber mächtig werden; es wird, wie Abbildung 5 zeigt, im nächsten Jahrzehnt die Vereinigten Staaten als größte Volkswirtschaft der Welt vermutlich ablösen; China wird sein, was es noch nie zuvor gab, ein Land, das zugleich arm und mächtig ist. Dies ist die Konsequenz eines einfachen statistischen Sachverhalts, dass nämlich bei einem niedrigen Ausgangsniveau und einer riesigen Bevölkerung selbst bescheidene Fortschritte gewaltig erscheinen; jede noch so kleine Zahl wird zu einer großen, wenn man sie mit 1,5 Milliarden (Bevölkerung Chinas) multipliziert.

Abbildung 5 Vergleich der Entwicklungen des GDP von USA und China 1700–2030

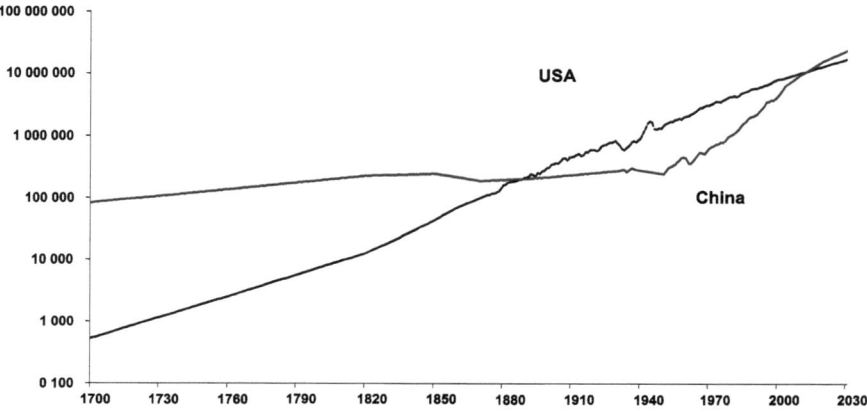

Quelle: Maddison 2007: 94.

(2) Wie Tabelle 3 zeigt, nähert sich der Anteil Chinas am weltweiten Bruttoinlandsprodukt seit den 1970er Jahren mehr und mehr denen Westeuropas und der Vereinigten Staaten. Es scheint nur noch eine Frage der Zeit zu sein, bis Chinas Volkswirtschaft die der beiden westlichen Regionen erreicht und überflügelt – sofern die spektakulären, weltwirtschaftlich einmaligen Wachstumsraten Chinas weiterhin realisiert werden können. Es gibt also deutliche Hinweise auf massive Gewichtsverlagerungen in der Weltwirtschaft. Europa scheint deutlich an Gewicht zu verlieren, die Vereinigten Staaten sind offenbar in der Lage, ihre wirtschaftliche Position einigermaßen gut zu behaupten – was einen Niedergang als Hegemonialmacht aber nicht ausschließt – und China ist aufgrund seiner überlegenen Wachstumsdynamik dabei, ins Zentrum der Weltwirtschaft aufzusteigen.

(3) Wie den Tabellen 4 und 5 zu entnehmen ist, verlieren Europa und Japan an Wachstumsdynamik, während China und Indien zulegen. Ein weiterer interessanter Befund aus Tabelle 3 und 4 ist die zeitliche Abfolge der wirtschaftlich dynamischsten Länder Asiens: sie wird angeführt von Japan, das zwischen 1950 und

1973 die größten gesamtwirtschaftlichen und pro-Kopf-Wachstumsraten erzielte, gefolgt von China, das zwischen 1973 bis 2003 und darüber hinaus bis heute gesamtwirtschaftlich und pro Kopf die höchsten Wachstumsraten aufweist. Indien entwickelte wie China (und Japan) in der Periode von 1950 bis 1973 eine neue Dynamik und kann diese wie China in der folgenden Periode von 1973 bis 2003 weiter steigern, allerdings auf einem durchgängig niedrigeren Niveau als China. Diese Tendenz hat sich bis in die unmittelbare Gegenwart fortgesetzt und wird wohl auch in der überschaubaren Zukunft noch anhalten. Innerhalb Asiens hat China Japan also mehr und mehr als Treiber des Wachstums abgelöst – ob auch als Vorbild und Modell für andere Staaten steht dahin.[18]

Die These einer Tendenz zur Rezentrierung der Weltwirtschaft wird durch die vorgelegten Daten erhärtet. Wie lange diese starke Tendenz anhält, ist ungewiss, da der Aufstieg der asiatischen Länder mit gravierenden Risiken verbunden ist (Sachs 2005: 202 ff.).

Theoretische Erklärung
Zur theoretischen Erklärung des Aufholprozesses Chinas und der Rezentrierung des Weltsystems in Asien hat Frank wenig zu sagen. Zur Begründung seiner Hypothese führt er als politische Voraussetzungen die Befreiung vom Kolonialismus und den Rückgewinn der politischen Unabhängigkeit an, und als wirtschaftliche Voraussetzungen die Industrialisierung, die er im Zusammenhang mit den vorangehenden Industrialisierungsprozessen Japans und der anderen südostasiatischen Schwellenländern („kleinen Drachen", „Tigern") sieht: den chinesisch geprägten Hongkong und Taiwan sowie Singapur und Südkorea (Frank 2005: 68 f.).

Eine weiterführende Erklärung des Aufstiegs Chinas im 20. und 21. Jahrhundert hätte (wie bei der Erklärung der großen Divergenz zum Nachteil Chinas im 19. Jahrhundert) neben weltsystemischen Bedingungen und Veränderungen auch innere Entwicklungen zu berücksichtigen, wobei exogene und endogene Faktoren nicht immer leicht zu trennen sind und oftmals zusammenwirken.

Obwohl Chinas Weg aus der Stagnation (im Sinne der Wachstumsraten des gesamten GDP und des GDP pro Kopf) schon um 1950 beginnt, gewinnt er erst mit den Reformen Deng Xiaopings ab 1978 an Fahrt. Die Reformen erfassen alle Sektoren der Wirtschaft und haben von Anfang an einen weltwirtschaftlichen Bezug.[19] Im Bereich der Landwirtschaft kam es mit der Auflösung der Kommunen zu einer starken Erhöhung der Agrarproduktion; sie schnellte zwischen 1978 und 1984 um zwei Drittel in die Höhe (Thurow 2004: 221). In diesen Jahren öffnete sich

---
[18] Die Abfolge der asiatischen Führungsnationen wird u. a. mit dem sogenannten „Gänseflug-Modell" erklärt; vgl. James 1997: 227 ff.; Castells 2003: 321–353.
[19] Die folgenden Ausführungen stützen sich vor allem auf Sachs (2005: 198 ff.).

China für den internationalen Handel und für ausländische Investitionen innerhalb genau festgelegter „Sonderwirtschaftszonen", in denen man mit Marktwirtschaft und Kapitalismus experimentierte und sich über *joint ventures* zwischen ausländischen und chinesischen Unternehmen Zugang zu Auslandskapital und neuen Technologien verschaffte. Als Unternehmer, Investoren und Technologievermittler spielten Auslandschinesen aus den „kleinen Drachenländern" Hongkong, Taiwan und Singapur sowie aus Amerika eine wichtige Rolle. In den Sonderwirtschaftszonen, die an den Orten entstanden, an denen China sich im 19. Jahrhundert zwangsweise für den Handel mit Briten und anderen Europäern öffnete, bildete sich eine exportorientierte Industrie, die billige chinesische Arbeitskräfte (die nach der Liberalisierung der Landwirtschaft in großer Zahl zur Verfügung standen) mit ausländischer Technologie kombinierte, um arbeitsintensive Produkte in immer größeren Mengen zu exportieren. Mit der Reform der Staatsunternehmen begann man erst Ende der 1990er Jahre. Es kam nicht zu Privatisierungswellen, wie in den postkommunistischen Staaten Europas, wie dort aber zu durchgreifenden Rationalisierungen. Aber immer noch existieren viele staatseigene Betriebe nur dank finanzieller Unterstützung der staatlich kontrollierten Banken, von denen einige zu den größten der Welt zählen.

In allen Wirtschaftssektoren hat China komparative Vorteile in der Weltwirtschaft errungen: Im Bereich der Produktion kann China als neue Werkstatt der Welt angesehen werden, vergleichbar mit Großbritannien, das im 19. Jahrhundert als Werkstatt der Welt galt. Mit einem Exportwert von über 1,2 Billionen Dollar und einem Anteil von über 9 Prozent hat China im Jahr 2009 Deutschland als „Exportweltmeister" abgelöst. Dank seiner Handelsüberschüsse hat China Devisenreserven von nahezu 2 Billionen Dollar angehäuft und hat im Unterschied zu allen westlichen Ländern keine Auslandsschulden. Die Kombination von hohen Wachstumsraten und enormen Sparquoten führt zu einer gigantischen Kapitalakkumulation, die allerdings mehr dazu genutzt wird, ausländische Staatsanleihen zu kaufen, anstatt im Inland zu investieren. Während der Westen seine Handlungsspielräume durch überbordende Staatsschulden immer weiter einengt, ist China in der Lage, im In- und Ausland in großem Stil Zukunftsinvestitionen zu tätigen, die seine Position im Weltsystem weiter stärken dürften.

Komparative Vorteile hat China auch im internationalen Staatensystem erringen können, in dem es als „starker Staat" im Sinne Wallersteins gelten kann – stark nach innen, wo der Gesellschaftsvertrag zwischen der kommunistischen Partei und der Bevölkerung, in dem die Partei die Aufrechterhaltung ihrer Herrschaft mit der Aussicht auf zunehmenden Wohlstand legitimiert, und stark nach außen, wo China im weltweiten Kampf um knappe Ressourcen in immer mehr Entwicklungs- und Schwellenländern, die früher zur europäischen oder amerikanischen Einflussbereich zählten, mit seiner Strategie des Tauschs von Rohstoffen gegen Infrastrukturinvestitionen ohne Einmischung in die inneren Angelegenheiten der betroffenen Staaten wirtschaftlich überaus erfolgreich ist. Im Verhältnis zu den Vereinigten Staaten ist Chinas Selbstbewusstsein und Machtanspruch inzwischen so groß, dass es vor dem Weltfinanzgipfel in London 2009 einen Vorstoß zur mittelfristigen Ablösung des amerikanischen Dollar als Weltleitwährung zugunsten einer supranationalen Reservewährung machte.

Ein weltsystemisch entscheidender Faktor für den Aufstieg Chinas nach dem Zweiten Weltkrieg ist die *Pax Americana*, deren offene und freie Handelswelt den exportgetriebenen Aufstieg Chinas in der Weltwirtschaft erst ermöglicht hat. Ohne die Öffnung der amerikanischen und europäischen Binnenmärkte für die in chinesischen Weltmarktfabriken produzierten Waren ist der Erfolg Chinas undenkbar. Aber ohne die massive Anlage eines Großteils der chinesischen Exporterlöse in amerikanischen Wertpapieren könnten die Amerikaner ihren kredit- und konsumorientierten Lebensstil nicht fortsetzen. Ferguson hat zur Umschreibung dieser enormen wechselseitigen Abhängigkeit den plakativen Begriff „*Chimerica*" geprägt.

Der spektakuläre Aufstieg Chinas im Bereich der industriellen Produktion, des internationalen Handels und des Finanzwesens könnten darauf hindeuten, dass sich auf dem Weg zur neuen Hegemonialmacht befindet. An Wallersteins Verlaufstypus gemessen, müsste China neben komparativen Vorteilen in der Wirtschaft aber auch willens und in der Lage sein, ein eigenes Ordnungsmodell weltweit durchzusetzen und dabei auch die Zustimmung vieler wichtiger Länder zu finden. Chinas Ordnungsmodell müsste für viele andere Länder attraktiv sein – so wie es seine Strategie der aufholenden Wirtschaftsentwicklung vielleicht schon ist. Nye (2003: 29 f.) zufolge kann ein Land „weltpolitisch seine Ziele erreichen, weil andere Länder ihm folgen möchten, weil sie seine Werte bewundern, seinem Beispiel nacheifern, sein Niveau von Wohlstand und Offenheit anstreben" (zitiert nach Ferguson 2004: 31). Es komme auf die „weiche Macht" *(soft power)* beziehungsweise ideologische Macht an, die die wirtschaftliche und militärische Macht ergänzt. Weiche Macht könne Weltgegenden erreichen, in die die harte Macht nicht vordringen kann.

Insgesamt gesehen scheint China auf allen Dimensionen hegemonialer Macht den Abstand zu den Vereinigten Staaten tendenziell zu verringern, am erfolgreichsten im Bereich wirtschaftlicher Macht, gefolgt von politischer, ideologischer und militärischer Macht. Von einer hegemonialen Position ist China aber noch sehr weit entfernt, und es erscheint fraglich, ob es eine solche Position überhaupt erringen will. Vieles spricht dafür, das China mehr als jedes andere Land von der *Pax Americana* profitiert, an ihrem schnellen Zerfall daher nicht interessiert ist, sich vorerst mit Modifikationen begnügt und somit (noch) wenig Anreize verspürt, das liberale und offene „amerikanische System" in aufwendigen und risikoreichen Auseinandersetzungen zu verdrängen, um ein eigenes Ordnungsmodell durchzusetzen. – Für Franks Hypothese einer Rezentrierung des Weltsystems in China gibt es also eine gewisse empirische Erhärtung. Sie ist vorerst mehr Prognose als

Diagnose. Da ihr aber, was Franks eigene Ausführungen betrifft, jede theoretische Begründung fehlt, ist es letztlich doch nur eine Prophezeiung.

4.2.3 Zur Analyse systemischer Krisen

Aus weltsystemischer Perspektive sind der Niedergang der US-Hegemonie und der Aufstieg Chinas ins Zentrum der Weltwirtschaft normale Prozesse des zyklischen Wandels im modernen Weltsystem. Der Aufstieg und Niedergang von Staaten und die damit einhergehenden räumlichen Verlagerungen des Gefüges von Zentren und Peripherien sind in der Regel mit Krisen verbunden, die die involvierten Staaten und Zonen hart treffen können, die Funktionsfähigkeit des Weltsystems aber kaum in Frage stellen. Von diesen wiederkehrenden *zyklischen* Krisen, die das System nur vorübergehend aus dem Gleichgewicht bringen, sind *systemische* Krisen zu unterscheiden, die die Funktions- und Erneuerungsfähigkeit des Systems nachhaltig unterminieren und seinen Zusammenbruch herbeiführen.

Aus weltsystemischer Perspektive sind insgesamt drei Arten von Krisen zu unterscheiden:

- Krise als relativ kurze Phase eines industriewirtschaftlichen Konjunktur- oder *Kondratieff-Zyklus* von 40- bis 60-jähriger Dauer;
- Krise als lang anhaltende Phase eines politökonomischen *Hegemonialzyklus* von ca. 150-jähriger Dauer, in der eine Hegemonialmacht ihre führende Position im Weltsystem verliert;
- Krise als Endphase eines Weltsystems, das sich aufgrund langzeitlich aufgeschaukelter struktureller Widersprüche und destruktiver Trends nicht mehr stabilisieren lässt und ins Chaos abgleitet.

Für Wallerstein (1998: 6) handelt es sich nur im dritten Fall um eine wirkliche Krise (in ihrem ursprünglichen und zugespitzten Sinn als Frage von Leben und Tod), um einen jener „seltenen historischen Momente [...], in denen sich die üblichen Ausgleichsmechanismen innerhalb eines Gesellschaftssystems aus der Sicht so vieler Akteure als so unwirksam erweisen, dass eine tief greifende Neuordnung (und nicht eine bloße Umverteilung von Vorteilen innerhalb des Systems) einsetzt, die schließlich rückblickend als unvermeidlich angesehen wird."

Ob es sich bei einer krisenhaften Situation um ein zyklisch-wiederkehrendes Phänomen oder um eine systemisch-finale Krise handelt, ist nur im Nachhinein zu beurteilen. So sahen viele Zeitgenossen in der 1929 beginnenden Weltwirtschaftskrise mit zunehmender Dauer das Ende des Kapitalismus kommen, und wohl nur eine Minderheit hielt sie für eine vorübergehende Störung des wirtschaftlichen Gleichgewichts. Auch die Weltwirtschaftskrise von 2007 wird von nicht wenigen

Beobachtern als eine Krise betrachtet, nach der nichts mehr so sein wird, wie es vorher war, und die zum Ende des Kapitalismus, so wie wir ihn kennen, führen wird, während die Mehrheit der Ökonomen sie zwar als eine besonders schwere Krise einstuft, die aber durch koordiniertes staatliches Handeln und Reformen der finanziellen Regelwerke überwunden werden kann – und die vermutlich auch nicht die letzte ihrer Art sein wird.

Wallerstein interessiert sich im Unterschied zu vielen Wirtschaftshistorikern und Makroökonomen weniger für die Frage, ob und inwieweit die gegenwärtige Finanz- und Wirtschaftskrise nach dem Muster früherer Spekulationskrisen verläuft und was aus den Erfolgen und Misserfolgen früherer Bewältigungsstrategien zu lernen wäre, als vielmehr für die Frage, inwieweit die aktuelle Weltwirtschaftskrise als Glied einer Kette aufeinander folgender Krisen, als Element eines langfristigen Trends zu verstehen ist, der auf die allmähliche Zersetzung und Überwindung der kapitalistischen Weltwirtschaft hinausläuft. Für Wallerstein (2002: 43 ff.) ist die Frage bereits beantwortet: Wir sind Zeugen und Opfer eines unwiderruflichen, in der Logik und in den Widersprüchen des Systems angelegten, durch kein Handeln kaum mehr aufzuhaltenden Übergangsprozesses in ein anderes System oder mehrere andere Systeme.

Bevor wir auf die weltsystemische Prognose (oder Prophezeiung) über das Ende des kapitalistischen Weltsystems eingehen, erscheint es sinnvoll, nicht nur aus Gründen der Aktualität, sondern auch aus grundsätzlichen Erwägungen dem Phänomen der Spekulation nachzugehen, das ein integraler Bestandteil der kapitalistischen Wirtschaftsweise zu sein scheint und in allen Weltwirtschaftskrisen nachweislich eine Hauptrolle spielt – von Wallerstein jedoch zu wenig beachtet wird. Mit Weber und Hintze kann man argumentieren, dass der Kapitalismus von seiner Entstehung bis zur unmittelbaren Gegenwart eine formal-rationale und eine irrational-spekulative Seite hat. Dies kommt schon in Hintzes (1970: 146) Bonmot zum Ausdruck: „Der Unternehmer kann kalkulieren, soweit die Daten reichen, darüber hinaus muss er spekulieren: dadurch entsteht ein Risiko, das man einzuschränken bestrebt ist." Der Spekulant übernimmt die Risiken, die der Unternehmer nicht tragen will und handelt damit auf dem Markt. Im Prinzip ist jeder innovative Unternehmer – auch der klassische Unternehmer der Realwirtschaft – ein Spieler: er wettet auf die Durchsetzbarkeit eines neuen Produktes oder Verfahrens auf dem Markt. Unternehmer, die nicht bereit sind, derartige Wetten einzugehen, können keine tief greifenden Innovationen hervorbringen. Im Unterschied zu solchen Erkenntnis erweiternden und Wertschöpfung generierenden Wetten sind viele Finanzwetten, die das Risiko nicht verringern, sondern nur verteilen und durch die dadurch zunehmende Intransparenz weiter vergrößern, gesamtwirtschaftlich unproduktiv (Koslowski 2009). Im Kapitalismus verquicken sich Kalkulation und Spekulation und bewegen sich dabei mal mehr am rationalen, mal mehr am irrationalen Pol des Verhaltensspektrums.

Zweitens ist Spekulation mit Braudel gesprochen nicht nur ein Phänomen des Kapitalismus als oberste Ebene des Wirtschaftslebens, als „Wirtschaften auf höchstem Niveau, sondern eine allgemeine Verhaltenstendenz und als solche in der materiellen Zivilisation vieler Länder, insbesondere in der anglo-amerikanischen Wirtschaftskultur, seit langem fest verankert. Das spekulative System wird nicht nur „oben" von Gier getrieben, sondern auch von „unten" nach „oben". Zahlreiche Arbeitnehmer vertrauen ihre Altersversicherung privaten Pensionsfonds an, die im Konkurrenzkampf um Kunden, um sichere und profitable Anlagen, die Unternehmen und deren Management unter enormen Druck setzen. Zahlreiche Sparer und Kleinaktionäre erwarten attraktive Renditen ihrer Geldanlagen und tragen somit ebenfalls zur Verschärfung des Rentabilitätsdrucks von unten nach oben bei. Das Kasino ist für alle offen und lebt nicht nur von wenigen großen, sondern auch von der Masse der kleinen Glücksspieler.

Drittens ist Spekulation nicht nur eine gesellschaftlich weit verbreitete und kulturell verankerte Verhaltenstendenz, sondern auch ein konjunkturelles Phänomen; sie variiert mit den subjektiv wahrgenommenen Gewinnchancen in den Wechsellagen der Konjunktur. Ohne Berücksichtigung ihrer finanziellen und spekulativen Seite kann die Logik konjunktureller Zyklen nicht adäquat erfasst werden. Kindleberger (2001: 17), der die Verläufe aller wichtigen Finanzkrisen in der Geschichte des Kapitalismus (von 1618/23 bis 1990) analysiert hat, fasst die monetäre und finanzielle Seite eines Konjunkturzyklus wie folgt zusammen: „Im Grunde ist es so, dass zunächst irgendein Ereignis die wirtschaftliche Landschaft verändert. Neue Profitgelegenheiten werden ergriffen und auf beinahe irrational erscheinende Weise so maßlos ausgenutzt, dass man von einem Wahn sprechen kann. Sobald sich zeigt, wie übertrieben der Aufschwung ist, gerät das Finanzsystem in eine Art ‚Notstandssituation'. Im weiteren Verlauf kann der Drang, den Expansionsprozess umzukehren, so überzogen werden, dass er zur Panik wird. In der Phase der Manie geht wohlhabenden und kreditwürdigen Leuten das Geld aus oder sie nehmen Kredite auf, um Immobilienwerte oder andere illiquide Vermögenswerte zu kaufen. Die Panik bringt die Gegenbewegung, die illiquiden Vermögenswerte werden zu Geld gemacht und Schulden werden zurückgezahlt, wobei die Preise für Güter, Immobilien, Land, Aktien, Anleihen – kurz gesagt alles, was Gegenstand des Wahns war – einbrechen."

Neben der psychologischen Disposition und der konjunkturellen Variabilität hat die wirtschaftliche Spekulation viertens auch strukturelle und institutionelle, letztlich systemische Voraussetzungen. Spekulation ist ein Element der Unruhe und Unstetigkeit, ein Beschleuniger und Verstärker aller Krisen, aber aus Wallersteins Sicht wohl nicht fundamental. Fundamental sind die Strukturen, die die Wahlbereiche der individuellen und korporativen Akteure nicht systemadäquat definieren und limitieren. Entscheidend sind nicht die Spieler, sondern die Spielregeln; nicht das eigeninteressierte Handeln der Spieler ist das Problem, sondern die Ermöglichung von Strategien, die sich zum Nachteil des Systems auswirken, die es destabilisieren und letztlich in den Ruin treiben. Wenn man Kindlebergers (2001: 281 ff.) Liste der Finanzkrisen von 1618 bis 1990 durchgeht, drängt sich der Eindruck auf, dass Gesellschaften mit einer liberalen Tradition und einer Aversion gegen staatliche Reglementierungen besonders anfällig für Krisen sind.

Dem Mehrebenenmodell von Braudel und Wallerstein zufolge, bestünde das adäquate Verfahren der Krisenanalyse darin, die Ebenen der Ereignisse und des kurzfristigen Handelns mit der mittelfristigen Ebene der konjunkturellen Eigendynamik und der langfristigen Ebene der strukturellen Trends und Widersprüche in Beziehung zu setzen. Man würde von der Oberfläche der kurzfristigen Ereignisse über die zyklischen Schwankungen zu den dauerhaften Strukturen, den säkularen Trends und strukturellen Widersprüchen, vordringen. Erst wenn man die Tiefen- und Grundstrukturen erreicht hat, kann man den Gesamtzusammenhang einer systemrelevanten Krise verstehen und erklären. Ereignisse sind nur insoweit von Interesse, als sie schlaglichtartig konjunkturelle oder strukturelle Verwerfungen beleuchten und tiefer liegende Zusammenhänge plötzlich sichtbar machen.

Beginnen wir mit dem wohl am besten erforschten Aspekt von Finanz- und Wirtschaftskrisen: ihrem zyklischen Verlauf. Kindleberger (2001: 30 ff.) hat ihn in Anlehnung an Minsky in Begriffen von Verschiebung, Geldmengenvergrößerung, *Overtrading*, Umschwung und Misskredit genauer beschrieben. Bei einer Verschiebung *(displacement)* handelt es sich um „einen von außen kommenden Schock für das makroökonomische System", der die Profitgelegenheiten, die Erwartungshorizonte und die Verhaltensmuster des Publikums ändert. „Die Art dieser Verschiebung ist von Spekulationswelle zu Spekulationswelle unterschiedlich. Es kann sich um den Ausbruch oder das Ende eines Krieges handeln, eine Rekord- oder Missernte, den Durchbruch einer Erfindung mit tief greifender Wirkung, […] ein politisches Ereignis oder überraschende Wirtschaftserfolge […]. Aber was auch immer die Quelle der Verschiebung ist, wenn sie groß und tief greifend genug ist, verändert sie die ökonomische Landschaft, indem sie in mindestens einem bedeutenden Wirtschaftssektor die Gewinnaussichten ändert. Die Verschiebung schafft Profitgelegenheiten in bereits existierenden oder neuen Bereichen und beseitigt andere. Infolge dessen versuchen Geschäftsleute und Privatpersonen mit Ersparnissen oder Krediten, aus Ersteren Vorteil zu ziehen und Letztere zurückzuzahlen. Wenn die neuen Möglichkeiten die verloren gegangenen überwiegen, werden die Investitionen und die Produktion angekurbelt. Ein Boom beginnt."

Der Boom speist sich aus einer Ausweitung der Bankkredite, wodurch sich die Geldmenge vergrößert. Die Kredite werden aber nicht nur durch klassische Banken bereitgestellt, sondern in neuerer Zeit vermehrt auch durch Nichtbanken und in Form neuer Finanzinstrumente, wodurch sich das Kreditvolumen weiter vergrößert. Mit den verbesserten Anlagemöglichkeiten und der erleichterten Kreditaufnahme kommt es zu einer vermehrten Nachfrage nach Gütern oder finanziellen Vermögenswerten. „Nach einer gewissen Zeit übt die erhöhte Nachfrage Druck auf die Güterproduktion beziehungsweise die Versorgung mit Vermögenswerten aus. Die Preise steigen und es entstehen neue Profitmöglichkeiten, die weitere Unternehmen und Investoren anziehen. Es entsteht eine positiven Rückkopplung, weil Investitionen zu Gewinnsteigerungen führen, die zu weiteren Investitionen anregen, welche wiederum Gewinnsteigerungen bewirken. Aus diesem Mechanismus heraus kann eine so genannte „Euphorie" entstehen […]."

Wenn dieser Prozess eskaliert, kann es zu einem *Overtrading* kommen. Dabei kann es sich „um eine einfache Spekulation auf Preissteigerungen handeln, eine Überschätzung der zu erwartenden Einkünfte oder eine überschätzte Hebelwirkung. Reine Spekulation bedeutet natürlich Kauf zum Wiederverkauf statt zum Gebrauch (im Falle von Gütern) beziehungsweise zum Wiederverkauf statt zur Gewinnabschöpfung im Falle von Vermögenswerten." Mit Überschätzung ist ein extremer Optimismus hinsichtlich des Gewinnpotenzials von Geldanlagen gemeint; man kauft in Erwartung weiterer Wertsteigerungen. Unter einer Hebelwirkung versteht man die Erhöhung der Eigenkapitalrendite einer Investition durch Einsatz von Fremdkapital zu günstigen Konditionen. Professionelle Spekulanten sammeln bei Anlegern Eigenkapital an, um damit Wertpapiere zu kaufen. Diese hinterlegen sie bei einer Bank als Pfand und nehmen weitere Kredite für den Kauf weiterer Wertpapiere auf. Mit einem derartigen Hebel kann man das Vielfache des Eigenkapitals als Kredite aufnehmen. Wenn die Kredite durch Wertpapiere besichert sind, deren Marktwert weiter steigt, erscheint das Risiko den Banken beherrschbar. Dieser Mechanismus funktioniert so lange, wie die Preise steigen. Wenn sich herumspricht, dass man mit spekulativen Käufen und Wiederverkäufen Profit erzielen kann, kommt es zu einem Herdenverhalten, das immer größere Kreise zieht und zunehmend irrationale Züge annimmt. Es kommt zu einer „Manie", die zur Bildung einer Spekulationsblase *(bubble)* führen kann.

Der *Umschwung* wird damit eingeleitet, dass sich einige Insider zur Gewinnmitnahme entscheiden und ihre Vermögenswerte verkaufen. Wenn immer mehr Anleger diesem Beispiel folgen und Vermögenswerte in Geld eintauschen, sinken die Preise der Vermögenswerte und steigt die Nachfrage nach Liquidität. Abnehmende Gewinnchancen und Angst vor der Zahlungsunfähigkeit führen zu einem Wettlauf um Liquidität. Panische Massenverkäufe führen zu dramatischen Preisstürzen *(crash)*. Akteure, die auf Kredit spekuliert haben, können ihre Zins- und Tilgungsraten nicht mehr begleichen. Es kommt zu Kreditausfällen *(discredit)* und Konkursen *(crisis)*. „Ob es einen letzten Kreditgeber geben sollte oder nicht, ist umstritten. Die Gegner argumentieren damit, dass dadurch die Spekulation noch begünstigt würde. Die Befürworter machen sich mehr Gedanken über die aktuelle Krise als über die Vorbeugung gegen künftige."

Nach diesem Muster kann nun die Finanz- und Wirtschaftskrise von 2007 genauer beschrieben werden. Sie begann auf dem amerikanischen Immobilienmarkt,

Aktualität und Aktualisierung der Weltsystemanalyse 145

sprang von dort auf den Kreditmarkt über, erfasste das Bankensystem und dehnte sich von den Vereinigten Staaten in die gesamte Weltwirtschaft aus.

Die *„Verschiebung"*, die die um 2002 beginnende Spekulationswelle auf dem Immobilienmarkt ausgelöst hat, kann in Veränderungen der amerikanischen Politik, der Zentralnotenbank und des Finanzsystems gesucht werden. Amerikanische Regierungen haben seit vielen Jahrzehnten das Ziel verfolgt, möglichst vielen Bürgern ihres Landes mit verschiedenen Maßnahmen zum Erwerb von Immobilien zu verhelfen. Für die Verwirklichung dieses Ziels war die Aufrechterhaltung eines niedrigen Zinsniveaus sehr willkommen. Die Zentralnotenbank *(Federal Reserve)* hat unter ihrem Vorsitzenden Greenspan (1987 bis 2006) bei der Bekämpfung von Rezessionen jahrelang eine Politik des leichten Geldes betrieben und durch teilweise drastische Zinssenkungen (vor allem nach dem Platzen der so genannten Technologie- oder *Dotcom*-Blase 2001 wie auch nach den Terrorattacken vom 11. September 2001) wesentliche Voraussetzungen für die Bildung der spekulativen Blase auf dem Immobilienmarkt geschaffen. Im Finanzsystem hat sich neben den herkömmlichen Banken eine „Schattenwirtschaft des Bankwesens" (Krugmann 2009: 180 ff.) herausgebildet, die mit fragwürdigen Innovationen die Regeln des klassischen Bankwesens unterlaufen und das Volumen riskanter und spekulativer Geschäfte seit den 1990er Jahren immens vergrößert hat.

Viele Finanzinstitutionen erwarteten steigende Häuserpreise und lockten und bedrängten immer mehr Menschen zum Erwerb von Immobilien, mit denen sie sich ihre Kredite besichern ließen. Die großzügige Kreditvergabe auch an schlechte Schuldner *(Subprime-Kredite)* fiel den Immobilienfinanzierern umso leichter, als sie die Kredite mittels Verbriefung, d. h. der Umwandlung von Hypothekenkrediten in handelbare Wertpapiere, aus ihren Bilanzen entfernen konnten. Institutionelle Investoren kaufen diese Papiere, da sie von Rating-Institutionen als sicher bewertet wurden und hohe Renditen versprachen.

Overtrading: Die zunehmende Nachfrage nach Immobilien trieb die Preise für Häuser in die Höhe. Niedrige, teilweise noch sinkende Zinsen und steigende Häuserpreise bildeten einen starken Anreiz für Spekulation auf dem Immobilienmarkt. In Erwartung weiterer Wertsteigerungen und spekulativer Veräußerungsgewinne wurden immer mehr Kredite aufgenommen, um Immobilien zu kaufen und mit Gewinn zu verkaufen. Es kam zu einer spekulativen Manie und zur Bildung einer Immobilienblase.

Umschwung: Mit dem zunehmenden Anstieg der Häuserpreise konnten sich immer weniger Amerikaner auch bei günstigsten Finanzierungsbedingungen den Kauf eines Hauses leisten. Die Umsätze auf dem Immobilienmarkt gingen zurück und die Preise begannen Anfang 2007 zu sinken, zuerst langsam, dann immer schneller. Als der Wert der Häuser unter die Höhe der Hypotheken sank, kam es zu negativem Eigenkapital mit der Folge von Zahlungsausfällen und Zwangsvollstreckungen, von Abschreibungen und Verlusten bei Immobilienfinanzierern,

Banken und Investmentgesellschaften. Banken mussten den Wert dieser Anleihen nach unten berichtigen und ihr Eigenkapital aufstocken. Mit der Herabstufung ihrer Bonität zogen Kunden Geld ab *(bank run)*. Die Aktienkurse der Banken sanken. Blieb die Suche nach zusätzlichen Kapitalspritzen erfolglos, kamen konzertierte Rettungsaktionen innerhalb des Finanzsystems zu spät oder zu halbherzig, verweigerten die Regierungen staatliche Hilfen, drohte der Konkurs.

Diskredit: Mit dem Zusammenbruch der Investmentbank Lehman Brothers am 15. September 2008 – bei ihr belief sich das Verhältnis von Fremd- zu Eigenkapital bei unglaublichen 70 : 1 – erreichte die Krise eine neue Qualität, sie wurde systemisch. Grund war die Weigerung der US-Administration, die aus eigener Schuld in Konkurs geratene Investmentbank mit Steuergeldern zu retten. Innerhalb der Banken begann eine fieberhafte Suche nach Risiken in den eigenen Bilanzen. Die Banken begannen, sich gegenseitig zu misstrauen und reduzierten die Interbankengeschäfte; sie gewährten sich untereinander keine Kredite mehr und handelten untereinander nicht mehr mit strukturierten Wertpapieren. Je mehr die Eigenkapitaldecke der Banken infolge der Wertberichtigungen schrumpfte, umso mehr reduzierten sie die Kreditvergabe an die Realwirtschaft, so dass Unternehmen Investitionen zurückstellen mussten, oder sogar illiquide wurden. Aus der amerikanischen Immobilienkrise war über eine internationale Finanzmarktkrise eine weltweite Weltwirtschaftskrise geworden.

Die von Kindleberger aufgeworfene Frage, ob es einen letzten Kreditgeber geben sollte oder nicht, wurde wieder hoch aktuell. Im Falle der Lehman-Bank setzten sich offenbar die Gegner mit dem Argument durch, dass durch die staatliche Rettung dieser Investmentbank die Spekulation nur noch weiter begünstigt würde und es die Aufgabe des Finanzsystems sei, die Krise mit eigenen Mitteln zu bewältigen. Nach den verhängnisvollen Auswirkungen der Lehman-Pleite, als erkennbar wurde, dass der Zusammenbruch dieser relativ kleinen Investmentbank das gesamte Finanzsystem zu zerstören drohte, setzten sich die Befürworter durch, die den Staat als unvermeidlichen letzten Kreditgeber zur Rettung des maroden Finanzsystems in Stellung brachten. Mit unterschiedlichen Schwerpunkten und in unterschiedlichen Kombinationen wurden die Leitzinsen gesenkt, um der Austrocknung des Interbankenmarktes vorzubeugen, Staatsgarantien für private Bankeinlagen gegeben, um *bank runs* zu verhindern, vom Konkurs bedrohte Banken (teil)verstaatlicht, „toxische" Wertpapiere aufgekauft beziehungsweise in eilig gegründete *bad banks* gesteckt, um die Ansteckungsgefahr im System zu verringern. Überall stieg die Staatsverschuldung auf neue Rekordhöhen. Wahrscheinlich hat der weit blickende Kindleberger (2001: 35) recht, als er (lange vor dem Platzen der Technologieblase im Jahr 2001 und der Immobilienblase im Jahr 2007) meinte, dass sich die Befürworter eines letzten Kreditgebers „mehr Gedanken über die aktuelle Krise [machen] als über die Vorbeugung gegen künftige." Es hat den Anschein, dass die aktuelle Krisenbewältigung auf die Finanzierung der nächsten Finanzblase hinausläuft.

Die weltweite Finanz- und Wirtschaftskrise folgt also einem seit langem gut bekannten Muster. Sie bestätigt die auch von Wallerstein vertretene Annahme, dass das Wirtschaftsleben in hoch entwickelten Industriegesellschaften oder Marktwirtschaften von einer Art innerer Logik bestimmt ist, der zufolge der der in einem Boom vermehrte Wohlstand sich nach einer gewissen Zeit, mit einer Art von innerer Notwendigkeit, von selbst wieder zerstört – so wie auch die nach einem Boom folgende Depression sich selbst wieder korrigiert. Wirtschaftliches Gleichgewicht ist eher die Ausnahme als die Regel, und die Kräfte, die die Wirtschaft immer wieder aus dem Gleichgewicht bringen, sind, wie die Kräfte, die es wieder in ein vorübergehendes Gleichgewicht versetzen, im kapitalistischen System selbst zu suchen – sofern es sich nicht um eine wirklich systemische Krise handelt.

Aus weltsystemischer Perspektive wäre der relevante Ursachen- und Bedingungskomplex einer derartigen Krise weder in der Mentalität der involvierten Akteure, noch in Besonderheiten der Gesellschaft, sondern in den spezifischen Bedingungen und Veränderungen der Struktur und Funktionsweise des Weltsystems zu suchen.

Dabei kann man im Bezugsrahmen der Weltsystemanalyse an den Hegemonialzyklus der Vereinigten Staaten anknüpfen und in der Zersetzung der internationalen Regelwerke zu Beginn der 1970er Jahre eine wichtige Voraussetzung für die Destabilisierung und Krisenanfälligkeit der Weltwirtschaft erkennen. Wie bereits erwähnt, haben vor allem Probleme an der Außengrenze des Weltsystems gravierende Schwächen der Hegemonialmacht aufgedeckt. Der Vietnamkrieg hat eine gewisse finanzielle Überdehnung der Vereinigten Staaten erkennen lassen und zum Zusammenbruch des Weltwährungssystem beigetragen. Dieser Krieg gegen ein peripheres Land wurde großenteils mit der inflationären Ausgabe von Dollars finanziert und ließ die Staatsverschuldung der USA zwischen 1964 und 1972 um etwa 100 Milliarden Dollar ansteigen. Im Jahr 1971 war der Punkt erreicht, an dem die Vermehrung der Geldmenge eine Einlösung in Gold nicht mehr zuließ. Am 15. August 1971, anderthalb Jahre bevor die letzten US-Soldaten Vietnam verließen, wurde die Goldkonvertibilität des Dollar von Präsident Nixon abrupt beendet. Damit brach das in Bretton Woods konstituierte System fester Wechselkurse, in dem alle Währungen an den Dollar und dieser an das Gold gebunden war und das entscheidend zur Nachkriegsprosperität beigetragen hatte, zusammen. Mit der Aufhebung der Golddeckung des US-Dollars hat sich die durch keine Vermögenswerte gedeckte (Papier-)Geldmenge immens vergrößert. Die Menge des auf bloßem Wertversprechen des Staates und reziprokem Vertrauen der Menschen basierende globale Geldmenge hat sich in den letzten 30 Jahren schätzungsweise vervierzigfacht, die Gütermenge aber nur vervierfacht, wobei der globale Geldüberhang nicht der Finanzierung realer Produktionszuwächse dient, sondern dem spekulativen Handel mit Vermögenswerten in der globalisierten Finanzwirtschaft.

Ein zweiter Ursachenkomplex ist der aus der fiskalischen Krise der Staaten der Zentrumsländer resultierende Paradigmenwechsel in der Wirtschaftspolitik, die Abkehr vom Keynesianismus und die Hinwendung zum Monetarismus. Mit der so genannten „Marktrevolution" (Yergin/Stanislaw 1999: 123 ff.) wurde eine neue Balance in der Aufgabenverteilung von Markt und Staat angestrebt. Unter dem Druck zunehmender Staatsverschuldung und dem Einfluss neoliberaler Wirtschaftsberater propagierten die britische Premierministerin Thatcher und der amerikanische Präsident Reagan um 1980 ein neues Wirtschaftsprogramm, dessen Kernelemente der Rückzug des Staates aus der Wirtschaft, verbunden mit einer Privatisierung von Staatsunternehmen, einer Deregulierung der Güter-, Dienstleistungs- und Finanzmärkte sowie einer weiteren Öffnung der nationalen Ökonomien für grenzüberschreitenden Handel mit Gütern und Dienstleistungen, Unternehmensanteilen und Finanzprodukten waren. Mit der Abschaffung von Kapitalverkehrsbeschränkungen entstand ein Weltfinanzmarkt, auf dem immer größere Geldmassen auf der ruhelosen Suche nach sicheren und rentablen Anlagen das System zunehmend destabilisierten und zahllose Krisen auslösten. Indem sich die Geldströme immer mehr von den Güterströmen entkoppelten und Geld immer mehr selbst zur Ware wurde, die auf Geld-, Kredit- und Devisenmärkten gehandelt wird, wurden die Akkumulationschancen des mobilen Kapitals enorm gesteigert. Kapitalakkumulation vollzog sich immer mehr in Form der Spekulation, der Wetten auf Preisveränderungen aller handelbaren Dinge, und mit der Zunahme der Spekulation ohne eigentliche Wertschöpfung wurde das System immer irrationaler. Was als formale Rationalisierung intendiert war, glitt in irrationalen, letztlich systembedrohenden „Kasinokapitalismus" (Strange 1997) ab.

Eine dritte Wandlungstendenz betrifft die Überformung des alten Industriekapitalismus durch einen neuen Finanzkapitalismus im Zeichen von Börse und *shareholder value*. Im Geschäftsmodell des neuen Finanzkapitalismus bemisst sich unternehmerischer Erfolg primär nicht an der Durchsetzung von Innovationen, nicht an der langfristigen Sicherung der Erfolgspotentiale von Unternehmen, sondern an der kurzfristigen Steigerung ihrer Börsenwerte. Die Leitfigur des „innovativen Unternehmers" (Schumpeter) wird durch den „strategischen Investor" ersetzt, der kein Unternehmer ist, sondern als Anleger nur ein finanzielles Interesse am Unternehmen hat und von außen her Druck auf die die Ausrichtung der Unternehmensführung an der Maximierung der Kapitalrendite ausübt.

Fraglich, ob dies noch mit dem Kapitalismus im klassischen Sinne vereinbar ist. Denn während im klassischen Industriekapitalismus der überwiegende Teil der Profite in die Realökonomie zurückgeleitet wird, fließen die Unternehmensgewinne im Finanzkapitalismus dorthin, wo sie die größte Rendite erreichen, und dies ist in zunehmendem Maße nicht die Realwirtschaft, sondern das schneller wachsende Finanzsystem mit seinen abgekoppelten, autopoiesischen Spielen. Wenn ein allzu großer Teil der Gewinne nicht in produktive, sondern in spekulative Verwendungen ohne reale Wertsteigerung fließt, stellt sich die Frage, ob es sich beim Finanzkapitalismus noch um wirklichen Kapitalismus handelt oder nicht bloß um Geldökonomie.

Als ein vierter Ursachenkomplex kann die schon in den 1970er Jahren eingeleitete, in den 1980er Jahren forcierte Liberalisierung der Finanzmärkte betrachtet werden. Sie wurde 1999 mit der Rücknahme der nach der Weltwirtschaftskrise von 1929 eingeleiteten Reformen des amerikanischen Finanzwesens auf die Spitze getrieben. Mit den *Glass-Steagall-Acts* war seinerzeit das Trennbankensystem, die Trennung von Geschäftsbanken, die sich vor allem dem klassischen Einlagen- und Kreditgeschäft widmeten, und Investmentbanken, die sich auf Kapitalmarktgeschäfte konzentrierten, durchgesetzt worden. Damals mussten sich die Banken zwischen beiden Typen entscheiden und zudem auf Versicherungsgeschäfte verzichten. Während die meisten größeren Aktienbanken das Einlagen- und Kreditgeschäft bevorzugten und auf Kapitalmarktgeschäfte verzichteten, mutierten die meisten Privatbanken zu Investmentbanken.

Erst mit der Aufhebung des Trennbankensystems wuchsen die zuvor überwiegend nur regional bedeutsamen Geschäftsbanken zu Großbanken heran, durften fortan auch wieder Versicherungsgeschäfte und Eigenhandel in Form von Wertpapierhandel, *Hedgefonds*-Geschäften, *Private Equity* (Beteiligungsgesellschaften) usw. betrieben werden. Die Vermischung von Kundengeschäft und Eigenhandel führte zu einem neuen, spekulationsanfälligen Geschäftsmodell mit problematischen Quersubventionierungsmöglichkeiten.

Zu den wichtigsten Konsequenzen der Deregulierung der Finanzmärkte gehören die Ausdifferenzierung von Investmentbanken, die im Unterschied zu Geschäftsbanken vor allem mit fremdem Kapital arbeiten (Goldman Sachs, Morgan Stanley, Merrill Lynch, J. P. Morgan, Salomon Smith Barney, Bear Stearns), die Vermehrung von Hegdefonds, die mit geringem Eigenkapital und hohen Bankkrediten mit Risiken handeln, die andere Unternehmen nicht tragen wollen, sowie die Ausdifferenzierung eines Schattenbankensystems durch Auslagerung riskanter Geschäfte in einen außerhalb der Regeln des klassischen Bankensektors operierenden Sektor, in dem Zweckgesellschaften *(Special Purpose Vehicle)* ohne Eigenkapital riskanten Geschäften nachgehen.

Die Deregulierung ermöglichte die Verbreitung zahlreicher neuer Finanzprodukte, vor allem in Form von Derivaten, deren Wert sich aus der Entwicklung anderer Wertpapiere ableitet. Der ungeregelte, nicht über Börsen ablaufende und intransparente Handel mit Derivaten in Form von Termingeschäften, Optionen, *Swaps*, usw., die kurzfristigen Wetten auf die künftige Entwicklung von Preisen oder Kursen von Rohstoffen, Aktien, Anleihen, Devisen, Kreditschulden usw. abschließen, hat sich in den letzten Jahren explosionsartig vermehrt. Gegenwärtig hat dieser Markt ein Volumen von 25 Billionen Dollar. Vor allem Kreditausfallderivate (*Credit Default Swaps*; CDS), die einen Versicherungsschutz gegen den Zahlungsausfall von privaten und öffentlichen Schuldnern bieten, haben sich von Instrumenten der Risikoabsicherung mehr und mehr zu rein spekulativen Wetten auf Bankrotte von Unternehmen und Staaten entwickelt und wurden von einem der führenden Investoren der USA (Warren Buffet) als „Massenvernichtungswaffen" bezeichnet, die eine „Megakatastrophe" auslösen können.

Als letzter Ursachen- und Bedingungskomplex sei noch das Außenhandelsdefizit der USA erwähnt, das dazu beitrug das Zinsniveau niedrig und die Verschuldungsbereitschaft hoch zu halten. Das amerikanische Außenhandelsdefizit beziehungsweise der Importüberschuss wurde in erheblichem Maße von asiatischen Lieferländern, insbesondere China, finanziert, die ihre im Export verdienten Dollars großenteils in amerikanischen Staatsanleihen anlegen. Durch Zustrom von billigen Waren und Geld aus dem Ausland blieben die Güterpreise und Zinsen trotz des Booms niedrig, und die niedrigen Zinsen haben die Neigung der Amerikaner zu kreditfinanzierten und spekulativen Wertpapier- und Immobilienkäufen verstärkt.

Mit welcher Kombination von Faktoren, Ursachen und Verlauf der Weltwirtschaftskrise auch immer zu erklären sein mag, im Hinblick auf ihre Folgen sind die Lehren der Geschichte ziemlich eindeutig. Wie Braudel (1986d: 79) bemerkt, führen lang anhaltende Krisen zu geographischen Schwerpunktverlagerungen im Zentrum der Weltwirtschaft und markieren den Übergang von einer Weltwirtschaft in eine andere. „In jedem Fall scheinen Zentrierung, Dezentrierung und Rezentrierung meistens mit lang anhaltenden Krisen der allgemeinen Ökonomie verbunden zu sein. Daher müssen wir vermutlich von diesen Krisen ausgehen, wenn wir die schwierige Untersuchung der Gesamtmechanismen, die die Weltgeschichte bewegen, in Angriff nehmen wollen".

Wie Braudel interessiert sich auch Wallerstein, wie bereits bemerkt, weniger für die wiederkehrenden Abläufe und die mittelfristigen Ursachen von Wirtschaftskrisen, als vielmehr für die langfristigen Trends, die das System immer weiter vom Gleichgewicht entfernen, eine Rückkehr zu einem neuen Gleichgewicht immer unwahrscheinlicher machen und es in seinen endgültigen Niedergang treiben. Im Zentrum seiner Argumentation steht die angeblich tendenziell abnehmende Fähigkeit zur weltweiten Kapitalakkumulation, die das System in seinem Kern trifft. Ausgangspunkt seiner Analyse sind die aus der Differenz zwischen den auf dem Markt erzielten Preisen und den Produktionskosten erzielten Profite von Unternehmen. „Es gibt in diesem System drei Hauptarten von Produktionskosten: Personal, Material und Steuern. Natürlich handelt es sich jeweils um ein komplexes Bündel, aber es lässt sich zeigen, dass im Durchschnitt alle drei Arten von Produktionskosten prozentual zu den potentiellen Verkaufskosten angestiegen sind. Das hat zur Folge, dass heute eine weltweite Profitklemme die Fähigkeit zur weltweiten Kapitalakkumulation in beträchtlichem Maße bedroht. Damit wird die *raison d'être* des kapitalistischen Systems untergraben, was zu der Strukturkrise geführt hat, in der wir uns befinden" (Wallerstein 2007: 65).

„Es gibt [also erstens] einen langfristigen, weltweiten Trend zur Erhöhung der Lohnkosten für die Produzenten, der daher rührt, dass sich langfristig die weltweite Verhandlungsmacht der Arbeiter (hauptsächlich als Folge der Entagrarisierung der Welt) verbessert. Es gibt [zweitens] einen weltweiten Trend zur Erhöhung der staatlichen Ausgaben, der von den Forderungen der kapitalistischen Produzenten wie denen der Arbeiter verursacht hat, was die Steuerquote der Unternehmer erhöht hat. Es gibt [drittens] einen weltweiten Trend zur verstärkten Forderung, die Kosten für die Reparatur der globalen Ökologie und adäquate Maßnahmen für die Zukunft zu tragen, was sowohl die Steuerquote wie die anderen Herstellungskosten für die Unternehmer zu erhöhen droht. Was Kapitalisten zu diesem Zeitpunkt offensichtlich brauchen, ist ein Druck, um die Verhandlungsposition der Arbeiter zu schwächen, eine Reduzierung ihrer Steuerquote ohne eine (direkte oder indirekte) Reduzierung staatlicher Dienstleistungen für die kapitalistischen Produzenten und strikte Begrenzungen für die Internalisierung der Kosten. Dies ist natürlich das Programm des Neoliberalismus, das im letzten Jahrzehnt so erfolgreich zu sein schien." (Wallerstein 2002: 55).

Diese langfristigen Trends und die aus ihnen resultierenden strukturellen Widersprüche können als Hypothesen verstanden und empirisch überprüft werden.

(1) Ob es einen globalen Anstieg der Lohnkosten gibt, kann hier nicht geklärt werden. Diskutiert werden aber können die von Wallerstein benannten Gründe für diesen angeblichen Trend. Dass kapitalistische Produzenten versuchen, die Lohnkosten zu senken, ist in der Logik des Systems begründet. Und sie können dies zu erreichen versuchen, indem sie die Differenzen zwischen Zentrum und Peripherie ausnutzen und Produktionsprozesse in Regionen mit geringeren Personalkosten verlagern. Dies geschieht vor allem in Phasen des konjunkturellen Abschwungs beziehungsweise in fortgeschrittenen Phasen des Produktlebenszyklus (vgl. Fußnote 11). Nun behauptet Wallerstein, dass die fortgesetzte Verlagerung von Produktionsprozessen in Regionen mit niedrigeren Personalkosten allmählich an ihre Grenze stößt, weil immer weniger geeignete Gebiete zur Verfügung stünden und weil sich die Arbeiter in diesen Regionen zu organisieren begännen und höhere Löhne forderten. Dadurch nähme, weltweit gesehen, die Verhandlungsmacht der Arbeiter zu, stiegen die Lohnkosten und würden sich die Profite der Unternehmer verringern (Wallerstein 2007: 66; 2004c: 58 ff.). Auf der anderen Seite würde eine Senkung der Lohnkosten zu einer Verringerung der Nachfrage nach Gütern und damit zu einer Verringerung der Produktion, der Unternehmensgewinne und Akkumulationschancen führen, was das System aus dem Gleichgewicht bringt.

Es gibt somit einen strukturellen Widerspruch zwischen Kapital und Arbeit und zwischen Angebot und Nachfrage, der sich tendenziell verschärft.

(2) Auch der Trend zur Erhöhung der staatlichen Ausgaben ist eine empirisch zu überprüfende Behauptung, die Wallerstein (2002a: 52) mit „einem gleichzeitig stattfindenden doppelten Druck, der aus zwei Richtungen kommt [begründet]: Zum einen die Forderung nach immer mehr (Dienst-)Leistungen und finanzieller Umverteilung, die die kapitalistischen Produzenten an den Staat richten, und zum anderen die Forderungen der übrigen Bevölkerung, die wir unter dem Stichwort und dem Einfluss der ‚Demokratisierung' verzeichnen können. […] Dies führt zu einem offensichtlichen Widerspruch: Als Empfänger der staatlichen Ausgaben verlangen die Steuerzahler mehr; und als diejenigen, die für das Einkommen des Staates sorgen, wollen die Steuerzahler natürlich weniger bezahlen und dieses Gefühl verstärkt sich, wenn die Steuerquote ihres Einkommens steigt. Den doppelten Druck auf den Staat, die Ausgaben zu erhöhen, aber gleichzeitig die Steuern zu senken, kann man als ‚fiskalische Krise der Staaten' bezeichnen." Auch hierbei handelt es sich um einen Widerspruch zwischen Arbeitnehmern, die die Erhöhung der Staatsausgaben fordern, und Kapital, das die Senkung der Steuern verlangt. Wenn staatliche Strukturen durch diesen Widerspruch geschwächt werden, dann trifft dies Wallerstein (2002a: 56 ff.) zufolge die Unternehmer noch stärker als die Arbeiter. Letztere flüchten sich in neue Formen des Klientelismus, praktizieren außerstaatlichen (Selbst)Schutz und mobilisieren Bewegungen gegen den Staat.

(3) Der dritte Trend, der Trend zur verstärkten Forderung, die Kosten für die Reparatur der globalen Ökologie und adäquate Maßnahmen für die Zukunft zu tragen, betrifft die Materialkosten, insbesondere die Kosten für Rohstoffe und für die Entsorgung der im Produktionsprozess anfallenden Abfallstoffe. Während die Kaufpreise für Rohstoffe voll von den Unternehmen getragen werden müssen, können die Kosten ihrer Verarbeitung zu Produkten teilweise externalisiert, d. h. auf andere abgewälzt werden. Während wertlos oder schädlich gewordene Abfallstoffe der industriellen Produktion in der Vergangenheit großenteils auf Kosten der Allgemeinheit beziehungsweise der Umwelt billig deponiert und entsorgt werden konnten, hat die zunehmende Schädigung der Biosphäre, die „Erschöpfung der Überlebensbedingungen", Umweltbewegungen aufkommen lassen, die auf eine Internalisierung der umweltbelastenden Nebenwirkungen der industriellen Produktion drängen. Ähnlich wie bei den Produktionsverlagerungen finden die Unternehmer immer weniger, noch ungenutzte Gebiete, in denen sie ihre Abfallstoffe entsorgen können. Die Möglichkeiten zur Externalisierung der Kosten nehmen ab, es wächst der Druck zu deren Internalisierung, was wiederum den Druck auf die Profitraten der Unternehmen noch weiter erhöht (Wallerstein 2002a: 52 ff., 2007: 67 ff.; 2004c: 60 f.). Wallerstein sieht somit einen strukturellen Widerspruch

zwischen Ökonomie und Ökologie, der Unternehmen, Staat und soziale Bewegungen involviert.

Die Analyse dieser strukturellen Widersprüche wird in verschiedenen Publikationen immer wieder vorgetragen, nirgendwo aber empirisch untermauert. Sie können daher nicht als gesicherte Erkenntnisse, sondern nur als plausible Hypothesen qualifiziert werden. Abschließend sei kritisch angemerkt, dass Wallersteins gegenwartsbezogene und in die Zukunft gerichtete Analysen – in auffallendem Unterschied zu seinen historischen Analysen im *Modernen Weltsystem* – fast ausschließlich realwirtschaftlicher Art sind. Will die Weltsystemanalyse sich auf der Höhe der Zeit halten und zukunftsfähig bleiben, muss sie der Überformung des Industrie- durch den neuen Finanzkapitalismus und dessen Eigendynamik sehr viel genauer nachspüren.

4.2.4 Utopistik oder Die Zukunft des Weltsystems

Mit der Analyse systemischer Krisen eng verbunden, ist die Frage nach der Zukunft des kapitalistischen Weltsystems. Doch während es bei der Krisenanalyse letztlich um den Niedergang des historischen Weltsystems geht, wird mit dem Konzept der Utopistik das Problem des Übergangs in ein anderes oder mehrere andere Systeme thematisiert. Mit seinem Konzept der Utopistik erweitert und modifiziert Wallerstein seine Weltsystemperspektive und schreibt die Geschichte des modernen Weltsystems bis in seine Verfallszeit fort. In entschiedener Abgrenzung zum Begriff der Utopie – „weitere utopische Visionen sind wirklich das Letzte, was wir brauchen" – definiert (Wallerstein 2002a: 7 f.) „Utopistik" als „eine ernsthafte Einschätzung historischer Alternativen, die Anwendung unseres Urteilsvermögens in Bezug auf das, was Max Weber die ‚materielle Rationalität' möglicher historischer Systeme nennt. Es geht um eine nüchterne und realistische Bewertung menschlicher Gesellschaftssysteme, der ihnen auferlegten Beschränkungen und jener Bereiche, die menschlicher Kreativität offen stehen. Es geht nicht darum, wie eine perfekte (und unvermeidliche) Zukunft aussieht, sondern darum, wie eine alternative, glaubhaft bessere und historisch mögliche (aber alles andere als sichere) Zukunft aussieht. Es handelt sich somit gleichermaßen um Wissenschaft, Politik und Moral."

Im Hinblick auf die wissenschaftliche Seite der Utopistik fordert Wallerstein (2002a: 11) „eine Überprüfung der Strukturen des Wissens und dessen, was wir wirklich über die Mechanismen der gesellschaftlichen Welt wissen." Es geht also nicht nur um eine bloße Fortschreibung der Geschichte des modernen Weltsystems bis an sein Ende und seinen Übergang in ein neues System, sondern um eine ständige Überprüfung der begrifflichen und theoretischen Mittel und der empirischen Fakten, auf deren Grundlage, Aussagen über die Zukunft gemacht werden können. Um den Übergang zu einem anderen (zukünftigen) System erklären zu können, hat Wallerstein (2007: 77f.) sich von der naturwissenschaftlichen Theorie komplexer Systeme und insbesondere von dem Konzept der Verzweigungspunkte des Nobelpreisträgers Ilya Prigogine inspirieren lassen. Nach Prigogine (1992) können komplexe Systeme, die lange Zeit bestimmten Gesetzmäßigkeiten gehorchten, in unbestimmbaren Momenten aus dem Gleichgewicht geraten. Wenn dann die Regelwerke zusammenbrechen und die Integrationsmechanismen versagen, kann sich aus dem Chaos heraus, aufgrund zufälliger Konstellationen, ein neuer Entwicklungsweg ergeben. Prigogine spricht von Verzweigungspunkten, Wallerstein auch von Gabelungen.

Die Grundidee, wie Wallerstein (2001: 26) sie auffasst, besteht darin, dass in komplexen Systemen „*für einige Zeit* eine Ordnung existiert, die sich aber unweigerlich selbst auflöst, sobald ihre Entwicklungstendenzen Punkte der ‚Bifurkation' erreichen (also Punkte, wo es zwei gleich gültige Lösungen für die Gleichungen gibt) und dass die Richtung, die bei einer Bifurkation gewählt wird, aus *inneren Gründen* nicht im Voraus bestimmt werden kann. Das ist keine Sache der Unvollständigkeit unserer Kenntnisse, sondern der *Unmöglichkeit des Vorwissens*."

Wann eine solche „Bifurkation" (Gabelung oder Weichenstellung) eintritt, ist ebenso wenig vorhersehbar wie der Verlauf der weiteren Entwicklung. „Die Tatsache, dass das Ergebnis einer Verzweigung unbestimmt ist, bedeutet nicht, dass es außerhalb der Reichweite von rationaler Forschung liegt. Wir können das Netzwerk der wirkenden Kräfte und mögliche Vektoren (und deshalb Orte möglicher bewusster Einmischung) verdeutlichen und dadurch die wirklichen historischen Entscheidungsmöglichkeiten aufweisen, die vor uns liegen. Das ist keine Frage der Spekulation, sondern von ernsthafter Forschung. Es ist die Arbeit, an die wir uns machen sollten" (Wallerstein 1995: 321).

Die Anwendung und Übertragung dieser naturwissenschaftlichen Konzeption auf die soziale Welt ermöglicht Wallerstein eine Überwindung des ihm oft vorgeworfenen ökonomischen Determinismus durch die stärkere Einbeziehung voluntaristischer Elemente in die Weltsystemanalyse. Während die Handlungsspielräume der Menschen in Zeiten funktionierender Systeme durch strukturelle Zwänge stark eingeschränkt werden, eröffnen sich in Zeiten des Übergangs, in strukturell chaotischen Situationen, besondere Chancen zur Einflussnahme auf die Ausgestaltung neuer operativer Mechanismen und Strukturen des neuen Systems.

Angesichts der aktuellen Weltwirtschaftskrise stellt sich die Frage, ob eine derartige strukturell chaotische Situation bereits erkennbar und vielleicht sogar schon eingetreten ist. Wallerstein (2002a: 43) ist sich da bekanntlich ganz sicher: „Wir leben in einer Phase des Übergangs von unserem existierenden Weltsystem, der kapitalistischen Weltwirtschaft, zu einem anderen System oder anderen

Systemen. Wir wissen nicht, ob dies zum Besseren oder zum Schlechteren sein wird. Wir werden dies erst wissen, wenn wir dorthin gelangt sind, was möglicherweise noch weitere 50 Jahre dauern kann. Wir wissen allerdings, dass die Periode des Übergangs für alle, die in ihr leben, eine sehr schwierige sein wird. Sie wird für die Mächtigen schwierig sein und ebenso für gewöhnliche Menschen. Es wird eine Zeit der Konflikte oder erheblicher Störungen und eines – in Sicht vieler – moralischen Zusammenbruchs sein. Es wird auch, was nicht paradox ist, eine Zeit sein, in der der Faktor des ‚freien Willens' zum Maximum gesteigert wird, was bedeutet, dass jede individuelle und kollektive Handlung eine größere Wirkung beim Neuaufbau der Zukunft haben wird als in eher ‚normalen' Zeiten, also während der Fortdauer eines historischen Systems".

Die Phase des Übergangs hat sich Wallerstein zufolge erstmals in der „Weltrevolution von 1968" mit ihren langfristig „systemerschütternden" Wirkungen angedeutet. Sie hat die Profitkrise des Kapitalismus wenn nicht eingeleitet, dann doch entscheidend verschärft. Sie markiert eine tendenzielle Abkehr vom Staat, dessen Effizienz bei der Lösung drängender Probleme abnimmt und demzufolge auch an Legitimation bei den Massen verliert. Sie führt zur „Entmachtung des Liberalismus als eine[r] selbstverständliche[n] Metasprache des Weltsystems" und zur Wiederkehr der ideologischen Triade von 1848 aus Konservativen, Liberalen und Sozialisten. Sie markiert den Niedergang der USA als Hegemonialmacht und die Zersetzung ihres Ordnungsmodells.

Wallersteins Fixierung auf 1968 als die entscheidende Zäsur des Übergangs erscheint überzogen und historisch überholt. Was ist mit dem Aufstieg Chinas im Zeichen des (Staats-)Kapitalismus? Hält er den Niedergang des kapitalistischen Weltsystems auf oder beschleunigt er den Übergang in ein anderes oder mehrere andere Weltsysteme? Was ist mit Russland und den anderen europäischen Transformationsländern? Machen sie das kapitalistische Lager nur größer oder auch stärker oder schwächen sie es gar? Tendiert Wallerstein nicht auch insofern zu einer Überinterpretation von 1968 als die in diesem Jahr ausgebrochene „Weltrevolution" sowohl mit dem hegemonialen Niedergang der USA als auch mit dem Niedergang der kapitalistischen Weltwirtschaft verknüpft wird? Wird hier nicht eine problematische Verbindung oder gar Gleichsetzung von hegemonialem und weltsystemischem Niedergang suggeriert?

Wo und wann man auch immer die welthistorisch bedeutsame Zäsur setzen will, statt bei der Erklärung des Übergangs einen Umweg über die Naturwissenschaften zu machen, hätte es näher gelegen, auf das wirtschafts- und sozialwissenschaftliche Konzept der „pfadabhängigen Entwicklung" zu rekurrieren, in dem ebenfalls Bifurkationen oder Weichenstellungen eine zentrale Rolle spielen und in dem zudem eine Reihe von Selbstverstärkungsmechanismen und positiven Rückkopplungen herausgearbeitet werden, die erklären, warum sich ein einmal eingeschlagener Pfad stabilisiert und reproduziert und somit eine neue säkulare Tendenz begründet.

Dem Begriff der Pfadabhängigkeit liegt die Beobachtung zugrunde, dass es von Zeit zu Zeit zu Situationen kommt, in denen sich alternative Pfade für die weitere Entwicklung anbieten. Sobald an einer Weggabelung mehr oder weniger zufällig ein bestimmter Pfad eingeschlagen wird, beginnt ein Mechanismus zu wirken, der die involvierten Akteure daran hindert, den Pfad wieder zu verlassen. Ist der erste Schritt in eine bestimmte Richtung getan, dann führen alle weiteren Schritte in die gleiche Richtung und der Prozess gewinnt eine Eigendynamik, die ihn auf dem beschrittenen Pfad hält, selbst wenn er sich als suboptimal oder ineffizient erweist oder in eine Sackgasse führt. Derartige Prozesse wurden zuerst im Bereich der technischen Entwicklung beobachtet (David 1985; Arthur 1988), sind aber auch im Bereich des institutionellen Wandels von Gesellschaften (North 1992: 109 ff.) und in der Entwicklung des Weltsystems (Mahoney 2000) nachweisbar. Mit der zwischen „Zufall und Notwendigkeit" sich bewegenden Pfadanalyse kann man nicht nur systemische Krisen als Endphase eines pfadabhängigen Prozesses interpretieren, sondern man kann mit diesem Konzept auch erklären, warum es so schwierig ist, einen einmal eingeschlagenen Pfad zu verlassen, selbst wenn er erkennbar in eine Krise mündet.

5 Fazit

Unsere notwendigerweise kursorische und selektive Auseinandersetzung mit dem umfangreichen und weit verzweigten Werk von Immanuel Wallerstein kann unter Aspekten der Aktualität und der Aktualisierung unter theoretischen, methodologischen und empirischen Aspekten in einigen Punkten kurz zusammengefasst werden. Erstens: Der Bezugsrahmen des Weltsystems erscheint als ein großer und relativ früh eingeleiteter Fortschritt gegenüber wirtschafts- und sozialwirtschaftlichen Praktiken, die *die* Gesellschaft oder *den* Staat oder *die* Volkswirtschaft als raum-zeitlich abstakte und mehr oder weniger isolierte Einheiten für die Entwicklung von Begriffen, Hypothesen und Theorien zugrunde legen. Der Übergang von eingesellschaftlichen zu mehrgesellschaftlichen Modellen, wie sie in der – recht rudimentären – Zentrum-Peripherie-Hierarchie dargestellt werden, ermöglicht „progressive Problemverschiebungen" im Sinne von Lakatos (1974: 113 ff.). Es ist ein Fortschritt und es erleichtert das Verständnis aktueller Entwicklungen, den „quer laufenden" Strukturen und Prozessen nachzugehen, die Gesellschaften (Staaten, Ökonomien) durchziehen und verändern (Tenbruck 1989; Zündorf 1994). Ob der Versuch, die zeitlich in etwa parallel verlaufenden Prozesse der Expansion von kapitalistischer Weltwirtschaft und internationalem Staatensystem aus *einer* alles determinierenden (Weltsystem-)Logik heraus erklären zu wollen, gelungen ist, erscheint hingegen zweifelhaft. Richtig bleibt aber das auch schon von Max Weber erkannte Spannungsverhältnis von territorial fixierten Staaten und dem international mobilem Kapital, um das jene konkurrieren – und gerade dadurch die Entfaltungschancen des Kapitals begünstigen. Im Hinblick auf die aktuelle Lage der Weltwirtschaft könnte eine weitere progressive Problemverschiebung darin bestehen, die Analyse der überkommenen Konkurrenz der Staaten um freizügiges Kapital um eine Analyse der relativ neuen Tendenz zu intensivierter und beschleunigter internationaler Kooperation bei der Eindämmung und Regulierung immens ausgeweiteter und überwiegend spekulativ motivierter Kapitalbewegungen zu ergänzen. Die Frage nach dem Verhältnis von Weltmarkt und Staatensystem stellt sich neu und muss dabei die zwischen Nationalstaaten und Weltwirtschaft angesiedelten internationalen Organisationen als vermittelnde aber auch zunehmend eigeninteressiert handelnde Instanzen stärker einbeziehen.

Zweitens: Ein gewisser Fortschritt gegenüber der von Wallerstein kaum rezipierten – vielleicht weil immer noch überwiegend im Rahmen einer idealtypisch konstruierten, raum-zeitlich abstrahierten Gesellschaft orientierten – Systemtheorie kann darin gesehen werden, dass er deren *Sub*systeme Wirtschaft,

Politik, Kultur, usw. als *Welt*systeme begreift. (Volks-)Wirtschaft wird immer als Bestandteil von Weltwirtschaft, Staat als Komponente eines internationalen Staatensystems, Kultur als Ausschnitt einer Weltkultur begriffen. Problematisch erscheint dabei – und manchen Systemtheoretikern mag dies als eine „degenerative Problemverschiebung" (Lakatos) erscheinen – dass er die spezifischen Logiken funktional differenzierter Teilsysteme negiert und alles unter die einheitliche Logik des Weltsystems zu zwingen versucht. Widersprüchlich erscheint auch, dass Wallerstein die herkömmlichen Unterscheidungen zwischen Wirtschaft, Politik und Kultur aus seiner Weltsystemperspektive heraus für sinnlos erklärt, auf sie aber in seinen konkreten Analysen offensichtlich nicht verzichten kann.

Drittens ist neben dem holistischen Ökonomismus Wallersteins auch dessen Eurozentrismus problematisch. Ob der Eurozentrismus in dem Sinne, das die Entwicklung des modernen kapitalistischen Weltsystems in Europa beginnt, ein Konstruktionsfehler der Weltsystemtheorie oder (nur) ein historischer Irrtum ist oder auf fragwürdigen kulturell-normativen Vorannahmen basiert, ist nicht leicht zu beurteilen. In Wallersteins Argumentation mischen sich theoretische Vorannahmen mit historischen Befunden. Zum einen geht er von der theoretischen Annahme aus, dass eine kapitalistische Weltwirtschaft sich nur in einem dezentralen Staatensystem, keinesfalls aber in einem umfassenden Imperium entwickeln kann, zum anderen versucht er nachzuweisen, dass es eine solche Konfiguration dauerhaft nur in Europa gegeben habe, weshalb von Europa als Ausgangspunkt der modernen, d. h. kapitalistischen Weltwirtschaft auszugehen sei. Umstritten ist, ob Kapitalismus nicht auch in einem Imperium möglich ist; im Hinblick auf China wird dies von einigen Historikern bejaht. Umstritten ist auch, ob Kapitalismus ein spezifisch europäisches oder ein universelles Phänomen ist. Frank und andere tendieren zu letzterem und halten deshalb den Begriff des Kapitalismus für obsolet und plädieren statt dessen für den neutraleren und weniger voraussetzungsvollen Begriff der Akkumulation. „Kapitalismus" bleibt somit ein dauerhaft aktuelles Streitthema, eine Quelle endloser Diskussionen, die zu keinem Fortschritt zu führen, sich vielmehr im Kreise zu drehen scheinen.

Viertens: Obwohl Wallerstein sich der Tragfähigkeit seiner Begrifflichkeit – wie seine zahllosen Stellungnahmen in ähnlichen Formulierungen zeigen – sicher zu sein scheint, zeigt er sich andererseits offen für Erweiterungen seines Bezugssystems. Dabei überschreitet er überkommene disziplinäre Grenzen, bekämpft die wechselseitige Abschottung von Soziologie, Ökonomie und Kulturwissenschaften und nimmt Anleihen bei den Naturwissenschaften auf. Andererseits zeigt gerade seine Rezeption der naturwissenschaftlichen Theorie komplexer Systeme mit ihrem Leitbegriff der Verzweigungspunkte und der Rolle des Zufalls, dass er dazu neigt, ähnliche Theorienentwicklungen in den Wirtschafts- und Sozialwissenschaften zu übergehen. Überhaupt zeigt er sich resistent gegenüber zeitgenössischen Theorien und geradezu gnadenlos gegenüber der soziologischen Klassik, die er „kaputtdenken" will. Somit scheint er in seinem eigenen Kosmos zu schweben – was ihn aber keineswegs daran hindert, sich ständig an aktuellen wirtschaftlichen und politischen Debatten zu beteiligen und dort entschieden Position zu beziehen. Schließlich geht es ihm darum, „gelehrte Diskussionen über Themen der Empirie herum aufzubauen, und [...] zu zeigen, wie eine Neufassung der Themen Klarheit in Debatten bringen" kann (Wallerstein 2001: 18).

Anhänge

Bibliographie

Primärliteratur

Hopkins, Terence und Immanuel Wallerstein (1979): Grundzüge der Entwicklung des modernen Weltsystems: Entwurf für ein Forschungsvorhaben. In: Dieter Senghaas (Hg.): *Kapitalistische Weltökonomie: Kontroversen über ihren Ursprung und ihre Entwicklungsdynamik*, Frankfurt am Main: Suhrkamp 1979, S. 151–200.
Hopkins, Terence K., Immanuel Wallerstein u. a. (1982): Cyclical Rhythms and Secular Trends of the Capitalist World-Economy: Some Premises, Hypotheses, and Questions. In: dies.: *World-Systems Analysis*, Beverly Hills, London, New Delhi: Sage 1982, S. 104–120.
Wallerstein, Immanuel (1959/64): *The Road to Interdependence: Ghana and Ivory Coast*, Paris/Den Haag.
Wallerstein, Immanuel (1961): *Africa, The Politics of Independence*, New York: Vintage.
Wallerstein, Immanuel (1967): *Africa: The Politics of Unity: An Analysis of a Contemporary Social Movement*, New York: Random House.
Wallerstein, Immanuel (1979): Aufstieg und künftiger Niedergang des kapitalistischen Weltsystems. Zur Grundlegung vergleichender Analyse. In: Dieter Senghaas (Hg.): *Kapitalistische Weltökonomie. Kontroversen über ihren Ursprung und ihre Entwicklungsdynamik*, Frankfurt am Main: Suhrkamp S. 31–67.
Wallerstein, Immanuel (1984): *Der historische Kapitalismus*, Berlin: Argument.
Wallerstein, Immanuel (1985): Gesellschaftliche Entwicklung oder Entwicklung des Weltsystems? In: *Verhandlungen des 22. Deutschen Soziologentags in Dortmund*, Frankfurt am Main: Campus, S. 76–90.
Wallerstein, Immanuel (1995): *Die Sozialwissenschaft „kaputtdenken": Die Grenzen der Paradigmen des 19. Jahrhunderts*, Weinheim: Beltz/Athenäum.
Wallerstein, Immanuel (1998): *Das moderne Weltsystem II: Der Merkantilismus – Europa zwischen 1600 und 1750*, Wien: Promedia.
Wallerstein, Immanuel (2000): *The Essential Wallerstein*, New York: The New Press.
Wallerstein, Immanuel (2001): Wegbeschreibung der Analyse von Weltsystemen, oder: Wie vermeidet man, eine Theorie zu werden? In: *Zeitschrift für Weltgeschichte*, Bd. 2, S. 9–31.
Wallerstein, Immanuel (2002a): *Utopistik: Historische Alternativen des 21. Jahrhunderts*, Wien: Promedia.

Wallerstein, Immanuel (2002b): Three Hegemonies. In: Patrick O'Brien und Armand Cleese (Hg.): *Two Hegemonies: Britain 1846–1914 and the United States 1941–2001*, Aldershot: Ashgate, S. 357–361.
Wallerstein, Immanuel (2004a): *Das Moderne Weltsystem I: Die Anfänge kapitalistischer Landwirtschaft und die europäische Weltökonomie im 16. Jahrhundert*, Wien: Promedia.
Wallerstein, Immanuel (2004b): *Das moderne Weltsystem III: Die große Expansion – Die Konsolidierung der Weltwirtschaft im langen 18. Jahrhundert*, Wien: Promedia.
Wallerstein, Immanuel (2004c): *Absturz oder Sinkflug des Adlers? Der Niedergang der amerikanischen Macht*, Hamburg: PSA.
Wallerstein, Immanuel (2004d): *World-Systems Analysis: An Introduction*, Durham: Duke University Press.
Wallerstein, Immanuel (2007): *Die Barbarei der anderen: Europäischer Universalismus*, Berlin: Wagenbach.

Sekundärliteratur

Abu-Lughod, Janet (1989): *Before European Hegemony: The World System A.D. 1250–1350*, New York: Oxford University Press.
Arthur, W. Brian (1988): Self-Reinforcing Mechanisms in Economics. In: Philip W. Anderson, Kenneth J. Arrow und David Pines (Hg.): *The Economy as an Evolving Complex System*. Reading, MA.
Bairoch, Paul (1982): International Industrialization Levels from 1750 to 1980. In: *Journal of European Economic History*, Vol. 11, S. 269–333.
Bayly, Christopher A. (2006): *Die Geburt der modernen Welt: Eine Globalgeschichte 1780–1914*, Frankfurt am Main: Campus.
Blaut, James (1991): *The Colonizer's Model of the World: Geographic Diffusionism and Eurocentric History*, New York & London: Guilford Press.
Braudel, Fernand (1986a): *Sozialgeschichte des 15.–18. Jahrhunderts, Band 1 Der Alltag*, München: Kindler.
Braudel, Fernand (1986b): *Sozialgeschichte des 15.–18. Jahrhunderts, Band 2 Der Handel*, München: Kindler.
Braudel, Fernand (1986c): *Sozialgeschichte des 15.–18. Jahrhunderts, Band 3 Aufbruch zur Weltwirtschaft*, München: Kindler.
Braudel, Fernand (1986d): *Die Dynamik des Kapitalismus*, Stuttgart: Klett-Cotta.
Braudel, Fernand (1990): *Das Mittelmeer und die mediterrane Welt in der Epoche Philipps II.*, Frankfurt am Main: Suhrkamp.
Bühl, Walter L. (1990): *Sozialer Wandel im Ungleichgewicht: Zyklen, Fluktuationen, Katastrophen*, Stuttgart: Enke.
Castells, Manuel (2003): *Das Informationszeitalter III: Jahrtausendwende*, Opladen: Leske & Buderich.
Chandler, Alfred D. (1977): *The Visible Hand: The Managerial Revolution in American Business*, Cambridge (Mass.): Belknap

Chaudhuri, K. N. (1990): *Asia before Europe: Economy and Civilization of the Indian Ocean from the Rise of Islam to 1750*, Cambridge MA: Cambridge University Press.

Cipolla, Carlo M. (1983): Einführung. In: Ders. und Knut Borchardt (Hg.): *Europäische Wirtschaftsgeschichte, Band 2 Sechzehntes und siebzehntes Jahrhundert*, Stuttgart: Fischer, S. 1–4.

Cook, Harold J. (2007): *Matters of Exchange: Commerce, Medicine, and Science in the Dutch Golden Age*, New Haven & London: Yale University Press.

Crone, Patricia (1992): *Die vorindustrielle Gesellschaft: Eine Strukturanalyse*, München: Deutscher Taschenbuchverlag.

Crosby, Alfred W. (1991): *Die Früchte des weißen Mannes: Ökologischer Imperialismus 900–1900*, Frankfurt am Main: Campus.

David, Paul A. (1985): Clio and the Economics of QWERTY. In: *American Economic Review*, Vol 75, S. 332–337.

Dehio, Ludwig (1996): *Gleichgewicht oder Hegemonie: Betrachtungen über ein Grundproblem der neueren Staatengeschichte*, Zürich: Manesse.

Dicken, Peter (1998): *Global Shift: Industrial Change in a Turbulent World*, New York & London: The Guilford Press.

Dodgshon, Robert A. (1977): The Modern World System: A Spatial Perspective. In: *Peasant Studies*, Vol. 6, S. 8–19.

Doyle, Michael W. (1986): *Empires*. Ithaca und London: Cornell University Press.

Elias, Norbert (1976): *Über den Prozess der Zivilisation: Soziogenetische und psychogenetische Untersuchungen, Zweiter Band: Wandlungen der Gesellschaft. Entwurf zu einer Theorie der Zivilisation*, Frankfurt am Main: Suhrkamp.

Ferguson, Niall (2004): *Das verleugnete Imperium: Chancen und Risiken amerikanischer Macht*, Berlin: Propyläen.

Fischer, Wolfram (1998): *Expansion, Integration, Globalisierung: Studien zur Geschichte der Weltwirtschaft*, Göttingen: Vandenhoeck & Ruprecht.

Frank, André Gunder (1998): *ReOrient: Global Economy in the Asian Age*, Berkeley: University of California Press.

Frank, André Gunder (2005): *Orientierung im Weltsystem: Von der Neuen Welt zum Reich der Mitte*, Wien: Promedia.

Frank, Andre Gunder und Barry K. Gills (1993, Hg.): *The World System: Five hundred Years or five Thousand?* London: Routledge.

Freeman, Chris und Francisco Louca (2001): *As Time Goes By: From the Industrial Revolutions to the Information Revolution*, Oxford: University Press.

Galbraith, John Kenneth (2005): *Der große Crash 1929: Ursachen, Verlauf, Folgen*, München: Finanzbuch.

Hauchler, Ingomar (1995, Hg.): *Globale Trends 1996*, Frankfurt am Main: Fischer.

Held, David, Anthony McGrew, David Goldblatt, Jonathan Perraton (1999): *Global Transformations: Politics, Economics and Culture*, Cambridge (UK): Polity.

Hintze, Otto (1970): *Feudalismus – Kapitalismus*, herausgegeben und eingeleitet von Gerhard Oestreich, Göttingen: Vandenhoeck & Ruprecht.

Hirschman, Albert O. (1989): *Entwicklung, Markt und Moral: Abweichende Betrachtungen*. München: Hanser.

Hobsbawm, Eric J. (1962): *Europäische Revolutionen*, Zürich: Kindler.
Hobsbawm, Eric J. (1968): *Industrie und Empire I: Britische Wirtschaftsgeschichte seit 1750*, Frankfurt am Main: Suhrkamp.
Hobsbawm, Eric J. (1977): *Die Blütezeit des Kapitals: Eine Kulturgeschichte der Jahre 1848–1875*, München: Kindler.
Hobsbawm, Eric J. (1986) Weber und Marx: Ein Kommentar. In: Jürgen Kocka (Hg): *Max Weber, der Historiker*, Göttingen: Vandenhoeck & Ruprecht, S. 84–89.
Hobsbawm, Eric (1989): *Das imperiale Zeitalter, 1875–1914*, Frankfurt am Main: Campus.
Hobsbawm, Eric (1995): *Das Zeitalter der Extreme: Weltgeschichte des 20. Jahrhunderts*, München: Hanser.
Huntington, Samuel (1996): *Kampf der Kulturen: Die Neugestaltung der Weltpolitik im 21. Jahrhundert*, München: Europaverlag.
Imbusch, Peter (1990): *Das moderne Weltsystem: Eine Kritik der Weltsystemtheorie Immanuel Wallersteins*, Marburg: Verlag Arbeit und Gesellschaft.
James, Harold (1997): *Rambouillet, 15. November 1975: Die Globalisierung der Wirtschaft*, München: dtv.
Jones, Eric L. (1991): *Das Wunder Europa. Umwelt, Wirtschaft und Geopolitik in der Geschichte Europas und Asiens*, Tübingen: Mohr/Siebeck.
Käsler, Dirk (1976): Einleitung. In: Ders. (Hg.): *Klassiker des soziologischen Denkens, Bd. I.* München: Beck.
Kellenbenz, Hermann (1976): The Modern World-System: Capitalist Agriculture and the Origins of the European World Economy in the Sixteenth Century. In: *Journal of Modern History*, Vol. 48, S. 685–692.
Kennedy, Paul (1989): *Aufstieg und Fall der großen Mächte: Ökonomischer Wandel und militärischer Konflikt von 1500–2000*, Frankfurt am Main: Fischer.
Kindleberger, Charles P. (2001): *Manien, Paniken, Crashs: Die Geschichte der Finanzkrisen dieser Welt*, Kulmbach: Börsenmedien.
Kohlhammer, Siegfried (1993): *Auf Kosten der Dritten Welt?*, Göttingen: Steidl.
Koslowski, Peter (2009): Spekulation: Wette oder Glücksspiel? In: *Frankfurter Allgemeine Zeitung*, 23. Oktober 2009.
Kreile, Martin (1989): Regime und Regimewandel in den internationalen Wirtschaftsbeziehungen. In: Beate Kohler-Koch (Hg.): *Regime in den internationalen Beziehungen*, Baden-Baden: Nomos, S. 89–103.
Krugman, Paul (2008): *Nach Busch: Das Ende der Konservativen und die Stunde der Demokraten*, Frankfurt am Main: Campus.
Krugman, Paul (2009): *Die neue Weltwirtschaftskrise*, Frankfurt am Main: Campus.
Lakatos, Imre (1974): Falsifikation und die Methodologie wissenschaftlicher Forschungsprogramm, in: Ders. und Alan Musgrave (Hg.): *Kritik und Erkenntnisfortschritt*, Braunschweig: Vieweg 1974, S. 89–189.
Lang, James (1982): In Search of the World-System. In: *Contemporary Sociology*, Vol. 11, S. 260–263.
Lazarsfeld, Paul F. (1967): Methodische Probleme der empirischen Sozialforschung. In: Heinz Hartmann (Hg.): *Moderne Amerikanische Soziologie: Neuere Beiträge zur soziologischen Theorie*, Stuttgart: Enke, S. 95–117.

Maddison, Angus (1989): World Economic Performance Since 1870. In: Carl-Ludwig Holtfrerich (Hg.): *Interactions in the World Economy: Perspectives from International Economic History*, New York: Harvester Wheatsheaf, S. 223–238.

Maddison, Angus (2001): *The World Economy: A Millennial Perspective*, Paris: OECD.

Maddison, Angus (2007): *Contours of the World Economy, 1–2030 AD: Essays in Macro-Economic History*, Oxford: University Press.

Mahoney, James (2000): Path Dependence in Historical Science. In: *Theory and Society*. Vol. 29, S. 507–548.

Mann, Michael (2003): *Die ohnmächtige Supermacht: Warum die USA die Welt nicht regieren können*, Frankfurt am Main: Campus.

Marks, Robert B. (2006): *Die Ursprünge der modernen Welt: Eine globale Weltgeschichte*, Darmstadt.

Marx, Karl (1977): *Das Kapital: Kritik der politischen Ökonomie*, Berlin (Ost): Dietz.

Mathias, Peter (1987): The Emergence of a World Economy 1500–1900. In: *Vierteljahresschrift für Sozial- und Wirtschaftsgeschichte*, Bd. 74, S. 1–17.

Menzel, Ulrich (1992): *Das Ende der Dritten Welt und das Scheitern der großen Theorie*, Frankfurt am Main: Suhrkamp.

Meyer, John W. (1982): Political Structure and the World Economy. In: *Contemporary Sociology*, Vol. 11, S. 263–266.

Modelski, George (1987): *Long Cycles in World Politics*, Seattle & London: University of Washington Press.

Münch, Richard, (2004): *Soziologische Theorie, Bd. 3: Gesellschaftstheorie*, Frankfurt/Main: Campus.

Münkler, Herfried (2005): *Imperien: Die Logik der Weltherrschaft – Vom Alten Rom bis zu den Vereinigten Staaten*, Berlin: Rowohlt.

Nefiodow, Leo A. (2001): *Der sechste Kondratieff: Wege zur Produktivität und Vollbeschäftigung im Zeitalter der Information*, 5. Aufl. St. Augustin: Rhein-Sieg-Verlag.

Nye, Joseph S. (2003): *Das Paradox der amerikanischen Macht: Warum die einzige Supermacht der Welt Verbündete braucht*, Hamburg: Europäische Verlagsanstalt.

North, Douglass C. (1992): *Institutionen, institutioneller Wandel und Wirtschaftsleistung*, Tübingen: Mohr/Siebeck.

O'Brien, Patrick Karl (1990): European Industrialization: From the Voyages of Discovery to the Industrial Revolution. In: Hans Pohl (Hg.): *The European Discovery of the World and its Economic Effects on Pre-Industrial Society, 1500–1800*, Wiesbaden: Steiner, S. 154–177.

OECD (1998): *Open Markets Matter. The Benefits of Trade and Investment Liberation*, Paris: OECD.

Osterhammel, Jürgen (1989): *China und die Weltgesellschaft: Vom 18. Jahrhundert bis in unsere Zeit*, München: Beck.

Osterhammel, Jürgen (2007): Auf der Suche nach einem 19. Jahrhundert. In: Sebastian Conrad, Andreas Eckert, Ulrike Freitag (Hg.): *Globalgeschichte: Theorien, Ansätze, Themen*, Frankfurt am Main: Campus, S. 109–130.

Pohl, Hans (1989): *Aufbruch der Weltwirtschaft: Geschichte der Weltwirtschaft von der Mitte des 19. Jahrhunderts bis zum Ersten Weltkrieg*, Wiesbaden: Steiner.

Pomeranz, Kenneth (2000): *The Great Divergence. China, Europe, and the Making of the Modern World Economy*, Princeton: University Press.
Pomeranz, Kenneth und Steven Topik (2006): *The World That Trade Created: Society, Culture, and the World Economy, 1400 to the Present*, 2. Aufl. New York: Sharpe 2006
Porter, Bernard (1997): Die Transformation des Britisch Empire. In: Alexander Demandt (Hg.): *Das Ende der Weltreiche: Von den Persern bis zur Sowjetunion*, München: Beck, S. 155–173.
Prigogine, Ilya (1992): *Vom Sein zum Werden: Zeit und Komplexität in den Naturwissenschaften*, 6. Aufl. München: Piper.
Prigogine, Ilya und Isabelle Stengers (1993): *Dialog mit der Natur: Neue Wege naturwissenschaftlichen Denkens*, 7. Aufl. München: Piper.
Piore, Michael J. und Charles Sabel (1985): *Das Ende der Massenproduktion: Studie über die Requalifizierung der Arbeit und die Rückkehr der Ökonomie in die Gesellschaft*, Berlin: Wagenbach.
Ragin, Charles und Daniel Chirot: The World System of Immanuel Wallerstein: Sociology and Politics as History. In: Theda Skocpol (Hg.): *Vision and Method in Historical Sociology*, Cambridge: University Press, S. 276–312.
Reich, Robert B. (1993): *Die neue Weltwirtschaft: Das Ende der nationalen Ökonomie*, Berlin: Ullstein.
Reinhard, Wolfgang (1999): *Geschichte der Staatsgewalt: Eine vergleichende Verfassungsgeschichte Europas von den Anfängen bis zur Gegenwart*, München: Beck.
Ritter, Wigand (1994): *Welthandel: Geographische Strukturen und Umbrüche in internationalen Warenaustausch*, Darmstadt: Wissenschaftliche Buchgesellschaft.
Rostow, Walt W. (1978): *The World Economy: History and Prospect*, Austin & London: University of Texas Press.
Roth, Günther (1981): Geist des Kapitalismus und kapitalistische Weltwirtschaft: Zu neueren Interpretationen des siebzehnten Jahrhunderts. In: *Kölner Zeitschrift für Soziologie und Sozialpsychologie*, Jg. 33, S. 735–751.
Sachs, Jeffrey (2005): *Das Ende der Armut: Ein ökonomisches Programm für eine gerechtere Welt*, München: Siedler.
Schumpeter, Joseph A. (1975): *Kapitalismus, Sozialismus und Demokratie*, 4. Aufl. München: UTB.
Senghaas, Dieter (1979, Hg.): *Kapitalistische Weltökonomie. Kontroversen über ihren Ursprung und ihre Entwicklungsdynamik*, Frankfurt am Main: Suhrkamp.
Shannon, Thomas R. (1996): *An Introduction to the World-System Perspective*, 2. Aufl. Boulder (Col.): Westview.
Simmel, Georg (1977): *Philosophie des Geldes*, 7. Aufl. Berlin: Duncker & Humblot.
Skocpol, Theda (1977): Wallerstein's World Capitalist System: A Theoretical and Historical Critique. In: *American Journal of Sociology*, Vol. 82, 1977, S. 1075–1102.
Smith, Adam (1999): *Untersuchung über Wesen und Ursachen des Reichtums der Völker*, hgg. von Erich W. Streissler, Düsseldorf: Verlag Wirtschaft und Finanzen.
Stiglitz, Joseph (2002): *Die Schatten der Globalisierung*, Berlin: Siedler.
Strange, Susan (1997): *Casino Capitalism*, Manchester University Press.

Tenbruck, Friedrich (1989): Gesellschaftsgeschichte oder Weltgeschichte. In: *Kölner Zeitschrift für Soziologie und Sozialpsychologie*, Jg. 41, S. 417–439.
Thurow, Lester (2004): *Die Zukunft der Weltwirtschaft*, Frankfurt am Main: Campus.
Tilly, Charles (1984): *Big Structures, Large Processes, Huge Comparisons*, New York: Russell Sage Foundation.
Todd, Emmanuel (2003): *Weltmacht USA: Ein Nachruf*, München/Zürich: Piper.
Weber, Max (1976): *Wirtschaft und Gesellschaft: Grundriß der verstehenden Soziologie*, 5. Aufl. Tübingen: Mohr/Siebeck.
Weber, Max (1981): *Wirtschaftsgeschichte: Abriß der universalen Sozial- und Wirtschaftsgeschichte*, 4. Aufl. Berlin: Duncker & Humblot.
Weltbank (2005): *Weltentwicklungsbericht 2006: Chancengerechtigkeit und Entwicklung*, Düsseldorf: Droste
World Bank (1995): *World Development Report 1995: Workers in an Integrating World New York*, Washington: World Bank.
World Bank (2008): *Global Development Finance: The Role of International Banking*, Washington: World Bank.
Wong, R. Bin (1997): *China Transformed: Historical Change and the Limits of European Experience*, Ithaca & London: Cornell University Press.
Yergin, Daniel und Joseph Stanislaw (1999): *Staat oder Mark: Die Schlüsselfrage unseres Jahrhunderts*, Frankfurt am Main: Campus.
Zakaria, Fareed (2009): *Der Aufstieg der Anderen: Das postamerikanische Zeitalter*, München: Siedler.
Zündorf, Lutz (1994): Weltwirtschaftliche Vergesellschaftungen Perspektiven für eine globale Wirtschaftssoziologie. In: Elmar Lange (Hg.): *Der Wandel der Wirtschaft: Soziologische Perspektiven*, Berlin: Edition Sigma, S. 143–174.
Zündorf, Lutz (1999): Dimensionen weltwirtschaftlicher Vergesellschaftung: Weltmärkte, transnationale Unternehmen und internationale Organisationen. In: Andrea Eckardt, Holm-Detlev Köhler, Ludger Pries (Hg.): *Global Players in lokalen Bindungen*, Berlin: Edition Sigma, S. 31–52.
Zündorf, Lutz (2008): *Das Weltsystem des Erdöls: Entstehungszusammenhang, Funktionsweise, Entwicklungstendenzen*, Wiesbaden: VS Verlag für Sozialwissenschaften.

Verzeichnis der Abbildungen und Tabellen

Abbildung 1 Die Krise des Feudalismus und die Entwicklung des Kapitalismus 58
Abbildung 2 Stadien in der Entwicklung des modernen Weltsystems 87
Abbildung 3 Das Weltsystem des 13. Jahrhunderts 124
Abbildung 4 Chinesisches Pro-Kopf-Einkommen im Verhältnis zu Westeuropa 1800–2075 135
Abbildung 5 Vergleich der Entwicklungen des GDP von USA und China 1700–2030 136

Tabelle 1 Abfolge der Hegemonialzyklen im modernen Weltsystem 90
Tabelle 2 GDP pro Kopf 129
Tabelle 3 Anteile verschiedener Länder und Regionen am Welt-GDP ... 130
Tabelle 4 Wachstumsraten des GDP 131
Tabelle 5 Wachstumsraten des GDP pro Kopf 132

Personenregister

Abu-Lughod 122, 124, 125, 126
Bayly 95, 126, 133, 134
Braudel 15, 20, 21, 22, 23, 27, 41, 52, 81, 102, 103, 105, 107, 129, 142, 143, 150
Bühl 27, 39
Crone 133
Dicken 92, 93, 94
Ferguson 97, 112, 118, 139
Frank 101, 102, 103, 104, 122, 123, 125, 126, 127, 129, 130, 133, 134, 137, 139, 140, 158
Hintze 141
Hobsbawm 23, 73, 89, 93
Kennedy 91, 115, 118
Kindleberger 41, 142, 143, 146
Krugman 99, 116
Landes 102
Maddison 97, 109, 114, 121, 127, 128, 129, 130, 131, 132, 134, 135, 136
Mann 18
Marx 19, 20, 23, 28, 51, 102, 104
North 156
Osterhammel 89, 94, 96, 122, 125
Pomeranz 93, 122, 128, 133
Reinhard 94, 95
Sachs 135, 137, 149
Schumpeter 23, 27, 33, 92, 93, 148
Simmel 29
Thurow 98, 99, 128, 137
Tilly 105
Todd 118, 120

Weber 9, 22, 23, 24, 43, 51, 102, 104, 141, 153, 157
Zakaria 113, 114, 118

Sachregister

Arbeit 9, 11, 16, 20, 24, 33, 36, 40, 51, 105, 106, 134, 152, 154
Arbeitsformen 20, 52, 70, 74, 78, 91
Arbeitsteilung 8, 9, 25, 28, 29, 30, 32, 36, 46, 47, 51, 52, 77, 92, 105
Asien 11, 50, 51, 52, 57, 63, 87, 97, 102, 116, 121, 122, 123, 126, 127, 130, 131, 133, 134, 136, 137
Außenarena 13, 30, 31, 32, 33, 47, 56, 57, 121
China 13, 18, 23, 50, 52, 78, 80, 81, 92, 96, 98, 99, 101, 109, 112, 114, 121, 122, 123, 125, 126, 127, 128, 129, 130, 131, 132, 133, 134, 135, 136, 137, 138, 139, 140, 150, 155, 158
Dekolonialisierung 38, 73, 75, 81, 83, 84, 85
England, *siehe auch* Großbritannien 17, 39, 46, 51, 54, 55, 56, 60, 61, 63, 65, 66, 67, 68, 69, 70, 71, 72, 73, 75, 79, 87, 102, 128, 132
Feudalismus 19, 39, 45, 47, 48, 49, 52, 58, 122, 134
Finanzkapitalismus 148, 149, 153
Französische Revolution 73, 74, 75, 84, 86
Großbritannien 35, 61, 68, 73, 74, 75, 76, 78, 81, 82, 83, 84, 85, 86, 89, 90, 91, 92, 93, 94, 97, 110, 111, 114, 128, 138
Hegemonialzyklus 11, 33, 34, 35, 36, 39, 45, 61, 62, 90, 94, 111, 140, 147

Hegemonie 10, 11, 34, 39, 60, 61, 62, 65, 66, 68, 72, 73, 76, 82, 89, 90, 109, 110, 111, 126, 132, 140
Holland, *siehe auch* Niederlande 61, 66, 97
Imperialismus 17, 32, 33, 46, 80
Imperium, *siehe auch* Weltreich 47, 50, 54, 55, 61, 62, 65, 112, 122, 128, 158
Indien, *siehe auch* Ostindien 18, 23, 60, 78, 79, 80, 96, 114, 121, 131, 132, 133, 136, 137
Industrialisierung 18, 37, 56, 73, 74, 75, 89, 92, 96, 106, 123, 128, 134, 135, 137
Industriekapitalismus 46, 89, 148
Industrielle Revolution 34, 46, 73, 74, 86, 92
Inkorporierung 32, 45, 49, 52, 73, 76, 77, 78, 79, 80, 81, 87, 107
Kapitalismus, *siehe auch* Finanzkapitalismus, Handelskapitalismus, Industriekapitalismus 8, 11, 19, 20, 22, 23, 24, 25, 32, 33, 36, 37, 38, 39, 40, 41, 43, 44, 45, 47, 51, 58, 74, 87, 92, 102, 103, 104, 105, 107, 138, 140, 141, 142, 148, 149, 155, 158
Karibik 51, 69, 71, 81, 84, 87, 97
Kolonialisierung 17, 38, 121, 134
Kondratieff-Zyklus 11, 33, 34, 35, 39, 45, 92, 93, 94, 111, 112, 140
Konjunkturzyklus 142
Krieg 9, 15, 35, 40, 46, 47, 55, 59, 60, 65, 66, 67, 68, 72, 75, 76, 82,

Sachregister

83, 86, 90, 91, 110, 111, 117, 118, 143, 147

Krise, *siehe auch* Weltwirtschaftskrise 11, 19, 22, 27, 41, 45, 47, 48, 49, 50, 52, 56, 58, 59, 87, 91, 95, 112, 122, 134, 140, 141, 143, 144, 146, 147, 148, 152, 156

Merkantilismus 43, 46, 58, 59, 60, 64, 69, 87, 91

Niederlande 21, 35, 51, 54, 55, 56, 61, 63, 64, 65, 66, 68, 70, 72, 75, 87, 90, 129

Osteuropa 51, 69, 70, 71, 87

Ostindien 63, 102

Peripherie 8, 9, 11, 15, 18, 19, 20, 25, 30, 31, 32, 33, 36, 37, 38, 40, 47, 49, 51, 52, 56, 57, 59, 60, 62, 65, 68, 69, 70, 71, 72, 73, 77, 78, 79, 80, 81, 82, 86, 89, 90, 92, 93, 96, 97, 101, 105, 106, 108, 109, 117, 120, 125, 126, 140, 151, 157

Portugal 50, 51, 54, 57, 60, 62, 63, 72, 76, 81, 86, 121

Revolution 27, 34, 46, 54, 73, 74, 75, 76, 82, 84, 85, 86, 88, 92, 105, 111, 132, 134

Semiperipherie 30, 31, 35, 38, 47, 51, 52, 59, 65, 68, 69, 71, 72, 89, 90, 92, 114, 120

Spanien 17, 47, 50, 51, 54, 55, 57, 60, 61, 63, 68, 72, 76, 81, 84, 86

Spanisch-Amerika 51, 69, 70, 85, 86, 87

Staatensystem 7, 11, 17, 20, 28, 34, 45, 46, 47, 50, 54, 65, 66, 77, 78, 80, 110, 111, 113, 114, 121, 122, 128, 133, 138, 157, 158

Tausch 8, 9, 20, 24, 29, 31, 32, 40, 49, 52, 92, 105, 106, 126, 138

Trends 10, 12, 22, 27, 33, 36, 37, 38, 39, 40, 41, 44, 48, 83, 89, 90, 92, 105, 109, 140, 141, 143, 150, 151

USA 16, 17, 18, 62, 91, 93, 97, 99, 101, 109, 110, 111, 112, 113, 114, 117, 118, 120, 129, 130, 131, 136, 147, 150, 155

Vereinigte Staaten 35

Weltmarkt 17, 18, 28, 47, 49, 59, 64, 71, 78, 79, 106

Weltreich 7, 24, 45, 47, 48, 71, 80, 110, 120

Weltrevolution 88, 119, 155

Weltwirtschaftskrise 10, 11, 13, 41, 91, 101, 112, 140, 141, 146, 150, 154

Widersprüche 11, 19, 20, 27, 37, 38, 40, 56, 77, 104, 105, 109, 120, 140, 141, 143, 151, 152, 153

Zentrum 8, 9, 11, 13, 15, 16, 18, 19, 20, 21, 23, 25, 30, 31, 32, 33, 35, 36, 38, 40, 43, 45, 46, 47, 49, 51, 52, 54, 55, 56, 57, 59, 60, 61, 62, 64, 65, 66, 69, 70, 71, 72, 73, 75, 77, 78, 79, 81, 89, 90, 91, 92, 93, 95, 96, 97, 101, 102, 105, 106, 107, 108, 109, 117, 121, 122, 123, 125, 126, 127, 129, 136, 140, 150, 151, 157

Zyklen, *siehe auch* Kondratieff-Zyklen, Hegemonialzyklen 11, 12, 27, 33, 35, 36, 37, 38, 39, 44, 83, 90, 93, 142

Das Grundlagenwerk für alle Soziologie-Interessierten

> in überarbeiteter Neuauflage

Das *Lexikon zur Soziologie* ist das umfassendste Nachschlagewerk für die sozialwissenschaftliche Fachsprache. Für die 4. Auflage wurde das Werk völlig neu bearbeitet und durch Aufnahme zahlreicher neuer Stichwortartikel erheblich erweitert.

Das *Lexikon zur Soziologie* bietet aktuelle, zuverlässige Erklärungen von Begriffen aus der Soziologie sowie aus Sozialphilosophie, Politikwissenschaft und Politischer Ökonomie, Sozialpsychologie, Psychoanalyse und allgemeiner Psychologie, Anthropologie und Verhaltensforschung, Wissenschaftstheorie und Statistik.

Werner Fuchs-Heinritz /
Rüdiger Lautmann /
Otthein Rammstedt /
Hanns Wienold (Hrsg.)
Lexikon zur Soziologie
4., grundl. überarb. Aufl.
2007. 748 S. Geb. EUR 39,90
ISBN 978-3-531-15573-9

Erhältlich im Buchhandel
oder beim Verlag.
Änderungen vorbehalten.
Stand: Januar 2010.

www.vs-verlag.de

Abraham-Lincoln-Straße 46
65189 Wiesbaden
Tel. 0611.7878 - 722
Fax 0611.7878 - 400

MIX
Papier aus verantwortungsvollen Quellen
Paper from responsible sources
FSC® C105338

If you have any concerns about our products,
you can contact us on
ProductSafety@springernature.com

In case Publisher is established outside the EU,
the EU authorized representative is:
**Springer Nature Customer Service Center GmbH
Europaplatz 3, 69115 Heidelberg, Germany**

Printed by Libri Plureos GmbH
in Hamburg, Germany